体育教育的多维研究与训练

张丽梅 著

中国纺织出版社

图书在版编目（CIP）数据

体育教育的多维研究与训练 / 张丽梅著. — 北京 ：中国纺织出版社，2019.1（2022.8 重印）

ISBN 978-7-5180-3854-1

Ⅰ. ①体… Ⅱ. ①张… Ⅲ. ①体育教学—教学研究—高等学校 Ⅳ. ①G807.4

中国版本图书馆CIP数据核字（2017）第177127号

策划编辑：范雨昕　　责任设计：李　霞　　责任印制：储志伟

中国纺织出版社出版发行
地址：北京市朝阳区百子湾东里A407号楼　邮政编码：100124
销售电话：010-67004422　传真：010-87155801
http://www.c-textilep.com
中国纺织出版社天猫旗舰店
官方微博http://weibo.com/2119887771
佳兴达印刷（天津）有限公司印刷　各地新华书店经销
2019年1月第1版　2022年8月第5次印刷
开本：710×1000　1/16　印张：18
字数：200千字　定价：79.00元

前言

体育教育是有目的、有组织的教育过程，随着社会发展对人才要求的不断提高以及当前我国对体育教育改革的重视，如何更加科学与合理地进行体育教育改革，以进一步提高体育教学质量、获得体育教学效果、促进学生全面发展是当前我国体育教育研究的重要课题。

当前，随着我国体育教育在教育领域中的地位不断提高，一些新的教育理念和教育思想日益被运用到体育教育中，但是整体来看，我国体育教育工作还不完善，在完善体育教育过程、调动师生教与学的积极性、科学配置体育教育资源方面还存在一些不足，制约了体育教育的可持续发展。基于此，作者特撰写《体育教育的多维研究与训练》，旨在为进一步促进体育教育改革深化、培养出更多更优秀的全面发展型人才提供科学指导。

本书依据科学发展的要求，紧密结合当前高校体育教学的需要和大学体育改革的现状，以学生为本，从实际出发，确立以终身体育理念和技能为内容、以学生身心健康为目标的新型体育教学体系，改变单一课堂的狭隘课程教学模式，拓展课外、社会和自然体育资源，重点对一些学生喜爱的新颖项目进行了阐述。本书共分为七章，第一章为体育基础理论阐释，简要阐述了体育的起源于发展，体育文化的内涵，体育与健康维护之间的练习以及当前学校体育的发展概况，有助于对体育教育有一个全面、系统的认识；第二章引入了终身体育的概念，重点对当前学校体育中践行终身体育理念的策略进行了分析；第三章为学校体育教育工作开展现状的分析，对当前学校体育教育工作中存在的问题、学校体育教育的发展前景进行了深入研究；第四章论述了当前我国高校体育教学模式的内涵以及对当前高校实施体育教育的模式进行了对比分析；第五章至第七章分别针对田径、球类运动以及游泳运动这些大众广泛参与的体育项目进行了技术解析。整本书内容丰富全面、结构完整、逻辑清晰，语言精简，方便读者全面深入地学习。本书在撰写过程中参考了体育教育教学方面的最新发展动态和科学研究成果，结合我国体育教育发展现状及存在的问题，在深入分析体育教育发展前景的基础上，对我国体育教育工作的具体内容进行了深入分析，体现了科学性、系统性及时代性。

本书在撰写过程中得到了许多同仁、专家和朋友的关心与支持，同时也参考了许多前人的研究成果和专业书籍等资料，在此一并向有关人员致以诚挚的谢意。由于作者水平所限，不妥之处在所难免，恳请同行批评指正。

作 者

2017 年 5 月

目录

第一章　体育基础理论阐释

第一节　体育的起源与发展

长期以来学术界对“体育”一词的理解一直存在分歧，通常认为：体育是人们锻炼身体、增强体质、延长生命的重要方法；是与德育、智育、美育等相配合的整个教育的组成部分；它以竞技的形式，成为人们文化生活的内容和各国人民之间加强联系的纽带。因而，学者们将体育分为广义体育和狭义体育，广义体育是指以身体练习为基本手段，以增强体质，促进人的全面发展，丰富社会文化生活和促进精神文明为目的的一种有意识、有组织的社会活动；狭义体育是一个发展身体，增强体质，传授锻炼身体的知识、技能，培养道德和意志品质的教育过程，是对人体进行培育和塑造的过程，是教育的重要组成部分，是培养全面发展的人的一个重要方面。

通过上述表述，我们发现无论人们对“体育”的理解有多大的差异，但有两点是基本相似的，即对“手段”和“目的”的理解：所有人都承认“体育”的基本手段是“身体练习”（或“人体运动”），而这种手段总是具有一定的非功利性目的。

一、体育的起源

总体来看，体育的起源是一个复杂的过程：组织化的身体教育行为产生于劳动技能的传习、模仿游戏；形成于原始族群首领产生过程（从动物首领到部落酋长的产生）的原始祭祀和从成年礼仪中发育出的最初的竞技形式；某些娱乐性身体活动可能来源于动物阶段的嬉戏行为或对劳动、军事活动的再现；而形形色色的运动形式部分来源于人类动物祖先遗传下来的本能活动，部分脱胎于对劳动或军事活动的提炼。我们把这种在时间、空间和目标意义上实现了与直接的劳动和军事过程的分离的身体互动称为原始体育，其形成时间大约在 15000 年前的中石器时代，而弓箭的发明和各种巫术化身体活动的出现，正是原始体育形成的主要标志。

二、体育的发展

（一）历史回顾——追溯体育的轨迹

1. 原始体育的萌芽

原始人的生存环境极为严峻，他们只能依靠自己的体力，凭借自己的智慧，同恶劣的自然环境进行较量，通过打猎、采集、捕鱼等方式获取生活所必需的食物。在悠悠岁月的历史长河中，在血和泪的教训下，我们的祖先深深地懂得，强壮的身体是生活的前提和保证。

死亡的阴影经常笼罩在头顶，为了生存，更为了发展，原始人不得不学会奔跑、投掷、攀登、爬越、泅水……这些行为既是劳动手段，又是基本生活技能，其中蕴含了体育活动的萌芽。

由于生产力的局限，原始社会无法形成专门的体育，也没有专门的体育活动者。此时的体育往往与军事活动、祭祀、生产、游戏等融合在一起，其所特有的运动手段和形式尚未完全“独立”。原始社会的体育萌芽，从本质上而言，是由经济状况、生产状况和实践方式决定的，是在生存过程中简单模仿所形成的。但毋庸置疑，体育自此萌芽，在原始的星光下和初绽的黎明中扎根、发芽，不断成长。

2. 我国古代体育的演进

奴隶社会的体育，是在原始体育的基础上发展起来的体育的初级形态。随着生产力的进步，它已经和劳动初步分离，而与军事、教育、宗教、礼仪以及统治阶级的享乐生活紧密结合，并向着多样化、复杂化和独立化的方向发展。

这一时期，频繁的军事战争成为体育演进的重要动力。有文字记载的体育运动包括射、御、角力、兵器武艺、奔跑、跳跃、举鼎、拓关、游水、弄丸、投壶以及棋类活动等。

封建社会前期，从战国到南北朝，体育蓬勃发展，就种类而言，体育运动的项目不断增多，内容日益丰富，游戏、导引等普遍开展，其中以华佗所创的五禽戏最负盛名；就范围而言，从皇宫到民间，从军队到学校，从城市到乡村都有体育活动开展；就技术而言，角抵、蹴鞠等项目发展较快，逐渐向竞技方向靠拢，出现了不少技艺高超的体育人才；就理论而言，体育专著在这一时期也开始涌现。

至隋唐五代，体育空前繁荣。体育项目呈现多样化和规范化的特点，许多运动项目明确了规格型制，拥有了专职机构和专业人员，如蹴鞠、武术、角抵等；体育竞技状况空前兴盛，规模宏大，运动技艺水平有了很大提高；女子体育运动蔚然成风，有踏球、抛球等，其中以马球和蹴鞠最为盛行；国际体育交流增多，一方面，唐代的技击术在朝鲜半岛的新罗广泛流行，养生术、蹴鞠也传入日本，另一方面，印度人、罗马人的杂技和幻术从汉代起就不断传入中国，自唐代日本倭刀也为中国武林所重视。

封建社会后期，宋元明清到鸦片战争之前，一方面民间体育组织的出现，极大地推动了民间体育的普及和提高；大量的体育资料被汇集成书，尤其是武艺、球类、养生导引方面的著述较多。另一方面，宋初的民族歧视压迫政策和程朱理学的主静思想在一定程度上阻碍了体育的进一步发展。

3. 近代体育的曲折

鸦片战争后，政局动荡，战争频繁，经济薄弱。随着帝国主义的入侵，西方文明涌入，欧美体育也大规模地传入，中国传统体育逐渐没落。传入我国的西方近代体育项目主要有体操、田径、游泳、足球、篮球、排球、棒球、垒球、网球、乒乓球等。体育在战火纷飞的社会夹缝中艰难生存，运动技术水平缺乏必要的提高基础和周期。

4. 现代体育的崛起

新中国成立以来，体育事业突飞猛进，群众性体育运动广泛开展，如火如荼，其组织体系逐渐健全。自 1995 年起实施全民健身计划，竞技体育硕果累累。1959 年，乒乓球运动员容国团获得了中国体育史上的第一个世界冠军。2008 年，更是成功举办了第 29 届北京奥运会。学校体育稳步成长，从体育院系的建设到校园体育运动的推广，从健康第一的倡导到终身体育的理念，体育正在成为当代人的重要生活方式。

（二）人文视野——探寻体育的真谛

体育在不同历史阶段和文化背景下被人为地赋予了不同的含义，但人本思想贯穿了体育发展的始终。在体育运动中，人的身体既是手段，也是直接的目的，体现着工具性和目的性的完美统一。人居于运动中心的、首要的位置，人的发展和完善是直接的、最重要的目的，而由体育所带来的名声、荣誉、财富、地位以及产业的发展、经济的增长等，都是人在实现自我发展和追求自我完善的过程中所带来的“副产品”。体育真正的伟大之处在于对完美永无止境的追求，它让人类在强健身心、探索真理、开拓世界的过程中获得了无限的发展空间。

在遥远的古希腊时代，人们通过体育追求躯体之美、力量之美和精神之美。以体育的形式表达对神的敬意，并在肉体上和精神上无限地去接近正确、光明和真理。在古希腊神话中，神灵的移动瞬时完成，不需要时间，而人则无法达到，那么使用时间最少的人就是最为接近于神的人，成为神“在这大地苍穹之中”的“荣耀的见证”。就这样，人在体育锻炼中，充分发展并不断挖掘着自身的潜能，诠释着体育的完美真谛。

从保守的维多利亚时代，体育便明确地承担起道德的重任。运动员出现的道德过失，会被认为是整个体育界乃至社会的灾难。英国公立学校中，通过体育教给男孩们所有统治国家所需要的“男子汉”的品德：正直诚实，团队合作精神，忠于伟大的事业。

体育不仅能强身健体，也能塑造美好的品性。这也正是体育运动经久不衰的魅力之所在。体育是一种虔诚的追求——拼搏不息，永不满足；体育是一种积极的态度——锐意进取，百折不挠；体育是一种文化的积淀——以人为本，重在参与。体育让人类实现自我超越，走向“臻于至善”的完美境界。

三、体育的本质与功能

（一）体育的本质

本质是事物本身所固有的，决定事物性质、面貌和发展的根本属性。在国外体育发展史上，从古希腊的柏拉图、亚里士多德、卢梭到后来众多的学者都对体育有过较多的研究和描述。总的来看，国外的观点多把体育看成教育的一个重要组成部分，重视从强身健体、增进健康的视角去认识体育的本质属性。

体育作为一种锻炼身体、增进健康、改善生活方式、提高生活质量的本质规定，过去是、今天是、将来必定还是“以人体运动为基本手段，增进人们健康，提高生活质量”。

（二）体育的功能

在当今体育全球化和扩大化发展背景下，体育的功能由单一的身体功能向政治、经济、文化等多元功能扩张，但无论怎样的变化，体育的本质功能总是与健康联系在一起。

体育在生理、心理方面的功能得以细化和加强，而体育的社会功能正在悄然发生转变。第一个转变：从生产到生活。这一转变涉及体育与经济的关系，是世界性的趋势。促进生产发展，曾被认为是体育最重要的社会功能。在体力对生产力的发展起重要作用的年代，体育培养身体强壮的生产者，而生产的目的就是为了再生产，增强了劳动生产力。进入后工业社会，体力不直接作用于生产，体育的社会功能就从促进生产劳动转变为提高生活质量，并为培养高素质的人起作用。第二个转变：从群体到个体。这一转变涉及体育与政治的关系所发生的变化。体育活动尤其是高水平的竞赛，作为意识形态较量的工具，给人类的和平发展带来了损害，偏离了体育的终极目标。从群体到个体，并不是说应该放弃群体的需要和利益，而是指应该把这种需求和利益更好地体现于个体。第三个转变：从工具到玩具。工具是为了完成工作而利用的器物，玩具是在休闲生活中得到快乐的载体。当然，“工具”功能的转移并不意味着其“工具”作用的消失，而是它作为政治工具，不再强调为专政和阶级斗争服务，而转向维护国家的利益和人民的安康；“玩具”作用的增加，实际是要突出它在满足人们对体育休闲文化需求中的作用。

第二节 体育文化

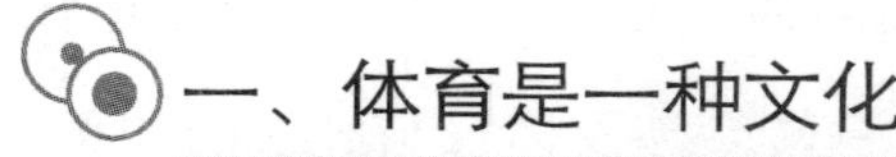

一、体育是一种文化

（一）从体育与人类的关系角度看体育文化

人类文化的作用对象不外乎自然、社会和人，而体育文化作为人类文明的标志和发展方向，其根本的核心和灵魂在于改造人。因此，审视体育的文化内涵必须考察它与人的关系。首先，体育是人类把握世界的内容和方式。体育无疑是人类自我控制和调节机能的一种形式，最基本的手段是通过身体活动对人体机能进行再创造，从而改善人类自身；同时，体育通过改善人的身心发展状况和提高人对自然的控制能力，为人的生存和发展需要创造了双重条件。其次，体育是人类推动社会运行的动力和中介。体育文化作为以提高人的肉体能力为基本任务的文化，具有提高人的生存、发展能力的独特作用；体育文化对引导、控制和协调人们的社会交往、娱乐、健身等活动具有社会性意义；在此基础上，体育文化促使人的自然属性与社会属性达到统一，实现了情与理、灵与肉的和谐。最后，体育是人类创造精神财富的载体和标志。体育文化促进人的物质活动和精神活动紧密联系。一方面，体育文化通过锻造身心健康的人和积极向上的社会精神风貌为人的主体性提供良好的前提条件；另一方面，体育文化坚持反对和排斥非文明、反文明的体育形式和思想，将人类行为和思想导向文明范畴。

（二）从体育与文化的关系角度看体育文化

首先，体育符合文化概念与特征。体育文化是在以健身为目的的活动中形成的，并为顺应和满足这种活动的需要而创造一切物质设施和精神环境。其次，体育包含文化现象和要素。作为文化的一种，体育文化及其多样化活动展现在人类的各个历史阶段；体育文化是人类情感和灵魂的重要体现，是人类思想和观念的重要产物，也是人类智慧和理性的重要创造。最后，体育具备文化结构与功能。在众多的文化结构划分法中，体育文化都与文化的自身结构具有全信息统一的特征，并以其特殊的功能形式契合着文化的功能形式。

二、体育文化的内涵

（一）体育文化的界定

关于什么是体育文化，不同时期、不同国家的学者有着不尽相同的理解与阐释。20 世纪，人们对身体文化的理解更加多元化：有人认为身体文化就是身体锻炼，有人认为身体文化是促进健康和增进体力的身体运动体系，也有人认为身体文化是用科学、美和生命的规律来解释的文化表现，等等。1974 年，国际体育名词术语委员会主席尼古・阿莱克塞博士在《体育运动词汇》一书中认为，体育文化是广义“文化”的一个部分，是各种利用身体练习来提高人的生物学和精神潜力的范畴、规律、制度和物质设施的总和；我国学者冯胜刚认为，体育文化就是人类在所有的体育现象及促进体育发展的活动中，在价值观念、精神状态、情感倾向等层面，在理论认识、方法手段、技能技术等层面表现出来的思维方式，与在有意识的实践活动中表现出来的行为方式的总和。

根据上述观点，并结合体育的概念，我们认为，只有当人们把身体运动作为一种形式和手段，有目的性、有选择性、能动地挖掘人体潜力并促进身心全面发展的社会实践活动后，身体运动才具备体育文化的意义。

（二）体育文化的本质

作为人类文明象征的体育文化，其根本的核心和灵魂是“人”，从身体文化、生命文化和人类起源关系的角度看，军事、宗教、教育、游戏等都是晚于体育文化产生的。可以说，体育文化的本质是提高人的素质，培养适合社会需求并能服务社会的人。

体育文化提高人类适应自然的能力。人在生理体质上的纤弱性，使得人只能以群体的形式在自然界中进行生命活动，体育作为尽量提高人的肉体能力的手段，对于提高人的斗争和生存能力具有无可替代甚至是第一重要的作用。这一过程形成了人的物质活动、精神活动及群体生活；同时，人类有目的的生产和劳动活动，形成了区别于动物的“对象化”特征，人与外界所形成的具有对象性特征的关系总和，便成为人的本质。从原始社会到当今高度发达的工业社会，在形式上脱胎于生产劳动的体育，在人类劳动造就人类对象性特征的过程中，即促进人的本质发展方面一直起着重要作用。从人的主体性和本性看，一方面，体育文化通过锻造身心健康的人和积极向上的社会精神风貌为人的主体性提供良好的前提条件；另一方面，体育文化又使人的主体性受到制约，反对不文明的体育行为，将人的体育行为和整个行为导向文明范畴。

（三）体育文化的特征

体育文化作为一种社会文化，除了具备上述一般文化的特征外，还具有一些与其他文化不同的特性，具体表现在以下几方面。

1. 主体与客体的同一性

人类的各种文化活动，根据人的活动作用对象不同可分为物质文化、制度文化和精神文化，分别作用于自然、社会、人。体育文化作为文化的一种，其作用的对象虽然是人，但人既有自然属性，又有社会属性，因此，作为身体文化的体育文化最基本的特征是人的活动主体与客体的同一性。

2. 身体表征和传承性

体育文化是一种非语言文字，在运动教育中多采用身体动作，尤其是体育比赛，展现了以身体表征和传承的人体文化特征。

3. 较易理解的亲和性

由于依托最基本的人体活动，体育文化往往比较容易被人接受，并超越民族、阶级、社会制度、宗教信仰等，表现出很强的亲和力。

4. 激越和动感的竞争性

由于竞赛的普遍存在，体育文化往往表现为一种身体技艺的对抗竞赛，超越与竞争一起构成体育文化的一个生命机制。

5. 表现和评价的直观性

体育活动的公平、公正、公开的活动原则以及成绩评价的直观性，是体育的生命活力所在，也构成了区别于其他文化的体育文化精髓。

6. 参与和实现方式的多样性

由于体育活动的身体性特征，构筑了参与体育活动的群体、目的、时空、内容、方式以及效果的多样性。

体育文化的上述特征都由体育活动的本质决定，即体育的身体对象性活动、体育活动培养人的宗旨。

三、体育文化的功能

体育文化是社会文化在体育活动中的一种独特的表现形式，其内容与形式、结构与功能都有着特殊的规定性和表象形式。体育文化具有以下基本功能。

（一）控制功能

控制功能是指体育文化对体育系统的活动进行着自觉或不自觉的控制，从而使体育系统的活动沿着一定体育文化的取向运转。主要表现为：规定体育组织的价值取向；确定体育组织的明确目标；规定体育参与者的行为准则等。

（二）凝聚功能

凝聚功能是指体育文化为全体同一参与者确立，产生凝聚力，提供凝聚剂，从而使他们紧密团结在一起，为了共同的目标，追求共同理想，同心协力，开拓前进。体育目标文化、体育团队意识、体育价值取向、体育共同理想等发挥凝聚功能。

（三）运作功能

体育文化的运作功能包括其自身的发展和推动体育系统的发展两方面。对体育文化发展有促进的因素，一是体育文化对生态系统、体育活动和社会进化的适应；二是文化间的流传和传播。内部促进因素有：体育文化内部的求新求全机制，体育文化的求效求优机制，体育文化系统的完备性和自洽性机制，这些因素相互交织起作用。

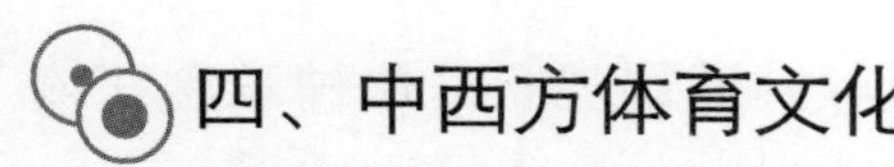

四、中西方体育文化

世界各民族都有自己的文化传统和各自社会发展的道路，人类历史的经验表明，不同文化只有相互比较、借鉴，才能共同繁荣。作为文化重要组成部分之一的体育文化也不例外，东方体育文化和西方体育文化都是人类共同的体育文化，是人类相互交往的结果，对东西方体育文化进行比较研究，有利于加强不同背景文化之间的交流与合作，通过相互吸收、相互借鉴、优势互补，有利于我们更好地发展世界性体育文化，实现共同繁荣。

（一）中国传统体育文化的特征

中国传统体育文化以汉族文化为主体，融合多种民族文化而形成，是各民族养生、健身和娱乐的体育活动的总称，它决定着传统体育文化所表现出来的种种特征。

中国传统体育文化内容丰富，源远流长。中华民族在几千年的发展过程中，以自己的聪明才智创造了极其丰富灿烂的中国体育文化。对人类的体育文化做出了巨大贡献的中国传统体育文化，经历了漫长的历史发展过程，兼容了各个历史阶段的优秀体育文化成果。中国传统体育文化以中国传统哲学思想为理论基础。中国传统哲学思想中的“天人合一”和“气一元论”等重要观点，具有典型的整体观，强调人与自然是一个整体，把“神”与“形”视为一个整体，强调神形合一。以此为基础，中国体育文化呈现出丰富的文化内涵和广博宏大的理论体系。

中国传统体育以防病健身、竞技表演、文化娱乐为基本模式。中国古代的养生主张形神兼顾、内外同修、以外练身、以内修心，并认识到了心理对健身的重要作用。这些延年益寿的健身活动成为集竞技性、表演性、游戏娱乐性、艺术观赏性、趣味性于一体的综合运动形式。中国传统体育文化以宽厚、礼让、和平为价值取向。古代中国注重情感和尊崇道德观念，这种观念在体育活动中得到了充分体现。儒家的“尚仁”，墨家的“兼爱”等思想，在规范人们的体育行为、平和体育气氛方面具有积极意义。传统文化中重义轻利的价值观念历代相传，反映在体育中就是崇尚体育的伦理价值而贬低体育的实用价值，使中国体育文化呈现出以宽厚、礼让、平和为特征的伦理价值取向。

（二）西方体育文化特征

西方文明在开始阶段就表现出了对现实功利的积极追求，讲究在平等的基础上开展竞争，努力获得个人的最大利益和幸福。在这样的基础上，早期西方社会就逐渐形成了功利主义的道德原则、强烈的竞争意识和对力量的崇拜。

强调以人为中心——以个人为社会本位。西方传统价值观中主张竞争为贵、物竞天择、适者生存的信条和德行。在这种理念下也就自然诞生了以个体为本位的体育思想，他们进行比赛时代表个人，参加体育活动纯粹是个人的爱好，这些思想也深刻地反映在奥林匹克运动上。西方从事体育活动坚持的是个人主义，提倡个性解放，宣扬个性独立，突出个人自由，尊重个人权利，重视契约关系。在竞技体育运动中，充分肯定了个人奋斗与个人价值，将个人英雄主义推至极致。

多元的文化价值。长期以来，西方体育文化产生与发展的经济基础是以海洋贸易为本的商品经济，具有开放性和外向性；此外，欧洲历史的特点之一是文化的多样性，民族国家众多。因此，不同国家和民族的体育一经产生，在融入西方体育中，不但没有受到排斥，而且被很好地融为一体，同时在人们选择运用这些体育运动时也体现出鲜明的多元文化特色。不同民族丰富多彩的体育汇成了西方体育文化的大家庭，经过不断的融合，形成了西方体育文化的完整体系，并成为当今世界体育的主流。令人瞩目的现代奥林匹克运动，就是西方多元文化价值观对世界体育的重大贡献。

（三）中西方体育文化的差异

中西方体育文化产生和依存的社会环境不同。中国传统体育是以农业文明为基础，是在独特的社会环境中孕育和发展起来的。农业社会形成了相应的封建社会政治条件，专制、集权以及儒家思想为主的文化伦常，形成了中国人传统的思维方式和社会价值体系。因此，不热衷于冒险、冲突和对抗的竞争活动，武术修身、气功、太极等体育形式得到强化。西方体育以工业文明为依托，西方较短的历史传统，刺激了自由、平等、民主、竞争观念的产生。工业革命后，快节奏的体育活动方式迅速发展起来，这种体育文化具有世界性、竞争性、科学性和商品性等特色。与中国农业型体育文化相比，在价值观念、理论认识、运动方式方法等方面都具有巨大的差异。

中西方体育思想基础不同。中国传统体育以古代朴素唯物主义哲学做指导，强调整体，以心为本。在传统文化影响下的中华民族的体育观念大致分为两个方面：一方面，中国传统体育文化是一个以内达外，追求内在超越的精神理念，如天人合一、顺应自然的体育理念，鼓吹养生之道，其典型代表产物有气功、导引、养生术等；另一方面，伦理道德观压制了个人外在超越和公平公正意识的竞技体育的发展。西方体育文化以自然科学为依据，注重分解，以身为本。在西方古典文化影响下的西方体育理念大体体现在三个方面：第一，竞争是西方体育的灵魂，在竞争中追求更快、更高、更强的外在超越的个人价值实现。第二，以自然科学和人文科学知识为基础发展起来的西方体育理念中的科学性和民主性比较强。第三，西方体育充满对健美人体的崇拜和对力的赞美，在运动中力求透射出雄劲的阳刚之气，注重竞技能力的培养，追求肌肉强化，多讲究动作的自然性，尽量要求动作的舒展，并强调要用大肌肉群参与动作的完成。

中西方体育价值观不同。中西方在对体育与人的价值上强调点和侧重点不同，中方注重人的内在修养，西方更注重体育对人体的塑造和培养。中国的“天人合一”与西方的“以人为本”的体育价值观不同。

中西方对体育活动方式、手段的认识不同。中方重“养”，西方体育强调运动和肌肉健美。

中西方对待竞技的态度和胜负观不同。中国体育强调不借助外力之功，而是通过自娱性活动，通过较心较智、较人格的高度、较修养的高低达到价值实现，而胜负是无足轻重的。西方体育则提倡竞争，提倡超越对手、超越自然，胜者被视为偶像、英雄。而竞技场上的结果、成绩、名次直接影响到做人的价值以及人本身的尊严。

（四）中国体育文化的现代化

任何体育的现代化都是在世界体育文化现代化的规律指导下的综合和动态过程，而中国体育的现代化至少需要把握下述三方面内容，也即体育文化现代化的三条途径：首先，中国传统体育应该顺应“世界体育一体化”的文化发展趋势，克服单一的发展，发挥传统体育优势，充分考虑我国国情，趋同、融合发展传统体育。其次，应向世界进发，走国际化的道路。在传统体育中弘扬奥林匹克精神，推动项目进入奥运会，并利用竞赛推动传统体育的普及提高。最后，必须在挖掘中华民族传统体育特性的基础上，对传统体育的发展趋势进行定位。这些过程不是单一的，也不会有严格的先后顺序，而是一个综合的系统过程，在这一过程中逐步完善和成熟。

对外来体育文化的吸收。吸收的外来体育文化是否有生命力，取决于能否与本民族的实际相结合。在吸收外来体育文化时，应当科学地选择那些体育文化中的精华，选择那些适合我国国情的体育文化，并将外来体育文化与本国实践结合，实现两者的融合，创造中华民族的新体育文化。由于我国幅员辽阔，地形、气候等自然条件和社会风俗差异较大，社会经济条件也不尽相同，因此在引进外来体育时，必须结合本地区的实际情况，有选择地吸收，而不是盲目学习。

对现代体育文化精神的把握。首先，应认识和解决中国体育改革面临的若干问题，这些问题主要是体育改革战略目标的不明确所造成的多元功利倾向。其次，要建立中国特色社会主义体育文化。遵从体育文化的相关规律，对旧模式的社会主义体育文化、中国传统体育文化、西方现代体育文化进行鉴别选择，集其精华于一体，形成完美精粹的新型体育文化。再次，在理论上明确体育文化与社会主义市场经济的关系。市场经济需要体育文化，市场经济与体育文化的共同点为优胜劣汰的竞争原则、投入产出的效益原则、公平有序的守法原则。最后，大力发展体育文化产业。体育属于精神生产范畴，发展体育文化产业应尊重体育生产的自身规律，以市场为导向，不断提高体育文化产品质量，加快先进文化传播，在满足精神文化需求的同时，进一步激发群众的体育消费欲望，实现体育生产与消费的良性循环。

当前我国正努力由体育大国向体育强国迈进，这种战略转型其实是积极同国际主流文化接轨，在具体实践上表现为：一方面，将逐步实现群众体育的主流地位。我国的体育发展历程表明，过去极少数竞技体育群体只是体育运动群体的小部分，是体育群体的非主流文化，真正的主流文化是广泛的大众都参与的体育运动，使运动成为每个人生活中不可缺少的部分，使其由点向面移动，由运动的“树叶”向运动的“森林”发展；另一方面，发展群众喜闻乐见的体育项目将成为体育文化主流。如美国的“草根”篮球普及以及美国职业篮球的高水平联赛。再如英国从来不是奥运的金牌大户，但英国足球凭借大众普及广度和文化厚度，一直在世界体坛拥有特殊的地位。而我国目前许多能拿奥运金牌的项目，如举重、体操等，多数是学校不开展、青少年不爱玩、大众不流行的，形成了人们常说的“成绩世界一流，普及基本没有”

的尴尬局面。篮球、网球的领军人物姚明、李娜的出现，使我国同国际体育文化接轨的成果初步显现，这一局面的改观也将成为我国体育战略转型的重要推动力。在体育文化建设的本质观念上，应重塑“以人为本”与“培养人”的正确观念，这也是我国体育文化的核心内容。由于历史原因，中国体育文化在很长一段时间内都是突出以国家、民族荣誉为指向的竞技体育，与以大众体育和职业体育为核心的国际主流体育文化存在较大差异。在新时期的体育文化建设中，我们应充分认识到体育是一种生活方式，其终极目的是为了培养人的素质，提高人们的生活质量。

第三节　体育与健康维护

一、健康的内涵

“健康（Health)”是当今使用频率最高的词汇之一，互联网的中文搜索引擎下，“健康”的相关条目数以千万计，可见人们对健康的关注程度极高。

有健康的人，便有了希望；有希望的人，便有了一切。古希腊哲学家赫拉克利特呼吁：“如果没有健康，智慧就不能表现出来，文化无从施展，力量不能战斗，财富变成废物，知识也无法利用。”思想家苏格拉底曾说：“健康是人生最为可贵的。”培根指出：“健康的身体是灵魂的客厅，病弱的身体是灵魂的监狱。”马克思认为“健康是人的第一权利”，我国著名经济学家于光远指出：“健康地生存是人生的第一需要。”世界卫生组织（World Health Organization，WHO）始终围绕健康主题，提出“健康就是金子”(1953)，“健康的青年——我们最好的资源”(1985)，“良好的健康是社会、经济和个人发展的主要资源，也是生活质量的重要部分”(1986)，“健康地生活——皆可成为强者”(1988)，“健康是基本人权之一，是社会和经济发展的基础”(1997)。健康的重要性由此可见。

在一定的历史范畴内，健康与特定的社会、环境、经济、文化、伦理道德等密切相关。人们对健康内涵的认识随着历史的发展而不断地演进和深化。

古代，人们对生命活动的认识极为肤浅，加之宗教信仰的桎梏，对健康的认识仅仅局限于没有疾病。随着社会的发展和医学的进步，人们能够使用各种仪器检测、发现身体的生理变化，健康被视为“器官发育良好，体质健壮，体能充沛”。毋庸置疑，这种建立在生理基础上的生物医学模式是一种巨大的进步，但它忽视了人的心理因素和社会属性。20 世纪 30 年代，美国健康教育学者指出：“健康是人们身体、心情和精神方面都自觉良好，活力充沛的状态。”由于不良情绪、精神创伤、恶劣环境等导致的“现代病”越演越烈，1948 年世界卫生组织提出了新的健康概念：健康不单是没有疾病和不虚弱，而是躯体的、精神的健康和社会幸福的完善状态（Health is a state of complete physical，mental，and social well-being and not merely the absence of disease or infirmity)。20 世纪末，世界卫生组织又把道德修养纳入了健康的范畴。

世界卫生组织提出了健康的 10 个标志。

（1）精力充沛，能从容不破地应付日常生活和工作的压力而不感到过分紧张。

（2）处事乐观，态度积极，乐于承担责任，事无巨细不挑剔。

（3）善于休息，睡眠良好。

（4）应变能力强，能适应环境的各种变化。

（5）能抵抗一般性感冒和传染病。

（6）体重得当，身材均匀，站立时头、肩、臂的位置协调。

（7）眼睛明亮，反应敏锐，眼睑不发炎。

（8）牙齿清洁、无空洞、无痛感，龋齿颜色正常，不出血。

（9）头发有光泽，无头屑。

（10）肌肉、皮肤富有弹性，走路轻松有力。

《从混沌到有序》中描述：科学不是一个“独立变量”，是嵌在社会之中的一个开放系统，由非常稠密的反馈环与社会连接起来，它受到外界环境的有力影响，它的发展是因为文化接受了它的统治思想。由单一的生理健康观，到涵盖生理、心理、社会层面的三维健康观，再到包括躯体健康、心理健康、社会适应健康和道德健康的全面健康观，健康理念不断变革。随着科技的发展，环境的改变，健康观也会被赋予新的内涵。正如杜波斯所言：“寻求健康是一个不断进行和适应性的过程，而不是一个总能达到或总能保持的静止状态，即健康意味着不断适应变化不定的生物和社会环境。”

二、影响健康的因素

人体的健康受多种因素的影响，这些因素相互渗透、相互制约、相互作用。这些因素归纳起来，主要有先天因素和后天因素两方面。

（一）先天因素

影响人体健康的先天因素是遗传。遗传是指自然界的生物通过一定的生殖方式，将遗传物质从上代传给下代的一种生物现象。遗传学告诉我们，生殖细胞中染色体和排列其上的脱氧核糖核酸 (DNA) 携带有遗传信息。遗传信息可以把上代的特征（如肤色、身高、相貌等）传给下一代。当携带的遗传信息基因或染色体异常时，就会引起遗传性疾病。现在已发现有 5000 多种疾病与遗传有关，如色盲、唇裂、血友病、糖尿病等。

（二）后天因素

影响人体健康的后天因素很多，但主要有以下六种。

1. 生活方式

良好的生活方式是人体健康与延年益寿的保证；不良的生活方式会导致各种疾病，严重地损害人体的健康与寿命。如经常暴饮暴食、营养不合理，容易造成营养过剩导致肥胖，使血液中胆固醇含量过高，诱发心脑血管疾病和糖尿病；经常抽烟、酗酒，甚至吸毒，就会严重损害神经系统的正常功能；陶醉于色情场所或打牌赌博寻求刺激，就会损害人的身心健康；若养成纵欲行为，甚至嫖娼、卖淫，就会染上各种性病，并败坏人格和社会精神文明。

2. 环境因素

环境因素包括自然因素和社会因素。

自然环境又称物质环境，是指围绕人类周围的空间客观物质世界，如水、空气、土壤及其他生物等。良好的自然环境与人体保持着一种平衡关系，对人体健康有促进作用。但是近年来随着人们对经济利益的过分追求，导致了自然环境的污染和恶化，如滥砍滥伐森林、植被面积大幅度减少、工厂废气、汽车尾气、噪音等。污染对人体的健康有损害作用。

社会环境又称非物质环境，是指人类在生产、生活和社会交往活动中相互间形成的生产关系、阶级关系和社会关系等。在社会环境中有诸多的因素与人类健康有关，如社会制度、经济状况、人口状况、文化教育水平等。安定的社会、良好的教育、发达的科学技术等，无疑对健康能起到良好的促进作用。反之，则可能会影响健康。

3. 心理因素

人的心理活动对人体健康的影响已越来越引起人们的重视。人的心理活动是客观存在的，是人的大脑对社会客观现实的反映。积极的情绪对健康有良好的促进作用，能改善大脑功能，增强机体免疫力，使人感到精力充沛。而消极的情绪则与疾病的发生和发展有密切关系。常处于闷闷不乐、忧虑、紧张压抑的精神状态，会导致躯体生命系统整体功能的失调而引起各种疾病损害健康。

4. 营养因素

营养与健康有着密切的关系。一方面合理的营养是正常生长发育的基础，也是增进健康、防治疾病的有效手段之一；另一方面如果营养摄入不足或不全面，会导致各种营养缺乏病，如缺铁性贫血、维生素 A 或维生素 B 缺乏症等，如果营养摄入量过度或失调又会导致“现代文明病”，如心血管疾病、糖尿病、肥胖症等。因此，我们必须科学而合理地摄入营养，使日常饮食尽量符合营养科学、合理的要求，保证身体健康的需要。

5. 运动因素

现代科学研究证明，人体通过运动可使形态和机能产生一系列的适应性变化。在联合国教科文组织颁布的《体育运动国际宪章》中也明确说明，体育是提高生活质量的手段，能培养人类的价值观念。适宜的体育活动对人类的健康始终起着独特的作用：促进生长发育，提高免疫功能，改善神经系统的均衡性和灵活性，使心肺功能得到增强，预防和推迟病变，增进健康，延缓衰老。

6. 健康意识因素

健康意识是指人们在生活、工作、学习等活动的过程中，对健康及其重要性的认识以及由此产生的思想理念和心理活动的综合体现。

现在大部分人对健康的理解存在误区，对自身的亚健康状态认识不足。多数人只有在身体表现出明显的病态以后，才会意识到健康出现了问题。帮助人们建立正确的健康观念，提高人们的主观认知，对健康会产生积极的、良好的影响。

三、亚健康

亚健康也称中介状态、病前状态、亚疾病状态、半健康状态、灰色状态、临床前状态等，世界卫生组织称其为“第三状态”。

（一）亚健康的概念

亚健康又称第三状态，是机体介于健康与疾病之间的一种生理功能低下的特殊状态，此刻机体尚无器质性病变，但体力降低，反应能力下降，适应能力减退，精神状态欠佳，人体免疫力低下，已有各种程度不同的患病的危险因素，具有发生某种疾病的高危倾向。

（二）亚健康的表现

由于人们的年龄、健康状态、适应能力、免疫力、生活环境、遗传因素等方面的不同，亚健康的表现形式也错综复杂。一般来讲，亚健康有如下具体表现。

（1）身体疲劳乏力、易累、肌无力，体力活动后全身不适、体力难以恢复。

（2）体质虚弱、免疫功能低下，易患感冒、咽喉不适、口腔黏膜溃疡等。

（3）胃肠功能紊乱、食欲不振。

（4）关节痛、肌痛、头痛、淋巴结肿痛、胸闷、心悸、气短。

（5）失眠或嗜睡。

（6）健忘、头脑不清醒、记忆力下降。

（7）精神不振、情绪低落，对事物缺乏兴趣、抑郁寡欢、常常感到孤独无助。

（8）烦躁、情绪不稳定、紧张、易怒、焦虑等。

（9）对环境的适应能力和反应能力减退、人际关系不协调、家庭关系不和谐。

（10）眼睛易疲劳、视力模糊。

（三）导致亚健康形成的因素

亚健康是由于社会、心理、生物、环境和生活方式等方面的不良因素作用于机体，使人体的神经、免疫、细胞因子、内分泌系统的功能紊乱，机体整体功能失调的一种状态。

1. 过度紧张和压力

这种压力包括身体和心理方面的压力。身体方面的压力主要表现为，长期超负荷工作、学习，睡眠不足，疲劳得不到及时消除而导致过劳。心理方面的压力主要表现为，激烈的竞争使人精神高度紧张、精疲力竭，从而身心过度劳累。研究表明，长期的紧张和压力对健康的危害是：引发急慢性应激反应，直接损害心血管和胃肠系统，造成应激性溃疡和血压升高，引发心血管疾病；造成脑应激疲劳和认知功能下降；破坏生物钟，影响睡眠；免疫功能下降，导致感染疾病的机会增加。

2. 人际关系紧张

社会生活的日益复杂和多变，使人与人之间的情感淡薄，情感交流缺乏，交往趋于表面化、形式化和物质化，情感受挫的机会增多，对情感生活的信心下降，孤独成了人们在情感方面的突出体验，缺乏亲密的社会关系和友谊，使人们表现出无聊、无助和烦恼。大量证据表明，缺乏社会支持是导致心理和躯体障碍的一个重要因素。

3. 不良生活方式

疲于奔波、应酬，劳逸过度，睡眠失调，生活不规律；吸烟、酗酒，以及其他不良嗜好；高热量、高脂肪及不均衡膳食结构和不良饮食习惯；体力活动少特别是运动不足。这些是造成亚健康的主要原因。

4. 环境污染

生活中由于环境污染导致亚健康的情况日益增多。如水质污染、食品污染、空气污染、噪声污染、微波污染及其他化学、物理因素污染等，这些污染都是健康的隐形杀手。此外，环境污染严重，生存空间过于狭小，可使空气中负氧离子浓度降低。长期处于这种环境中，人体血液中氧浓度和组织细胞对氧的利用率都会降低，影响组织细胞的正常生理功能，从而使人感到心情郁闷、烦躁。

（四）亚健康状态的预防与消除

当我们的身心处于亚健康状态时，如果不予关注，不采取有效的措施加以改善，时间长了就会引起内分泌紊乱、神经系统功能失调、免疫功能下降，导致多种疾病。坚持自我保健为主、养成积极的生活方式是预防和消除亚健康状态的关键。

1. 均衡的营养

通过均衡的营养、合理的食物摄入量，保持能量消耗和摄入之间的平衡；食物来源要多样，不要暴饮暴食或偏食。暴饮暴食可能会造成消化器官病变，偏食会因为缺乏某种营养物质而导致亚健康状态。

2. 保持乐观的心态

广泛的兴趣爱好，会使人受益无穷，不仅可以修身养性，而且能够辅助治疗一些心理疾病。每个人都不会一帆风顺地度过人生的旅程，有成功和欢乐，也亦有失败和痛苦，要理性看待压力，要把压力看作生活不可分割的一部分，学会适度减压，以保持健康、良好的心境。

3. 生活规律，保证充足睡眠

劳逸结合是健康之母，人体生物钟正常运转是健康的保证，而生活不规律是导致免疫功能下降和早衰的重要原因。

4. 坚持适量的体育锻炼

现代人忙于事业，锻炼身体的时间越来越少。加强身体活动，每天保证一定的运动量，可以提高人体对疾病的抵抗能力，促进新陈代谢，增强体质；另外还可以锻炼人的意志，增强心理坚强性和自信心，对消除疲劳、摆脱烦恼都有良好的作用。

5. 戒烟限酒

医学证明，吸烟、酗酒对人体健康有百害而无一利，必须严格限制。

四、体育锻炼与健康维护

（一）体育锻炼奠基人体生理基础

1. 体育锻炼有利于提高神经系统的机能

神经系统包括大脑、脊髓、神经和神经细胞。长时间的脑力劳动，会由于供血不足和缺氧而头晕脑涨。进行体育锻炼，尤其是在新鲜的空气中开展运动，可以改善大脑的供血情况，使大脑消除疲劳，恢复活力。从事体育锻炼还可以延缓脑细胞的衰亡过程，延长大脑的“年轻态”。

体育锻炼还可以改善神经系统的调节功能，提高其对复杂变化的判断和反应能力，并及时做出协调、准确、迅速的应对。经常参加体育锻炼能够加强神经系统兴奋和抑制的交替转移过程，从而改善大脑皮层神经系统的均衡性和准确性，提高脑细胞工作的灵活性、协调性、反应速度、耐受能力等。如果缺乏必要的体育活动，大脑皮层的兴奋性将会下降，导致平衡失调，甚至引发某些疾病。

2. 体育锻炼有利于促进循环系统的机能

循环系统由静脉、动脉和毛细血管组成，它在心脏的驱动下，为人体各个部位提供氧气和各种养料。

（1）经常从事体育锻炼能使心肌细胞内的蛋白质合成增加，心肌纤维增粗，心壁增厚，心肌力量增强，每搏输出量加大，使血液的数量增加并提高其质量。研究表明，在安静状态下，健康成人心脏的每搏输出量为 70 毫升，而经常运动者可达 90 毫升。

（2）体育锻炼可以增加血管壁的弹性，并促使大量毛细血管开放，大大加快能量供应，提高新陈代谢。

（3）体育锻炼可以显著降低血脂含量（胆固醇、蛋白质、三酰甘油等）、改变血脂质量，在遏制肥胖、健美形体的同时，能有效地防治冠心病、高血压和动脉粥样硬化等疾病。

（4）体育锻炼可以降低血压，舒缓心搏，预防心血管疾病。病理学家通过解剖发现，经常运动的人患动脉硬化的概率要远远低于不常运动的人。

3. 体育锻炼有利于增强运动系统的机能

运动系统由骨、骨连结和骨骼肌组成，它支撑起身体，并保护各器官的系统运作。体育锻炼能够增强运动系统的准确性和协调性，保持较好的灵活性，使人有条不紊、准确敏捷地完成各种复杂的动作。

体育运动可使骨密质增厚，骨小梁排列更加规则整齐，促使青少年骨的长径生长速度加快，直径增大，极大地提高骨的坚固性和抗弯、抗断、抗压能力。同时，可促进骨骼中钙的储存，预防骨质疏松。

体育运动可使肌肉的效能增强，肌肉更加粗壮、结实、发达而有力。具体表现为肌红蛋白和肌糖原的数量增加，肌纤维增粗，肌肉体积增大，肌肉的收缩力量加强，速度增快，弹性提高，耐力持久。

经常性的体育锻炼还可以增强关节周围肌肉的力量和韧带的柔韧性，从而扩大关节活动的幅度和牢固程度，减少各种外伤和关节损伤。

4. 体育锻炼有利于完善呼吸系统的机能

呼吸系统由呼吸道（鼻、喉、气管和支气管）和肺组成。

体育运动可以增加肺活量（人体尽全力吸气后再尽力呼出的气体总量）和肺通气量（每分钟尽力呼出或吸入肺内的气体总量）。经常参加体育锻炼，特别是做一些伸展扩胸运动，可使呼吸肌力量增强，胸廓扩大，有利于肺组织的生长发育和肺的扩张，使肺活量增加。同时，体育锻炼时需要大量的吸入氧气和排出二氧化碳，这就要求呼吸肌加强收缩，使肺泡得到充分张开，加深呼吸的深度，从而有效地增加了肺的通气效率，使人体能够承受更大强度的运动量。实验证实，经常参加体育锻炼的人，肺活量可增加1000毫升左右，肺通气量可达100升／分钟以上，均高于一般人。

5. 体育锻炼有利于优化免疫系统的机能

体育运动本身是一种运动负荷的刺激，反复刺激，身体的各个系统就会产生形态及功能的适应性变化。在这种应激与适应的生理反应过程中，免疫机能也会相应提高。

6. 体育锻炼有利于强健消化系统的功能

经常进行体育锻炼能促进胃肠蠕动，增加消化液分泌。运动中肌肉的收缩和舒张能对胃肠起到按摩作用，在提高食欲的同时增强吸收能力。

但应注意，不宜在饭后即刻进行体育活动或剧烈运动后马上就餐，运动和吃饭之间要有一定的间隔休息。一般认为，运动后至少休息30 ~ 40分钟再进食，或饭后间隔约1.5小时再进行运动较为科学。

运动时，在中枢神经系统的调节下，对全身的血液进行重新分配，以保证对肌肉骨骼营养物质和氧气的供应。此时管理消化的神经尚处于抑制状态，消化腺的分泌减少，胃肠蠕动减弱。运动越剧烈、持续时间越长，消化器官就越需要更长的时间来进行恢复。

同样，如果饭后立即参加剧烈运动，就会致使正在参与胃肠消化和吸收的血液又重新分配，流向肌肉和骨骼，从而会影响胃肠机能。甚至可能因为胃肠的震动和肠系膜的牵扯而引起腹痛及不适感，进而影响人体的健康。

（二）体育锻炼铸就人体心理健康

心理健康又称精神健康(Mental Health)，指的是人能积极调节自己的心理状态，适应环境（包括自身环境、自然环境与社会环境），有效地、富有建设性地发展和完善个人的生活。其包括五个方面：智力发育正常；情绪稳定、乐观进取；意志坚定、行为协调；人格健全、自我悦纳；良好的社会适应性。心理健康的人能够随外部环境变化而不断调整自身的心理结构以维持内外的平衡。

1. 体育锻炼对提高心理健康的作用

体育锻炼是改善心理环境、增强心理健康的重要手段之一。研究表明，有氧练习和力量、灵敏性练习均可改善人的心理健康水平；长期进行体育锻炼和长期进行渐进性放松练习均可降低人的焦虑水平。体育锻炼作为一种发泄口，可将各种烦恼、焦虑、不安等应激情绪发泄出去，从而使心理得到平衡，增进心理健康。

体育锻炼能消除人的紧张情绪，发泄内心的冲动、烦闷和单调，提高人的自信心和责任感，满足人与人之间的交往和有益的需要，磨炼人的性格和意志。经常参加体育锻炼，能显著地放松紧张的精神状态，改善人的自我感觉，消除沮丧和失望情绪，这是保持和增进心理健康、消除心理疾病的重要方法。

体育锻炼是一种低消费支出、低风险和低副作用的有效改善心理健康的手段，它对人们心理健康的积极影响表现为改善情绪状态。体育锻炼能直接给人们带来愉快和喜悦，并能降低紧张和不安，从而控制人的情绪，改善心理健康状况，培养坚强意志和良好的适应能力。

体育锻炼作为一种具有丰富强烈的情绪体验的活动，是帮助青少年克服困难，培养坚强意志、获得奋发进取精神的有效手段。通过体育竞赛可使学生增强自信，自我激励，争取不断地超越他人、超越自我，获得奋进向上的积极情绪体验。体育竞赛永远伴随着成功与失败，它可以增强学生承受挫折与失败和克服困难的能力，能培养不屈不挠的良好意志品质，消除心理障碍，促进心理健康。体育锻炼能够调节情绪，改善人际关系，有助于摆脱压抑、悲观等消极情绪，降低焦虑、忧郁等心理障碍的程度，从而形成健康心理，增进健康。

2. 体育活动产生良好心理效应的影响因素

（1）锻炼的心理意识。参与体育锻炼有主动和被动两种方式。若是被动参与，自己并没有锻炼的意识和兴趣，将不能很好地达到锻炼的效果，抵触心理还会给心理健康带来不良影响。积极主动地参与，有自己锻炼的目的，如获得健康、塑造体形、放松心情等，这样就有了锻炼的目标，也能更好地获得想要的锻炼效果。锻炼的意识越强，目的越明确，产生的心理效果也就越好。

（2）体育锻炼的强度。适度的体育锻炼有利于个人的心理健康，而过度运动和身心的耗竭将会对心理健康产生不利影响。当情境对训练者提出过高的要求，而且超出训练者所能达到的标准时，就会出现过度疲劳，从而导致运动者的身心耗竭、身体机能下降，心理上也会出现压抑、疲劳、焦虑、易怒、情绪不稳、精力不集中等症状。所以体育锻炼的强度对于锻炼者来说很重要，要想达到健康的目的就要把握好运动的强度。

（3）运动愉快感。喜爱运动并从中获得乐趣，可以产生良好的心理效果。运动愉快感是在运动瞬间体验到的一种愉快感，通常是不可预料地突然出现。调查表明，由于缺乏运动愉快感，多于 50% 的人在获得理想的健康效果之前就放弃了运动。因此，选择体育运动项目要结合自己的体育兴趣和爱好，使其成为一种稳定的、健康的生活方式，只有这样才能达到锻炼的目的。

（4）运动环境。其包括社会环境和自然环境，运动环境影响体育锻炼的心理效应。运动中的社会环境有体育锻炼的指导者、同伴、家长和观众等。在锻炼中有固定的伙伴，得到同伴的支持与认可可以获得良好的心理效果。体育活动时的自然环境包括阳光、空气和水。清新的空气能令人心旷神怡、神清气爽，会使运动者产生愉快的心情，达到锻炼的目的，促进心理健康。

第四节 学校体育的发展

一、学校体育的功能

（一）教育功能

学校体育不仅包含着对德、智、体、美等方面的教育和培养，还包含着人们对自身的认识和对生命的感悟。学校体育的教育功能主要表现在以下方面。

1. 促进学生智力发展

学校体育通过各种各样的身体活动，可以促进学生的智力发展。学生通过体育锻炼能够促进自身神经系统的发育和发达，这为智力的开发奠定了生物学基础。

另外，学校体育是一项创造性的运动，蕴含着丰富的开发智力、培养创造力的内容，对全面培养人的观察能力、广泛训练人的记忆能力、启迪诱导人的想象力和提高人的思维能力具有重要的作用。研究表明，运动有助于人开发大脑右半球的功能，对发展儿童的直觉、空间转换能力、形体感知等形象思维及创造力具有重要作用。

2. 促进学生形成优良品德

学校体育是德育的重要内容和手段，它对于培养、完善学生的人格和个性起着重要作用。学校体育的德育作用表现在：

（1）学校体育可以培养学生的道德认识与信念，如遵守规则、公平竞争、团结合作、民主、奋进等。

（2）学校体育能有效地营造一个特殊的德育环境，使学生的道德信念通过体育活动得到强化，并内化为学生具体的道德行为。

（3）学校体育能有效地培养学生的个性意志品质，如勇敢、顽强、对挫折的承受力、对困难的忍受力等。

（4）学校体育还可以培养学生的集体主义和爱国主义精神以及责任感和荣誉感。

3. 培养学生的审美情趣

学校体育不仅可以塑造学生的身体美，而且还可以给学生灌输心灵美、行为美以及运动美，并可使各种美在运动实践中得到完美的结合。

运动教育、体育锻炼对塑造健美的身体的作用是非常直接的。学生通过运动教育、体育锻炼，能使自身体魄健壮、身材匀称、姿态优雅、动作矫健，这既是健康的标志，也是人体美的表现。运动中的形体美、动作美、节奏美、服饰美以及行为举止美都会给学生以强烈的美感体验，使其得到美的享受和情感的陶冶与升华。学校体育培养学生鉴赏美、表现美和创造美的作用是独特的、具体的，有着极强的实践性，这是一般的学科无法比拟的。

（二）健身功能

学校体育的健身功能是学校体育最本质、最独特的功能。学校体育的健身功能主要表现在以下几个方面。

（1）让学生养成正确的身体姿势，促进其生长发育。青少年正处于生长发育的关键时期，身体的可塑性比较大。体育锻炼对培养学生正确的身体姿势，促进机体的生长发育具有重要作用。实践证明，经常参加体育活动，可以促进人体组织的血液循环，使人的骨质增厚，骨骼变粗，骨骼的坚固性以及抗弯、抗断和耐压的性能显著提高。另外，经常参加体育锻炼，能刺激人的骨骼生长，这对青少年身高的增长有着积极的意义。

（2）提高学生机体的功能水平。体育锻炼还可以有效地提高人的机体功能水平。经常参加体育活动的人机体内部能量消耗会增加，代谢产物会增多，新陈代谢旺盛，从而能使机体的各个器官系统，如呼吸系统、血液循环系统、神经系统、消化系统等的功能得到改善。

（3）发展学生的身体素质和基本活动能力。体育锻炼对发展人的速度、力量、耐力、灵敏性、协调性、平衡性、柔韧性等素质，以及走、跑、跳、投、攀登、爬越等基本活动能力有着重要作用。

（4）提高学生的心理发展水平。学校体育对提高青少年的认知、情感、意志、精神等心理方面的水平有着十分重要的作用。

（5）能增强学生对外界环境的适应能力。外界环境是一个非常复杂的系统。自然环境的变化，不可避免地使人的生命和健康受到影响，人体必须随时调节各器官系统的功能来适应这种环境变化，使人体的内外环境能保持相对平衡。实践证明，经常参加体育锻炼不仅可以提高学生对自然环境的适应能力，同时能增强学生对疾病的抵抗能力。

（三）娱乐功能

娱乐的目的是获得快乐。开展丰富多彩的课余锻炼与竞赛是学校体育的重要内容。一方面，学生通过参加体育活动可以调节情感，丰富生活，缓解由学习引起的精神紧张和疲劳；另一方面，学生通过观赏体育比赛和表演可以得到心理上的满足和精神上的享受。学校体育还是学生休闲的重要手段，是扩大学生社会交往的重要媒介，是表现自我、展示自我的重要舞台。

更为重要的是，学校体育在某种程度上会对学生未来的生活方式产生巨大的、潜移默化的影响。学生在学校体育活动中所得到的乐趣和愉快体验，不仅会影响他们的体育态度，甚至还会影响他们未来的人生态度，这种受益将是终生的。

（四）促进个性全面发展的功能

个性是指人在一定的社会关系中所形成的个人生理、心理和社会特征，它以独特的方式有机结合而使个体具有独特的社会性。人的个性就是人的独特的社会性。

现代社会不仅强烈地呼唤着人类要以自身鲜明的个性适应时代、改造时代、创造时代，而且更希望人类以自身良好、积极的个性，走向健康和和谐的未来。但人的良好的个性不是天生的，它需要教育的引导、培植与塑造。学校体育由于其活动内容多，同学间互动频繁，选择余地大，而且身心需要协同配合，各自承受不同的负荷和刺激，并且在体育活动中，有着让人身体体验深刻、角色变化快等特点，因而对学生个性的发展具有其他文化课无法比拟的作用。另外，运动让人身体健康，而健康的身体是形成良好个性的基础，且良好个性的社会价值的实现，更要以健康的身体作为保证。

（五）文化传承功能

学校体育的文化传承功能是学校体育最主要的社会功能。其表现在：首先，学校体育是校园文化的重要内容。学校内部和学校之间开展的多种多样的体育活动，既可以丰富学生的文化生活，又可以营造一种健康向上的人文氛围和环境，对学生的成长具有重要意义。其次，学校体育是传播体育文化的重要途径。学校通过对学生进行全面、系统的身体教育，可以使学生掌握体育、卫生保健等方面的基本知识、技术以及科学锻炼身体的方法，在这一过程中，体育文化被一代代传递、延续和继承。最后，学校体育对体育文化的创新与发展也具有十分重要的作用。无论是体育理论还是实践手段的创新与发展，都与学校体育有着密切的关系。

（六）社区体育的辐射功能

学校体育作为竞技体育的基础早已得到肯定，但随着我国社会体育的蓬勃发展，学校体育对社区体育和家庭体育的辐射作用也凸显出来。学校体育向社区和家庭辐射是学校体育本身向纵向的时间和横向的空间拓展的一个必然趋势，是对终身体育的积极回应，是现代学校体育功能的拓展，也是一项挑战。

（七）社会经济功能

学校体育的经济功能虽不明显，但其发展势头值得我们关注，如学校体育产业的开发和向社会商业活动的拓展、高校的高水平运动队与俱乐部的商业性活动的结合等。当然，学校体育的最根本的经济功能还是在通过改善和提高未来的劳动力的素质，来促进国民经济的增长这一点上。

从以上几点我们可以看出：现代学校体育的功能具有多元化的基本特征，围绕着人与社会构成了一个多层次的系统。这个系统在现代教育、体育思想和理念的影响下，内涵更加丰富，在广度和深度上呈现出不断扩展的趋势。学校体育的多种功能将被时代赋予新的意义。

二、我国学校体育目标的制定

（一）学校体育目标

目标是人们想要达到的境地或标准，它是人们通过努力，在一定时期内期望达到的结果。目标对人们的实践活动具有导向和激励作用。它通过对活动的各方面的控制和调节，使活动维持稳定的方向，成为具体行动的向导。同时，目标又具有激励作用，能调动人们的积极性。目标一旦确定就不能轻易变动，但由于外部环境和内部条件的变化又可进行调整。

学校体育的目标是指一定时期内，在学校这一特殊的空间范围体育应达到的期望要求、结果和标准。它集中体现了人们对学校体育与健康课程编制、体育教学实施以及课外体育活动、课余体育竞赛、课余体育训练开展中的体育价值的理解，是学校体育目的在学校体育中的具体化。它是学校体育决策和管理的出发点，也是学校体育工作应达到的结果。

学校体育的目标具有一定的结构。从学校体育过程的特点来看，它可分为条件目标、过程目标和效果目标。条件目标是指为实施学校体育所必备的主客观条件，包括体育知识的数量和质量、场地、器材、设备、体育经费、学生的体质条件等。过程目标是指在一定的阶段里，学校体育实施的经过或发展的经历，主要包括工作计划、组织管理、体育课教学、课外体育活动、课余体育训练、课余体育竞赛、卫生保健措施，以及教师的培训、提高等。效果目标是指实施学校体育的最终效果，包括学生的体质水平，学生的教育、教养、发展水平，体育能力水平，以及学校体育人才质量、科研成果等。以上三个目标都可以采取相应的检测手段来进行评价，通过不断评价使学校体育目标在实施过程中不断完善，并为下一阶段目标的制定和实施提供科学的依据和基础。

学校体育的目标具有一定的层次性，是一个多层次的系统。在学校体育的总目标下，根据各项工作的特点，可以分解成下一层次的目标，如学前教育阶段的体育目标、初等教育阶段的学校体育目标、中等教育阶段的学校体育目标和高等教育阶段的学校体育目标等，每一阶段又包括体育与健康课程教学目标、课外体育锻炼目标、课余体育训练目标、课余体育竞赛目标、体育科学研究目标、学校体育管理目标等。以上目标还可以分解成下一层次的具体目标，各目标之间相互联系，构成学校体育的目标体系，为实现学校的教育目标服务。

（二）制定体育目标应考虑的几个因素

学校体育目标能否在学校体育中起到核心的指导作用，关键在于学校体育目标对外界的敏感性与开放性，即学校体育目标能否正确反映社会发展的需要、体育学科本身的发展、学生身心发展的特点与需要。

1. 学生的需要

学生是体育施教的对象，是体育学习的主体，离开了学生这个主体的积极性与作用，学校体育将无从谈起。因而，在制定学校体育目标时，首先必须充分考虑学生这个主体的特点与需要，特别是学生的身心发展特点。因为它在很大程度上决定着学生能够学习什么，达到什么水平。

从内容上看，学生的需要包括学生的身心发展需要和学生的学习需要。这两方面的需要是相辅相成的，因而，我们在制定体育目标时，应充分考虑学生的两种需要之间相互依存的关系，在确定体育目标时，充分考虑某一阶段的学生能够学习什么、需要学习什么以及怎样端正学生的学习动机。

从时间上看，学生的需要既包括学生当前的需要，也包括学生长久的需要。仅满足学生当前的需要，很容易引起学生的体育学习兴趣，但不一定能保证为学生走上社会提供良好的准备；仅满足长久的需要，又容易将成人化的体育内容强加给学生，使体育学习成为一种外在的过程。

从学习的性质上看，学生的需要既包括学生的天赋，也包括学生在后天的学习过程中形成的自觉性。因而，在制定学校体育目标时，首先，要以学生的自发需要为基础，利用这种需要来达到体育的目的。其次，要了解作为学校体育特定对象的特定的学生的特定情况，将学生的情况与理想状态加以比较，确定二者的差距，发现体育的需要，从而揭示学校体育的目标。

2. 社会的需要

社会的需要主要是指社会政治、经济、科技、文化的发展对学校体育提出的要求。学校体育作为我国教育事业的重要组成部分，要全面贯彻政府的教育方针，与德育、智育密切配合，努力将学生培养成为有理想、有道德、有文化、有纪律、体魄健壮的社会主义建设者和接班人，为振兴中华做出贡献。这是确定我国学校体育目标的最基本依据。学校体育作为学校教育的一个有机组成部分，它伴随社会存在与发展，总是为一定的社会需要服务的。首先，从整体的社会需要角度看，可分为社会的现实需要与未来需要；其次，从时空的需要角度看，分为家庭、社区、民族、国家的需要；最后，从学校体育的施教对象的特性来看，学校体育不仅是为了今天的学生，更重要的是为了明天的学生。从这一意义上讲，学校体育既要适应当前的现实，又应超越社会的现实，走在社会发展的前面。只有在现实与未来、个人与国家、适应与改造之间找到切入点和结合点，学校体育目标才能更好地发挥其社会功能。

3. 体育学科的功能与发展

学校体育目标明确了体育的价值、定位及其内容和基本架构。学校体育主要是对学生进行身体教育和运动教育，强调的是增强学生的体质，提高学生的运动技能，让学生形成终身体育的意识及行为等。学校体育的主要手段，是体能的练习、运动技能的学习及参与运动的行为。体育学科是学校体育知识最主要的来源，体育学科的功能是确定学校体育目标的重要依据。所谓体育学科的功能是指体育在与人的个体、社会相互作用的过程中，表现出来的相对特殊的社会作用与效能。一般认为体育学科具有以下功能：增强学生的体质，提高学生的基本活动能力，提高学生对自然的适应能力，愉悦学生的身心，陶冶学生的情操，规范学生的行为，提高学生的审美情趣和有利于学生的智力发展，提高学生的智育活动效能，提高学生的自我保护能力和人际交往能力，传承与发展体育文化。如果学校体育本身没有这样的功能，则学校体育目标的制定就变成了无源之水、无本之木。

学校体育目标不仅要考虑体育学科的存在，还要进一步考虑学校体育在学校教育中的地位和作用、学生的特点等。

制定学校体育目标，不仅是学校体育功能的体现，而且还是一定的体育价值观的体现。体育价值观决定了人们在制定与实施学校体育目标时的态度与选择，常常表现为强调体育的某些功能，弱化或忽视某些功能。学校体育目标的制定、设计、实施与评价是某种体育价值观的具体体现。对学校体育功能的不同认识、不同的体育价值追求会在很大程度上直接影响学校体育目标的制定、设计、实施与评价。

在制定学校体育目标时，学生、社会、学科三个因素是交互起作用的，其中任何一个因素都不可能单独成为学校体育目标的来源。过分强调某一因素，就会导致学校体育向一个极端发展。另外，国家对学校体育提供的条件、师资数量与质量、场地、器材设备、教学时数、地区气候特点、经费等客观条件的保证，也是制定学校体育目标必须考虑的因素。

（三）我国学校体育的目标

目标是人们实践活动所要达到的境地和标准，是目的和标准的统一。它是包括使命、对象、目的、指标、时限等在内的一套完整系统，是人们实践活动的最终期望和期望结果可考核性的有机统一，是人们实践活动目的的具体表现。它具有具体性、明晰性、系统性等特点。

由于目的是概括性的，比较笼统、原则和抽象，不能分层到实践中去直接操作，因此，目的必须分解成具体目标，并通过目标去逐一实现。

1. 学校体育的总目标

现阶段我国学校体育的总目标是：开发学生的身心潜能，促进学生身心和谐发展，增强学生的体质，增进学生的健康；培养学生对体育的积极态度、兴趣、习惯和能力，使其能较为熟练地掌握和应用基本的体育与健康知识和运动技能，为终身体育奠定良好的基础；培养学生良好的思想品质，促进学生个体的社会化，使其成为具有创新精神和创新能力以及德、智、体、美全面发展的社会主义建设的合格人才；同时提高少数学生的运动技术水平，为国家培养体育后备人才。

上述我国学校体育的总目标，体现了学校体育的本质特征，反映了现阶段我国社会、教育、体育发展的要求和学生个体的需要，比较符合我国学校体育的实际，具有较高的科学性和可行性。

2. 学校体育的效果目标

为保证学校体育总目标的实现，首先应该达到以下效果目标。

（1）开发学生的身心潜能，增强学生的体质，增进学生的健康。学生正处于身体生长发育时期，因此，学校体育工作应根据学生不同年龄、性别所具有的生理、心理特点，有目的、有计划、有组织地开展体育教学和课外体育活动，促进他们身体的正常发育，使学生在身体形态、生理机能、身体素质和身体基本活动能力等方面都得到全面发展，对自然环境有适应能力，对疾病有抵抗能力。对于小学和初中阶段的学生，要针对他们身体正处在迅速生长发育时期的特点，采取加强身体锻炼与养护相结合的方式，促进他们身体的正常发育，培养他们正确的身体姿势，塑造匀称健美的体形；要发展学生的基本活动能力，把握其身体素质发展的敏感期，使学生全面发展身体素质。在高中阶段，要针对学生已进入青春后期，生长发育减慢的特点，着重于巩固提高已获得的体力，进一步发展和提高身体素质水平，尤其要重视发展耐力和力量素质，增强学生体魄。高等学校的学生身体发育已接近完成，可针对不同专业对身体素质的要求，以及学生对体育的爱好组织体育活动，并不断提高要求，以进一步增强学生的体质。这不仅对青少年学生个体的成长具有重要的作用，而且对提高全民族的体质健康水平也具有深远的战略意义。

（2）传授体育运动、卫生保健和健康生活的知识、技能和方法，使学生具有一定的体育文化素养。学校体育本质上是系统地向学生传授体育文化的教育过程，它可以通过各种途径，向学生系统地传授体育运动知识、原理和方法，以及卫生保健、自我养护的基础知识，使学生懂得科学锻炼身体的基本原理和方法，学会体育运动中所要掌握的基本技术、技能，并认识学校体育的地位与意义，养成经常锻炼身体的习惯，最终使他们受益终生。

（3）培养学生的体育兴趣、习惯和能力，为终身体育奠定基础。对体育的兴趣、爱好及养成体育锻炼的习惯，是做到终身体育的重要因素，也是实施终身体育的重点。学校体育和终身体育的联系，是通过“兴趣”和“能力”的桥梁来实现的。学校体育的重点更多地应该放在如何培养学生对体育的兴趣和能力上，在培养兴趣和能力的基础上，通过长期技术、技能的学习，让学生形成稳定的体育价值观和积极的体育态度。有了良好的体育价值观和态度，学生才能积极参与体育锻炼，并且终身受益于体育。学生可以因人、因时、因地创造性地去选择适合自己的健身方法和手段，以满足终身体育的需求。

（4）培养学生良好的思想品德，促进学生个性的全面发展。培养学生良好的思想品德，促进学生个性的全面发展是学校体育的重要目标之一。学校体育具有丰富的思想品德教育因素，要结合体育的特点寓思想品德教育于体育活动之中，教育学生为社会主义现代化建设锻炼身体，提高社会责任感，树立群体意识；培养学生热爱集体、遵纪守法、团结合作、勇敢顽强、拼搏进取、开拓创新、艰苦奋斗等思想品德和良好的体育作风；培养学生对体育的兴趣与爱好，体验运动的乐趣；培养学生鉴赏美、表现美、创造美的情感和能力，陶冶学生的情操，促进学生个性的全面发展，为将来适应社会生活奠定良好的基础。

（5）发展学生的运动能力，提高学生的运动技术水平，为国家培养体育后备人才。学校是各种运动人才的摇篮，因此，学校要善于发现有运动天赋和运动才能的学生，并在课余时间对他们进行系统的运动训练，以提高他们的运动技术水平，使他们不仅成为推动学校群众性体育活动的骨干，同时也成为国家优秀运动员队伍的后备力量。有条件的学校，还应该组织具有本校特色和传统的高水平运动队，一方面可以丰富校园文化生活，另一方面也可以参加国内甚至国际赛事。

上述学校体育的具体效果目标相互联系、相互促进，是一个不可分割的整体，要在实践中采取各种手段和途径才能完全实现。但要注意的是，应根据各教育阶段体育的特点、侧重点和要求不同而区别对待。

三、实现我国学校体育目的、任务的基本要求

整体而言，组织开展学校体育的各项工作要以《中华人民共和国体育法》《学校体育工作条例》《学校卫生工作条例》和《学生体质健康标准（试行方案）》为依据，结合学校的具体实际，保证学校体育目标的顺利实现。在具体工作过程中，应注意以下基本要求。

（一）认真贯彻体育法规，面向全体学生

认真贯彻党和国家的教育方针，认真执行《中华人民共和国义务教育法》《中华人民共和国体育法》，落实《学校体育工作条例》《体育与健康课程标准》《学生体质健康标准》等政策法规，纠正以只抓少数高水平运动队来代替全体学生的体育活动和体质健康工作的错误倾向。学校体育工作要面向全体学生，将学校体育工作重点落在学生体质健康的群体活动上，全力保障学生体质健康，其中最重要的就是确保学生每天一小时的体育活动，保证全体学生都享有体育的权利。要创造一切条件，组织和动员全体学生参加各种形式的体育活动，以满足学生的不同体育需要。对少数有生理缺陷或疾病的学生，要尽可能地安排他们进行适当的保健体育、医疗体育或矫正体育活动，以提高他们的健康水平。对部分有一定运动才能和天赋的学生，应从学校实际出发，在课余时间安排他们进行适当的运动训练，以提高他们的运动技术水平。

（二）以整体观点开展学校体育工作

1. 做到课内与课外有机结合

学校体育工作是一个系统工程，体育（与健康）课程和课外体育活动是实现学校体育工作的两个途径，两者互相依存、相辅相成。体育（与健康）课程所传授的知识、技能、方法等可以为课外体育活动的开展奠定一定的身体和运动技能基础，并提供理论与方法指导。同时，学生通过课外体育活动，可以进一步巩固在体育（与健康）课程中所学习的内容，而且随着学生运动能力的提高，学生对体育的兴趣将越来越浓厚。要正确处理好体育（与健康）课程和课外体育活动两者的关系，发挥其相互促进、相互加强、互为补充的积极作用，使每人每天有一小时的体育锻炼，增进身体健康。

2. 做到普及与提高有机结合

在普及的基础上提高，在提高的指导下普及，从整体上逐步提高学校体育水平。

3. 做到体育与卫生保健有机结合

在传授体育知识的同时，要进行安全、健康、卫生保健的教育，使锻炼与保健养护相结合，真正贯彻预防为主的卫生方针。

（三）积极推进体育课程体系改革

要坚决贯彻“健康第一”的指导思想，根据现代体育课程发展趋势，按照《体育与健康课程标准》的精神，把体育课程教学作为学校体育的中心工作，不断深化体育教学改革；注重体育教学方法的科学性和实效性，结合实际应用多种教学模式，提高和优化体育教学质量。要关注学生的学习兴趣和情感体验，注重构建学生的主体地位，注重形成和发展学生的个性；重视改造传统运动项目和引进新兴运动项目；在体育课程实践部分侧重选择促进学生身体发展，增强想象力、表现力与创造力的身体技能练习；培养学生终身体育的意识和能力。要注重体育课程资源和校本课程的开发，重视体育教学研究和科研成果的转化，为学生的身心健康发展创造条件；通过改革逐步构建形成有自身特色的体育课程教学新体系，使学生通过运动实践初步掌握体育的基本技能和方法，促进学生身体正常发育与健康水平提高，帮助学生确立健身意识和具备锻炼身体的能力，促进学生心理品质的健康发展，形成完整的主体意识和科学精神，培养学生勇敢自强的精神、合作与竞争的生活态度以及创新意识。

（四）营造良好的学校体育环境

学校体育环境是指开展学校体育活动所需要的物质、人文与心理环境，如校园、校舍，各种体育场地、器材，学校各种体育规章制度，学校体育的传统与风气以及师生关系等。实践证明，学校体育环境是学校体育的有机组成部分，对实现学校体育的目标具有重要的意义。良好的学校体育环境不仅可以引导和激励学生积极参与体育活动，给人以美的享受，而且对学生的体育兴趣、动机、爱好、态度等的形成产生潜移默化的影响和作用，并且能够有效地促进学生的身心健康。

营造良好的学校体育环境，不仅要加大投入，改善学校体育的物质环境，还要努力构建学校体育传统与风气。学生置身于这种积极向上的体育氛围中，能够在耳濡目染、潜移默化中受到熏陶和感化，从而产生一种春风化雨、润物无声的教育效果。

（五）加强体育师资队伍建设

发展教育，教师是关键。体育教师是学校体育工作的具体实施者，学校体育工作的效果主要取决于体育教师，体育教师是实现学校体育目标的关键。因此，必须努力采取切实措施加强体育教师队伍建设，提高体育教师的整体素质。一方面要努力提高师范体育教育专业的质量：另一方面要加强在职体育教师的业务培训，要把在职培训与业余进修相结合，自学提高与脱产进修相结合，鼓励教师投身于教育改革实践，认真学习现代教育理论，提高自身理论水平与业务能力，以适应当代学校体育改革与发展对体育教师的新要求。同时注意提高体育教师的社会地位，改善他们的生活工作条件，防止体育师资的流失，使体育教师在培养德、智、体、美全面发展的人才中发挥更大的作用。

（六）加强学校体育科学研究

学校体育科学研究在教育科学研究中有着重要的地位。当前我国学校体育正处于急剧的发展变革阶段，实践中出现了大量的理论和实际问题，需要通过科学研究加以解决。学校体育科研工作要坚持理论和实践相结合，坚持科研和教学相结合，坚持专职科研工作者和学校体育教师相结合，努力解决学校体育工作的突出问题。要把体育课程和学生课外体育活动作为开展学校体育科研的主要对象，以运动技术、技能为载体，把体育内化为学生的健康意识，利用体育的特殊功能对学生施以道德、情操和心理的影响，充分发挥体育在实施素质教育中的积极作用。

要注意及时总结学校体育工作中的各种经验，将其上升到一定的理论高度，并在实践中加以推广。同时，还要善于抓住一些学校体育实践中亟须解决的重要课题进行研究，力争以科研上的突破来带动学校体育的改革向纵深发展。

第二章　终身体育

第一节 终身体育的内涵

一、终身体育的界定与诠释

终身体育，是指一个人终身进行身体锻炼和接受体育指导及教育。具体来说，包括了两个方面的内容，一是指通过对终身体育锻炼的正确理解和认识，形成人的内在需求，强烈的锻炼意识促使人们自愿地加入体育锻炼中来，并逐步形成一种终身体育锻炼的思想；二是指在人的整个生命过程中坚持长期参加身体锻炼的行为，人的一生需要经历不同的时期，而每个时期都要面对不同的环境，在理解和认识的基础上克服其他制约因素坚持锻炼，实现终身从事体育锻炼。终身体育从时间上来说，贯彻整个人生；从活动内容上来说，终身体育运动的项目并非一成不变，可以根据自己的爱好灵活选择；从人员上来说，针对全体公民，特别是青少年；从教育方面来说，为的是提升公民的整体素质，使国家更加繁荣富强。

终身体育同终身教育有共同点，也有不同点。在其结构体系上都强调了人的不同时期，不仅包括小学、中学、大学的学校体育，还包括婴幼儿体育和学前儿童体育、成年人体育、老年人体育、妇女特殊时期的体育和残疾人体育。这两者都强调了它不仅是学校教育与学校体育，也包括从生到死的终身教育和终身体育，是幼儿园、学校、社会、家庭教育和体育的综合体。

终身体育是依据人体发展变化的规律，身体锻炼的作用、现代社会的发展不断对人提出的要求，伴随着终身教育的发展而发展起来的。人体的活动规律要求身体锻炼必须坚持，身体锻炼如不能坚持，就不能产生持续的锻炼效果。现代社会的生活方式要求身体锻炼成为人们日常生活的组成部分，成为现代生活的重要组成部分。同时身体锻炼需要科学的指导和不断接受新的体育教育，根据人体生长发育与发展的各个不同时期的身心特点，所从事的工作、职业特点及所处的环境，都要求对终身体育加以科学的指导，并采取积极的体育手段。这一过程就构成了终身体育的系统。同时，根据一个人的不同发展时期，如幼儿园、小学、中学甚至大学、参加工作后一直到中老年，和不同人群的特殊阶段都需要建立与完善终身体育的组织体系。

能否科学地指导人们终身从事身体锻炼，是我国发展社会主义体育事业的一项重要工作，涉及如何提高中华民族素质的大问题。终身教育作为教育改革的指导方针在我国已形成相当的规模，其对终身体育思想的形成、发展不仅有着直接的启迪作用，而且也是终身体育内容的扩展和补充。

终身体育所研究的对象是一个人的不同时期（一生中的不同年龄阶段），不同生活领域中个人的职业、性别、生活环境及不同健康状态的体育内容、特点、形式和条件。其特点是，不仅要具有广泛的指导性，体现在其内容、方法的完整性和体系化，而且还必须具有较强的实用性，即对不同的个人具有明确的针对性。

二、终身体育教育的目标和内容

终身教育是人们在一生各阶段当中所受的各种教育的总和，是人所受不同类型教育的统一综合。包括教育体系的各个阶段和各种方式，既有学校教育，又有社会教育；既有正规教育，也有非正规教育。其目的是为了适应社会经济发展的需要，以及提高未来社会对人的需求。终身体育教育作为终身教育的重要组成部分，将健身性、教育性融于一体，其主要目标在不断提高全民族的身心素质，促进个人身心健康与社会进步的和谐统一。

（一）培养体育意识

体育意识是指客观存在的体育现象在人们头脑中的反映，是人们对体育运动总的认识和看法。自我体育意识是人们根据个人的具体情况，积极地从事体育运动，它是人们形成终身体育的必要前提。体育文化的传递，单靠教师的传授是远远不够的，只有注重学生自我体育意识的培养，才能适应社会发展的需要。学生通过自主锻炼来促进自我意识的增强，也是终身体育能力的需要。培养学生自学自练的能力，实际上就是培养学生终身体育的能力。体育意识的增强，将对终身体育产生强大的驱动力和深远的影响。

（二）培养体育兴趣

体育兴趣是以学生对体育活动的探究需要为基础，推动他们优先认识和积极从事体育学习或身体锻炼活动的心理倾向。体育兴趣是学生终身锻炼的基础，是体育教学的一个重要目标，决定着学生今后长期参与体育锻炼的自觉积极性和独立性。体育兴趣是可以培养的。重要的是体育教育应当认识到体育兴趣在学生体育活动参与中的重要作用，主动了解和发现学生当前感兴趣的体育活动项目和现有水平，并通过教学活动安排，将学生期望进行的体育活动直接或间接地与他们的体育兴趣联系起来，以此来满足他们的体育活动需要与兴趣。因此，在体育兴趣的培养过程中，要对学生的主、客观因素及其相互作用有所考虑。

（三）养成体育习惯

体育习惯是指人们在不断的健身实践中逐渐形成的，能够满足“主体需要”

的一种自觉的、经常的、稳定的行为并构成现代人日常生活不可缺少的内容之一。对培养学生体育习惯，《全国健身计划纲要》指出："各级各类学校要全面贯彻党的教育方针，努力做好学校体育工作。要对学生进行终身体育教育，培养学生体育锻炼的意识、技能和习惯。"养成良好的体育习惯是体育锻炼的保证。

（四）体育能力的培养

所谓能力，是指以人的一定的生理和心理素质为基础，在认识和实践活动中形成、发展的完成某种任务的能动力量。由此，我们可以把体育能力理解为一个人在学习掌握体育知识和体育技能的基础上，运用各种方法和手段，对自身的体育实践活动起稳定调节作用的个性心理品质，是运用体育知识、体育技术、体育技能有效地完成体育活动的生理、心理特征。体育能力的基本内容应包括对体育的认识能力、科学锻炼的能力、体育锻炼的自我评价能力、终身体育能力等。体育能力是达到预期效果的保障。

（五）心理健康教育

心理健康是指人的内心世界与客观环境的一种平衡关系，是自我与他人之间的一种良好的人际关系的维持，即不仅能获得确保自我安定感和安心感，而且能自我实现，具有服务他人健康的作用，是人的健康不可或缺的重要方面。体育心理健康教育是体育健康教育的一部分，与生理健康教育共同构成体育健康教育。体育心理健康教育不仅对学生个性的全面发展、身心健康、事业成功和人生幸福具有十分重要的意义，而且适合当代社会对新人才的需要，它对学生心理素质的发展和社会的进步也具有十分重要的意义。因此，在体育教学中对学生心理健康的教育和培养具有重要意义和价值。

三、终身体育教育的内容

（一）健身运动

健身运动是指一般健康人为增进健康、增强体质而从事的身体锻炼。健身运动主要是为了发展人体内脏器官的功能，特别是心血管系统和呼吸系统的功能，以及力量、耐力、柔韧、灵敏和速度等运动素质，提高工作学习效率，丰富业余生活，延年益寿。

健身运动一般多以有氧代谢为主，对运动量的控制要求较高。由于参加者的年龄、性别和健康状况不同，因而所采用的内容与方法也不一样。青少年常采用各种运动项目，如田径、体操、球类、游泳、滑冰等。中老年人则一般采用走（散）步、慢跑、做操、太极拳、健身球等。在形式上常以自我锻炼为主。

（二）娱乐体育

娱乐体育是为了丰富文化生活，吸引人们愉快健康地度过余暇时间而开展的具有鲜明娱乐色彩的体育活动。

通过娱乐体育可以使人的身心得到改善，锻炼身体，陶冶情操，它适合各年龄段的人进行活动。

娱乐体育的内容包括球类游戏、活动性游戏、季节性娱乐体育、旅游、游园、游艺晚会、民族形式的活动（如放风筝、跳皮筋、狩猎、荡秋千等），以及下棋和观看各种体育比赛等。按其参加活动时的身体状态，一般可分为以下三种。

（1）观赏性活动，主要指观看各种体育竞赛。

（2）相对安静状态的活动，如垂钓、棋牌、用纸和笔进行的活动，主要是陶冶情操。

（3）运动性的活动，这是娱乐体育的主体，又可分为以下四种。

①眩晕类。这种活动通过获得日常生活中难以得到的身体状态和空间感觉，以得到活动的乐趣。如游艺场上的滑动、旋转、起伏、上升、下降、碰撞、腾空等各种游艺项目。

②命中类。如射击、射门、投篮、击木、地滚球、台球等项目。

③游戏竞争类。如各类竞技性活动。

④自然类。如野营、野炊、篝火、越野、登山、旅行等。

（三）医疗与矫正体育

医疗与矫正体育是为了治疗某些疾病或某些身体有缺陷、功能有障碍的人而进行的专门的体育活动。

针对人体存在的某些疾病与障碍，采用体育的手段，达到治疗疾病和纠正某方面的缺陷，使其恢复。但这种身体锻炼必须在医生或专门教师的指导下进行。简单的没有什么危险的锻炼内容，可以根据自己的实际情况自行锻炼。

（四）格斗性体育

格斗性体育是为了提高防身自卫和抗击应变能力而进行的身体锻炼。这种锻炼既可强身又有一定的实用价值，以应用于日常生活与军事需要，对提高对抗能力和自我保护能力有一定的锻炼价值。在选择格斗性体育内容时应明确锻炼目的，并采取安全防护措施，以免发生意外。

格斗性体育的主要内容有擒拿、散打、推手、拳击、武术对练和军事体育中的刺杀、射击等。

（五）探险运动

探险运动是为了锻炼胆量、探求某方面的知识、满足冒险心理和创造奇迹而进行的一种体育活动。探险运动具有一定的危险性，在锻炼中要从实际出发，避免单纯为了追求冒险而脱离自身的能力和条件盲目行动。

探险运动的主要内容有利用气球或简易的手段越洋、越江与爬山洞或从高处向下飘落、徒步或骑车环球旅行、赴南极考察、攀登高峰、穿越沙漠等。总之，人类为显示自己的能力去征服某个天险而进行的各种探险活动都可作为探险运动的内容。

选择探险项目进行锻炼，一定要有充分的准备，特别是从安全角度出发，要量力而行，不能超越自身的能力去乱闯，以减少不必要的损失。特别是青少年儿童选择危险性的探险项目来锻炼，要有安全措施。

四、终身体育的主要特征

（一）连贯性

从时间上来看，终身体育思想强调体育教育和体育学习的连贯性。体育教育是伴随人一生的终身教育，是人健康快乐生活过程中的重要组成部分。终身体育思想不局限于学生在校期间的教育活动，更重要的是通过体育教育来培养终身体育的能力，使学生掌握体育锻炼的能力，从而终身受益。终身体育的核心应在于使体育教育贯穿人的一生，强调体育锻炼的连贯性。一改“受到一定学校体育教育之后，所学的体育知识、技术和技能可以受用一生的传统观念，以连贯发展、与时俱进的发展观念来看待体育这种文化现象”。

（二）整合性

从人员上来整合，现代社会健身的需要已不仅局限于某个个体，而且推广和上升为整个社会，它不仅提高了社会生产力，而且保证了人体健康，维持了人类的正常活动。因此，无论是从人的发展还是从社会的发展来看，终身体育的开展对国民素质的提升起着重要作用。全民健身的指导思想可视为终身体育思想的扩充和完善，只有具有终身体育锻炼的意识，养成了体育锻炼的习惯，才能实现真正意义上的全民健身。从空间上终身体育是家庭、学校和社会在空间上的整合，现代社会使体育走出学校、贴近生活，密切联系家庭和社会，将它们充分互动，良性整合。

（三）过程性

终身体育强调的是人的体育习惯的形成，把体育锻炼的过程看成是生活中的一部分，在生活的过程中自然而然进行锻炼的事情，而不是强调体育技能的灌输。在体育学习的过程中尽量把竞争减少到最低限度，使每个人都能发挥其兴趣、爱好，合理的运用体育的知识进行科学的锻炼，把体育和生活紧密地联系起来。在教学的过程中强调体育对人生的影响，通过多种形式潜移默化的影响人的体育锻炼意识，使人们不但要进行体育运动，更要注重体育学习的过程，在过程中学会体育，具备体育锻炼的能力。强调自我完善和学习的过程，而不过分强调结果。

（四）追求生活质量的不断提高和终生健康

体育运动以文明健康的方式，正越来越受到人们的青睐。它以自身的特点，使体育运动成为人们生活的内在需要，也为社会造就一种科学、健康、文明的生活方式。在终身体育理论的教育中把体育更多的贴近现实生活，将体育与学生的内心互通，以体育与人的一生的密切联系为基调，不仅可以有效调动学生体育学习的积极性，而且可以更有效地帮助他们养成体育锻炼的习惯。让学生在掌握体育技术的同时体会运动的乐趣，进而促进体育意识和体育行为的发展。终身体育在为人们的身心带来健康的同时，更将那些不健康的娱乐方式遏制在我们的生活之外。

（五）结构立体化

终身体育是由三维结构组成的完整体系。纵向结构——终身体育由三个相互联系的阶段构成，即婴幼儿体育、青少年体育、中老年体育；横向结构——终身体育是由相互联系、相互影响的家庭体育、学校体育、社会体育构成，此中既有制度化、正规化的体育教学与指导形式，也有非制度化、非正规化的广播电视、书报杂志、体育讲座等体育学习渠道；价值结构——通过制度化和非制度化的体育，达到促进身心和谐发展、丰富文化生活、沟通与融洽人际关系、提高生活质量的目的。

（六）组织方式自主化

终身体育是自发自主的教育，终身体育内容、方法和组织形式等都具有自主自觉的特点。终身体育纵贯人生幼年至晚年，不仅通过种类繁多的运动项目从宏观整体上呈现着上述多元特性，而且伴随着个体年龄、体力、心境、环境与观念的变迁，多元特性的侧重点也会发生阶段性推移。如幼年期的体育活动突出体现“游戏”特性，青春期则张扬“竞争性”，成人期较多关注体育中的“社交性”，而人至暮年，对于健康长寿必然倾注更多热忱。

（七）突出教育性，强调个性化

终身体育是立足现实、着眼长远的教育过程，因而具有很强的教育性特点。终身体育关注整个人生，关怀人的发展，强调在不同阶段满足人的个体需要，充分体现终身体育的个性化特点。全民健身计划的出台，使体育的内容充实了人们的日常生活，从而引导人们闲暇文化生活朝着文明健康的方面发展。在我国，独生子女越来越多，住单元楼的家庭日益增多，这就使得孩子的交往圈变得越来越小，不利于孩子的社会交往。经常参加体育活动，可使人们的交往方式发生一定的变化，体育活动的群体性和竞争性有利于孩子的心理健康和社会适应能力的提高。

第二节　终身体育与学校体育

随着学校体育改革的不断深化，终身体育的思想观念正逐渐被广大教师接受，并开始运用于学校体育实践。但在实施过程中，由于认识上的原因，人们对如何理解终身体育以及学校体育与终身体育的关系还把握不准，并产生了一些困惑。如“终身体育”是要使人一辈子享受体育，那么学校体育与终身体育是什么关系呢？如何理解终身体育跟传统的“三基教学”、增强体质的关系，有形与无形、阶段效益与长远效益（直接效益与间接效益）、自身独立的目标任务与为终身体育打基础的关系？是教会学生一种方法，让他们终身享用呢？还是养成学生对体育的良好态度和习惯呢？

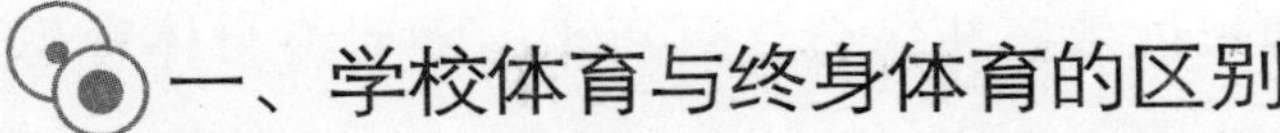

一、学校体育与终身体育的区别

终身体育（时间、指向、效益周期）从长远上看，各个阶段的目标、内容、方法等是各有区别的。所以，学校体育与终身体育的区别是客观存在的。学校体育有学校体育自身的特点和体系，要求学校体育的工作都围着终身体育转，一切都为未来着想，这不符合实际。不能因为要把终身体育思想作为学校体育改革与发展的主导思想，就淡化或模糊两者的区别。

（一）学校体育与终身体育在目标上的区别

在目标上，学校体育强调阶段效应——增强学生体质、促进学生身心健康；而终身体育的宗旨在于改善生活方式、提升生活质量，追求一生健康；终身体育具有普及性、全体性、综合性、统一性等特点，因而在目标上与学校体育有着明显的差别。

1. 学校体育的阶段目标和长远目标

学校体育是终身体育的一个重要组成部分。学校体育是终身体育总目标下的一个分目标，即学校体育的独立目标可以纳入终身体育中去，但学校体育阶段有它的独立性，学校体育的独立目标与终身体育的目标是不一样的。

学校体育的根本目的是增强学生体质、增进学生健康。所以，学校体育阶段的主要目标是围绕增进健康开展体育知识、技能教育，并组织学生参加健身活动，这是体育学科区别于其他学科的根本标志。知识、技能、校园文化、课余活动、调节身心、解除疲劳是学校体育现阶段的目标；为终身体育打基础，这也是学校体育的一个目标，但这是学校体育阶段的一个长远目标。体育兴趣、能力、习惯的培养既是一个阶段目标，更是一个长远目标（隐性的目标）。我们既要考虑学校体育的阶段目标，也要考虑学校体育的长远目标。

学校体育的直接效应也要和长远效应相结合。近年来，随着终身体育思想的逐渐普及，广大学校体育工作者开始重视追求学校体育的长期效益，即要为学生的终身体育打好基础，要培养学生终身体育的意识、兴趣、习惯和能力。自从实施素质教育以后，由于更加强调学校体育的基础性，强调要“教会学生健体”，因而，为学生终身体育打基础的问题就进一步受到广大学校体育工作者的重视。有了学校体育的长远目标后，并不意味着学校体育目标重心的转移。学校体育的阶段目标和长远目标应该有机地结合，是相辅相成的关系，无所谓主次关系。增进学生健康、增强学生体质是学校体育所要追求的根本目的，而学生终身体育的意识、兴趣、习惯和能力也必须在实现学校体育根本目的的过程中去培养。必须把两者有机地结合起来，这种结合是学校体育的本质特点之一。

2. 终身体育的主要目标及其要素

终身体育将健身性、教育性融于一体，其主要目标在不断提高人们的生活质量，追求终身健康。实施终身体育要注意体现终身体育的全民性、自主性、综合性、灵活性等要素。

（1）全民性。终身体育是全体民众的体育。在传统体育观里，能力与规则通常优于其他，因而传统体育往往是一部分人群的体育。而终身体育所要求的是超越能力与规则限制，重在动员全体公民参与的现代体育；终身体育反对体育只是为所谓尖子服务，使普通大众都有体育机会。

（2）自主性。终身体育主要是依靠人们已形成的对体育的自觉意识、习惯而维系，丝毫不带有强制性；在体育目标的确定、体育内容、手段、方法、形式等方面的选择上，人们都可以根据自身的实际情况而做决定。

（3）综合性。从体育形态来说，有正规体育、非正规体育、非正式体育等；从体育结构来说，有学前体育、学校体育、社会体育等，终身体育要整合这些体育形态和结构，发挥强大的效益。

（4）灵活性。人们在学习、参与体育的过程中，不仅不同的目标可以有不同的手段、方法、形式等的选择，而且就同一个目标，不同的人也可以有不同的选择；同一个人，在不同的年龄阶段，其体育手段、方法、形式都可以有很多的选择途径。这种多样性、灵活性就能够充分体现对人的个性发展，而这是学校体育在培养个性上无法与终身体育所能比拟的。终身体育也存在教育性问题，因为体育意识、兴趣、习惯等都是跟个性心理有关的，终身体育不排斥个性发展。

从以上论述就可以清楚地看出，终身体育在目标上与学校体育有明显的不同。终身体育是依靠在学校体育阶段形成的体育意识、习惯和能力，在人生的各个不同阶段继续坚持体育学习和健身，不断修炼个性，充实人生，提高生活乃至生命质量；而学校体育是依据学校教育的基本规范和规定而追求阶段性的增强体质、增进健康。从目标上看，学校体育与终身体育之间存在阶段与长远、直接效应与长远效应的差异。

（二）学校体育与终身体育在内容上的差异

学校体育的内容是由《体育教学大纲》《学校体育工作条例》《体育课程标准》规定好了的，尽管有一定的灵活性，但并不是随心所欲的。与学校体育不同的是，终身体育的内容没有明确的规定，也不能对终身体育的内容作统一的规定，因为，不同年龄阶段体育的内容不同。

（1）婴幼儿时期可选择的运动项目。适合婴幼儿阶段的活动除了培育、保育，主要还有大量的自然游戏活动，如走、跑、跳、爬、登、滑、滚，还可玩沙土、戏水，可做婴幼儿操、散步、玩球、捉迷藏、跳绳、跳房子等。

（2）儿童少年时期可选择的运动项目。进入儿童期后，体育活动转移到以学校为中心，种类也开始丰富起来，这一阶段可增添的体育活动有赛跑、游泳、体操以及乒乓球、足球等球类活动。伴随少年时代的到来，与体力、耐力的迅速发展相匹配，体育活动的挑战性大大增强，这同时也是形成终身体育意识与习惯的重要时期。

（3）青壮年可选择的运动项目。青壮年在激烈竞争的现代社会里深感来自工作与家庭的压力，此时，增进身心健康、保持旺盛精力，就成为这一阶段终身体育的现实目标。除婴幼儿和儿童少年时期延续下来的运动兴趣和已成为习惯的运动项目，可选择的项目有羽毛球、网球、乒乓球、高尔夫球、台球等球类和跑步、游泳等，还可根据职业性质添加相应的活动内容，如从事脑力劳动、经常处于运动不足状态的人群，可选择长跑、健身操、交谊舞、疾走、爬山、滑冰以及垂钓等强度适中的活动方式。

（4）中年可选择的运动项目。中年是人生健康的重要转折时期。中年人的事业和家庭压力很大，生活作息极不规律，本来比较脆弱的体育健身意识在巨大的工作压力下“淡出”了，体育健身活动得不到保证，健康处于“危险”时期，因此，这个时期的体育活动变得尤其重要！针对中年人的身心特点及其工作、环境等实际情况，这个时期应该选择简便易行的趣味性强的运动项目，如散步、走跑交替运动、乒乓球、羽毛球、健身操、保健按摩、自行车、家庭健身器械活动、太极拳等。

（5）老年可选择的运动项目。老年是人生的秋季，由于体力衰退所限，令人亢奋的运动项目逐渐减少。因此，对于处在“夕阳红”年龄阶段的人群来说，体育活动的“质”应该大于它的量。值得注意的是，老年人尽管身体变得衰弱，但对人生意义的积极追求和健全的精神依然十足。适合这一年龄阶段的体育活动，有与自身体力相协调的健身活动，如散步、疾走、游泳、广播操、交谊舞等，有郊游、徒步旅行、登山、垂钓、园艺等投身自然的活动，也有门球、高尔夫球、乒乓球、网球等球类和太极拳、太极剑等民族传统体育项目。

需要注意的是，我们强调学校体育内容与终身体育内容的差别，但是在学校体育阶段，传统的“三基教学”还不能轻易就把它丢掉，否则终身体育就失去了基础。一般来说，体育知识、技能、方法储备越多，对形成体育锻炼兴趣和习惯就越有帮助，学生走出校门后对环境的变化就会有更多的应变措施，就越容易成为终身体育者。所以，学校体育阶段体育知识、技能教育是非常必要的。

（三）学校体育与终身体育在组织方法上的不同

学校体育与终身体育是时空差异很大的两个概念，在组织方法上有较大差别。学校体育的时空有比较明确的限制，一般情况下都是以班级的形式开展体育教学、体育锻炼活动。

与学校体育明显不同的是，终身体育具有时空的广延性特点。从时间上来看，在人生的起步阶段——婴幼儿期便有意识地开始培养对体育的兴趣、热情，使之逐渐成为与生命相伴的日常习惯，成为人的第二天性，这是终身体育的一个重要环节；从空间上看，终身体育活动不限于已有的场馆设施，附近的广场空地、室外的自然空间均可加以利用，终身体育有其独特的运作方式。

终身体育把分割在学校体育、社会体育两个领域进行的体育统一起来，特别重视健身方法的应用，把体育能在人的一生得以继续进行作为课题。过去，学校是作为“完成式”体育的场所，也就是教学为其以后在生活上所必需的知识、技术和道德的场所。但是组织起人的一生体育教育之后，学校应该使学生学会健身方法。因为在这种条件下，学校不再是为取得日后生活资格的场所，因此也不必像过去那样把体育课程标准化、划一化，而有可能做到尊重个性、开展灵活性的体育。

终身体育的组织形式、方法有以下几个特性。

（1）灵活性。不仅使学习内容更加多样化，而且内容、手段和方法也可以有选择的灵活性。

（2）自主性。学习行为不是强制的，自发性是不可缺少的条件。终身体育既不是体育尖子的终身学习，也不是只限于学龄期的体育学习，而是贯穿于所有人的一生的自发的体育学习和锻炼。

（3）启发性。兴趣是体育学习的前提，因此，要对人们参与体育学习和锻炼的行为进行启蒙教育，以引发体育动机。

（4）教育性。为使体育健身者有效地展开学习、锻炼，要重视体育健身方法、体验的交流与评价，谋求提高自己组织体育活动的能力，体现体育的教育功能。

二、学校体育与终身体育的联系

终身体育是包含学校体育并以青少年必须接受的学校体育为基础，是内容更加丰富、形式更加多样的一种教育。终身体育与学校体育之间有着紧密的内在联系。终身体育必须以学校体育为基础，为支柱，才会得到维持。在学校阶段，只有很好地进行终身体育的教育，终身体育才能健康的发展。从某个角度来说，抓住了学校体育就等于抓住了全中国人的体育。必须从学校体育抓起，努力朝着终身体育方向发展，只有这样，学校体育才能按照素质教育的要求健康发展。

（一）学校体育是终身体育的重要基础

1. 学校体育是奠定终身体育基础的极好时机

终身体育思潮使得学校体育朝着终身化方向发展，为终身体育打基础。一是通过体育活动，促进学生正常生长发育、增强体质，打好体质健康基础；二是培养学生对体育的爱好、兴趣，养成体育锻炼的习惯，使体育活动成为学生生活中不可缺少的内容；三是使学生掌握体育的基本理论知识和锻炼方法，重视学生自我健康能力与自我体育能力的培养，对于培养学生“终身健康与终身体育"的能力和行为具有重要的意义。

学校体育不仅关系到学生在学校期间健康成长，还关系到学生走入社会后能否成为一名体育人口。根据《中国群众体育现状调查与研究》结果显示，影响体育人口参加体育活动的外部因素中"在校期间爱好体育"占43.31%，"对体育有兴趣"占38.87%。可见，学校体育阶段的基础打得好不好，对于提高体育人口数量非常重要。学生时代的习惯养成对体育行为发展有较大影响。在"城乡居民中断体育活动原因"的调查中，有3项是跟学校体育有关的，即"没兴趣"（占12.04%）、"不懂锻炼的方法，不知如何进行锻炼"(占5.87%)和"学生时代就不喜欢体育活动"（占2.5%）。这说明学校体育阶段没有打好相应的基础，终身体育就会成为一句空话！这个调查结果充分说明了，学校体育是终身体育至关重要的基础。

2. 学校体育与终身体育相互促进、相辅相成

实现终身体育目的的关键在于如何使家庭体育、学校体育和社会体育实现一体化和一贯化。终身体育如果是非一体化、非一贯化，则各组成部分之间、各年龄阶段之间的联系就会消失，对整个系统就难以控制，从而影响最终目的的实现。值得强调的是，学校体育应为终身体育的实现起承上启下的作用。学校体育是终身体育三个部分之间的中间环节，它不仅进一步巩固和发展家庭体育的成果，而且与社会体育相互"搭桥"，实现一体化。这一"桥梁"按照日本广岛大学著名学者团琢磨先生的解释来分析的话，就是学校所开展的项目、实施的方法及兴趣的培养必须根据社会的具体条件和需要，社会体育也必须尊重学校体育所实施的项目、方法，社会体育与学校体育两个领域相互配合，协调一致，不至于产生脱节现象。

从终身体育看，学校体育不仅要解决教育和学习问题，而且要解决当前学习和今后运用的关系问题，这也是我们所研究的学校体育如何与终身体育接轨的问题。学校体育是实现终身体育的基本途径。例如，学校体育可以提

高受教育者对科学文明健康生活方式的认识，树立正确的体育健身观念，掌握体育健身的知识和技能，养成体育健身习惯，为终身从事体育锻炼打下基础。

（二）学校体育与终身体育在目标、内容、方法等方面的衔接点

学校体育与终身体育尽管是两个不同的概念，却有着紧密的联系。学校体育是终身体育的重要组成部分，也是终身体育的基础，而终身体育又是学校体育的延续和发展，只有认清它们的这种教育衔接关系，才能更好地实现学校体育的目标，也才能更好地促进终身体育的发展。

1. 学校体育与终身体育在目标上的同质性

两者目标上的同质性在于学校体育与终身体育都指向人的身心健康发展，且实现过程中的阶段目标与发展性目标相结合。学校体育的根本目的是促进学生身心健康。根据 Pottinger (1990) 的研究指出，学校体育在下列五个方面是与健康有关联的。

（1）身体适应能力（体适能）。

（2）缓解紧张，释放压力。

（3）有意识的营养。

（4）健康的生活方式。

（5）维持良好健康的自我责任。

终身体育是关注所有人健康的教育。健康是一个动态的过程，因此，体育必然不是一次性的活动。终身体育能够为社会大众接受，是因为终身体育的目的就是教会人们如何健身、如何善待自己的健康。学校体育的目标应体现终身体育思想，与终身体育接轨。终身体育思想要求学生树立终身体育价值观，培养终身体育兴趣、态度、行为和能力，使学生终身享受体育的乐趣，丰富生活，创造出更大的人生价值。因而，学校体育目标的确定，不能只看

眼前任务，单纯追求近期效益，忽视长期效益，从而造成与终身体育脱节。为此，有的学者提出，培养终身体育锻炼者是学校体育的目标，是“学校体育工作的出发点和归宿”。姑且不论这个观点是否正确，这起码说明了我们学校体育界已经认识到了学校体育与终身体育在目标上的衔接点。在义务教育阶段，必须掌握身心健康的基础知识和基本技能，在后期中等或高等教育阶段，应使学生理解终身开展体育运动的重要性，并掌握其方法，在终身体育总目标下实现学校体育和终身目标的统一。

学校体育各个目标（学习体育卫生保健知识，掌握运动技术、技能，掌握科学锻炼身体的方法，培养独立锻炼的能力，培养终身体育的态度与习惯等目标）与增进健康的目的之间是对立统一的关系，是增进健康目的在时间上的延续、在空间上的扩展。培养学生体育兴趣、意识、习惯和能力的目标，主要是希望增进健康的目的能延伸到学生将来的生活工作中去，延伸到学生的终生。所以，学校体育目标与终身体育目标之间本质上是相通的。学校体育与终身体育在目标上的共同点，都是指向人们的身心健康。虽然说“锻炼学生身体、增强学生体质”是学校体育的直接目标，但学生如果缺乏体育意识、兴趣、习惯和能力，学生走出校门后就会与体育“拜拜”，“健康第一”的目标就会落空。所以，“锻炼身体、增强体质”“学习三基”“促进个性发展”等学校体育的目标都可以纳入终身体育的目标，这些目标只有阶段与长远、直接与间接的差异，却没有“质”的差异！终身体育不等于“终生健身”“终生锻炼”，它同样有意识、兴趣、习惯、能力、合作等个性心理品质的培养和锻炼问题。

2. 学校体育与终身体育在内容上的相似与交叉

学校体育活动进行得如何，将直接影响学生体育价值观的形成和运动习惯的养成，对学校的体育活动将产生极大的影响。学校体育与终身体育基本的运动项目是相同的，所谓“万变不离其宗”。一项对广州市民的调查结果显示，市民喜欢的前 8 项体育活动依次是羽毛球、跑步、游泳、乒乓球、散步、健身操、篮球、足球。这 8 项运动中，羽毛球、游泳、跑步、健身操、乒乓球、散步是男女都喜欢的健身项目，足球、篮球则是男子偏爱的项目，跳舞、跳绳则是女子偏爱的项目。这些项目也大多在大中小学中开展。其实，体育的功能、作用对大多数人是相同的或相似的，健身不必像竞技运动那样追求负荷极限与动作的高难度，所以大家选择的体育内容是相似的。无论是学校体育，还是大众健身、终身体育，都要选择面向大众参与的体育活动，在设计内容上都趋向简便实用、容易开展的项目，而不选择竞技运动中少数人参与的特殊项目。因此，学校体育与终身体育的内容，从基础与基本出发，是有共同点的。

终身体育是从小到老贯穿整个生命过程进行的体育活动，但这并不是要求人在一生中只进行某种特定的运动项目锻炼，而是强调人们在人生各个时期都应将体育作为生活内容来对待与安排，充分享受体育的乐趣。学校阶段是学生生长发育、个性形成的重要时期，也是终身体育的关键时期。为此，学校体育在教学内容上，要转向符合学生特点的生活体育、娱乐体育，逐步改变竞技运动项目为中心的局面。要增加体育娱乐健身项目，既让学生体验体育的乐趣，又使学生掌握善度闲暇时间的体育手段与方法。学校体育的特殊性就在于不仅要使学生在校时身体得到良好发育并保持良好的健康状态，而且要有利于他们在离开学校后的漫长生活中都能保持良好的健康状态。因此，学校体育内容要使学生真正喜欢、掌握一套终身受益的健身方法，要注重实用性和趣味性。

3. 学校体育与终身体育在方法上的共同点

尽管终身体育比学校体育有更大的自主性，但是二者在组织方法上都要强调主体性，否则教育的效果就会受到限制。学校体育在方法上要注重培养学生“学”的能力，不能只教会几个动作，要使学生具备自学、自练、自评的能力，这样才能适应环境的变化，为终身参加体育活动打下基础。把培养学生的个性与培养学生的优势项目结合起来，要有目的地引导，放而不乱，使学生在相对自由的活动中培养自己对一些项目浓厚的兴趣，发挥他们的特长，从而为终身体育作好铺垫。有的学者强调，改革教学方法，就是要把学生的学习动机、兴趣、态度提到第一重要的地位，把知识技能、理解退后到第二位。教会学生终身体育，使学生的爱好与特长在轻松愉快的环境中得到发展，尽可能激发和满足学生参与体育和健身的需求。要从发展学生的能力出发改革体育教学法。在体育教学过程中，应采用程序教学法、处方教学法、能动教学法、学导式教学法、定向教学法、情境教学法等教学法，把教学活动的中心放在学上，把学生自学和教师引导结合起来，以提高学生学习体育的能力。大中小学的体育方法应该体现年龄差异，因材施教。小学、初中体育在活动中逐渐培养兴趣、锻炼身心，而不适合向他们过多地传授独立锻炼身体的方法。在高校体育教学改革中，改革传统的教学模式，注重对学生学习方法的研究，要根据学生的特点采用灵活多变的综合教学法激发学生的学习兴趣，使学生有重点地掌握 1 ~ 2 项自己感兴趣的、有特长的终身体育项目，并且通过重点传授给学生相适应的锻炼方法和相关知识，从而发展学生的兴趣，达到终身受益的目的。

（三）学校体育与终身体育的对接点是全民健身

全民健身对学校体育的良性循环作用，很少有人谈。其实，学校体育与终身体育，相互之间有着互动关系。

1. 学校体育要适应全民健身的需要，为终身体育打基础

学校体育应该成为青少年健身的阵地。全民健身计划以青少年儿童为重点，青少年是祖国的未来，民族的希望，是 21 世纪社会主义现代化事业的建设者和接班人。为了承担这一重任，我们不仅要赋予青少年学生扎实的科学

文化知识，良好的品德，还必须培养他们具有坚强的意志和强健的体魄。

学校体育可以为全民健身培养骨干力量。青少年学生是我国人口的重要组成部分，学校体育的发展水平是我国人民健康水平的重要标志，一批批经过长期学校体育教育，具有良好体育意识、兴趣、习惯和能力的毕业生走上社会后，必将成为我国全民健身队伍中的骨干力量。

学校体育教师可以成为全民健身活动的指导力量。各级各类学校有近 40 万名体育教师，大多受过正规的专业教育，掌握了丰富的体育知识和技能，他们不仅担负指导校内学生体育的任务，同时还是指导社会体育的一支庞大队伍，在全民健身活动中必将发挥重要的作用。

学校体育的场馆设施可以向社会开放，以补充社会体育物质条件的不足。学校体育场馆设施的建设，近年来有了较大的发展，在不影响校内正常教学秩序的前提下，向社会开放，向周围居民开放，提高了场馆设施的利用率，补充了社会体育场地设施的不足，促进了《全民健身计划纲要》的实施。

2. 全民健身对学校体育的积极作用

全民健身的兴起为学校体育的发展提供了良好的社会环境，为学校体育改革提供了契机。具体体现在以下两个方面。

（1）全民健身丰富和完善了学校体育改革与发展的理念。它促使学校体育工作要更好地面向全体学生、考虑学生的终身可持续发展，学校体育场馆要向社会开放，促进学校体育与社会体育的衔接，在学校体育阶段就能够打好全民健身、终身体育的基础。

（2）全民健身要求学校体育以学生身心健康为根本目的，有利于学校体育按照终身体育的方向改革与发展。全民健身“一二一工程”针对青少年和儿童作为实施的重点，强调学校做到，学生开展两次远足、野营活动，每年对学生进行一次身体检查。这不仅是青少年学生健康成长的需要，也是贯彻国务院批准的《学校体育工作条例》的需要。

全民健身对学校体育的目标提出了新的要求，更加强调学校体育要培养学生的体育健身意识、兴趣、习惯和能力，只有形成了坚持体育学习和锻炼的意识、习惯和能力，全民健身才可以开展得更加广泛、更加深入、更加持久。全民健身对学校体育的个性化发展提出了更高的要求，因为全民健身包括了男女老少的体育健身活动，男女老少的健身是丰富多彩的，其目标、内容、手段、方法、形式是各不相同的，这就要求学校体育尽可能满足不同年龄学生体育学习和锻炼的需要，尽可能为学生的身心健康发展提供多样化的内容、手段、方法和形式。

当前，国家对全民健身组织了各个层面的大规模的科研，其成果可以充实到学校体育的改革实践中去，从而带动学校体育的科研，并提升学校体育的科研水平和实践水平。

《全民健身计划纲要》明确以青少年和儿童为重点，为进一步加强学校体育提供了极好的机遇。应当抓住机遇，在宣传、贯彻《全民健身计划纲要》的过程中争取政府、社会各方面的支持，把学校体育工作提高到一个新水平。

3. 全民健身与终身体育是相互依赖、相互促进的关系

终身体育是根据一个人的不同发展（生物的）和经历的不同时期（社会的），与不同人群特殊时期都需要体育锻炼，从而形成了终身体育的系统。终身体育是实现群众体育、全民健身的具体途径。要广泛推行全民健身，只有坚持终身体育，从锻炼的具体内容、手段、方法上给予科学的指导，为实现全民健身计划提供科学、可行的方法。终身体育作为一个理想化的目标，是全民健身计划的指导原则，是群众体育事业发展的长期目标。从这种意义上讲，终身体育又体现了宏观上的要求，即人人都成为终身体育者，那么全民健身计划就可以得到落实，全民健身的目的就能实现。终身体育与全民健身是相

辅相成的关系——全民健身需要终身体育加以科学的指导，终身体育的实现也同样依靠全民健身给予阶段的具体保证，才能使全国人民在完成全民健身计划的过程中逐步成为终身体育者，从而使终身体育和全民健身的目标达到高度的和谐统一。

综上所述，学校体育是全民健身的基础，全民健身又是终身体育的体现，因此，全民健身将学校体育与终身体育的关系拉近了，其是学校体育与终身体育的对接点，它们相互之间是互动的关系。全民健身的开展有利于学校体育与终身体育的接轨。

总而言之，学校体育与终身体育之间既有区别，又有本质联系，它们是一个体系中大系统和子系统的关系。终身体育既融学前体育、学校体育和社会体育于一体，又融家庭体育、学校体育和社会体育于一体。学校体育是终身体育体系的一部分。因此，学校体育与终身体育有着紧密联系。终身体育体系的建立是从传统学校体育的体系中孕育和分化出来的，它的建立和发展给传统学校体育以巨大的影响，迫使传统学校体育不得不更新观念，进行自身体系和结构的变革。事实上，传统学校体育本身也不是一成不变的，在它形成和发展的历史中，也一直在经历着自身的演化过程。随着社会经济和科技的过程，无论是终身体育还是学校体育都将处在不断变化、不断发展的过程中。一句话，学校体育与终身体育是相辅相成、对立统一的关系。

第三节　终身体育的实施

一、终身体育实施的必要性

（一）社会发展的推动

随着经济的发展，社会正在发生着翻天覆地的变化，大量的信息和知识如爆炸般向人们席卷而来，社会生产力得到空前发展，生产方式也发生着革命性的巨变。在这样的发展背景下，机器取代了手工，脑力劳动代替了体力劳动，人们在日常的生活和工作中身体的运动较以前大大减少。可生活的节奏却在不断的加快，同时来自生存、生活的竞争日趋激烈。缺乏身体的运动，加之人们自身承受巨大的现实压力，这种压力不能合理的调节和良好的宣泄，久而久之各种职业病、富贵病、文明病走进了我们的生活，健康问题向奋斗的人们亮起了红灯。现代社会发展，物质高度文明，使人的本能有所退化，对生存条件的要求更为苛刻，适应能力大为降低，社会的工业化带来的各种弊端使得人类原有的健康受到极大的威胁，使人类越来越远离大自然，这一切使得终身体育教育的理念很快成为人类社会关注的焦点。在这种前提下产生了人们追求健康长寿，提高生活质量的主体需要。

终身体育之所以在社会上产生极大的影响是由于社会生产力的快速发展和人们生活观念、生活习惯、生活方式的逐渐转变。社会的飞速发展，人们的生活越来越富裕，闲暇时间增多，但是由于各种社会疾病的增加，使得人们开始热衷于体育运动，并有越来越多的机会进行各种体育活动。因此，人们的生活中比以往更加需要体育运动，在知识经济的影响下人们有必要对体育的传统观念进行反思，积极传播终身坚持体育锻炼的新观念，树立全民健身的体育观。

由于各国政府、民间以及国际体育组织的交流与合作的进一步扩大，政治、经济、文化、教育、科技、外交等越来越多的人类活动，纷纷借助体育的平台得到了充分的展示和沟通。国家、地域和民族色彩的文化和思想通过体育这个平台走向世界，实现了全方位的展示、学习与交融。在漫长的历史演进中，体育从“个体参与”到“群体参与”，再到当今的“全民参与”乃至“世界参与”，体育以其独有的“海纳百川”的特点突破了不同国家、民族、地域间的沟通障碍，成为超越国家、民族的“世界语言”，为人类提供了交流沟通的最佳平台。

（二）体育自身的呼唤

在体育发展的初级阶段，体育曾被打上特权阶层的烙印，具有极强的阶级性。但是，现代社会生产力水平的提高，人们物质生活条件的改善，以及闲暇时间的增多，体育逐渐成为人人拥有的权利。随着体育的“普及化”和人们“自我完善”的意识增强，目前，世界上从事体育锻炼的人口也呈相对稳定状况。体育作为人类特有的一种社会文化现象，它对人的存在与发展所起到的作用不容忽视。体育不仅是增强体质、增进健康的重要手段，而且是一个国家国民素质的体现。通过体育自身发展过程，可以让我们更加清晰地了解体育和充分的认识体育的价值。人们对体育的认识不应过多地偏向其工具性，也就是说，不能过度重视竞技体育的发展。体育的发展包括了竞技体育、学校体育和社会体育的共同发展，竞技体育在近 30 年来发展之快，成果之丰大家有目共睹。我国从 1984 年夏季奥运会金牌零的突破，到 2008 年首登金牌榜首，仅用了24年。并以2012年伦敦奥运会上荣获海外参赛最优成绩的殊荣，进一步巩固了我国竞技体育在第一集团的位置。这种一味地追求竞技势必使体育偏离自身的价值，虽然中国竞技体育在世界体育中名列前茅，并且进入了体育大国的行列，但却算不上体育强国。

长期以来，我国的社会体育处于三大体育类别中的底层，在事业的开展上长期未受重视，在投入上也非常有限，造成我国社会体育发展相对萎缩的不良局面。社会体育工作没有被纳入政府议事日程范畴，政府部门与各级学校所掌控的体育资源也没有很好地服务于社会居民，对居民开放，造成目前我国群众性体育活动的举步维艰的状况。应该说，群众体育开展涉及千家万户，关系到大众的切身利益，利用现有体育资源，搞活社会体育应该是一项极好的利民工程。

胡锦涛同志在北京奥运会、残奥会总结表彰大会中总结到："国运兴，体育兴。"体育的全面发展已经由个人上升到了整个国家的发展高度。就目前的发展情况来看，应进一步履行国家关于体育发展部门的职能，了解群众体育方面的需要，把"体育发展于民，政府服务于民"落到实处，通过多种途径提高国家、社会对全民健身的重视。例如，把业余训练引进学校、引进社区，举办各类专项运动的俱乐部，建立大中小学相互衔接的运动体系等。将体育运动进一步推广，使群众体育有良好的发展平台，通过体育赛事等形式使竞技体育与群众体育良好的融合，这同时也是均衡终身体育发展的内在需求。

（三）生命意识的提升

随着社会生活节奏的加快，人们面对高时效、高技术的生活方式很可能出现体力消耗降低及体力与脑力消耗倒置等现象。在面对沉重的社会压力的成人群体，不堪重负而出现的各种文明病，无疑使人们开始重新审视健康问题和健康的生活方式问题。相关资料显示，我国国民体质仍然处于明显的下降趋势，青少年的体育活动非但不积极，反而有反感情绪，很多学生体重偏高。在学生群体中神经官能症、高血压、糖尿病、肥胖症等现代文明病已经出现，并且这种疾病群体呈现出不断扩大的趋势。2003 年，健康人类与服务组织调查表明，5 ~ 8 岁的孩子中，40% 的人有动脉硬化迹象，日后会导致心脏疾病。为了有效缩短这种体脑消耗的偏差，缓解脑力的过度紧张，人们想到了最佳的方式——运动健身。

施秋桂从社会进步、人类健康与终身体育的关系对终身体育进行了探讨，从人类社会进步的角度，分析了社会发展对人类健康的影响，论述了终身体育对人类健康的促进作用，认为终身体育是促进人类健康最有效的办法，并同时指出体育锻炼习惯是形成人们终身体育的关键，而经常化、组织化、娱乐与健身一体化是形成体育锻炼习惯的核心要素。体育锻炼不仅锻炼肌肉，而且部分运动使心脏得到锻炼，心力得到增强，大大消减了大脑紧张的情况，对现代文明病的预防与治疗有着积极而有效的作用。人们清楚地认识到，健康的生活习惯和适量的体育锻炼是保证身体健康，预防身体部分功能退化的有效手段。体育赋予了人类与疾病做斗争和抵抗危险的能力，使人类对运动的内在需求得到满足，使人类的健康得到保障，从而能更和谐和健康的生活。另外，部分体育项目的趣味性强，使人们在运动中享受着身心的愉悦。因此，越来越多的人愿意在身心健康上投资。在这种大环境的影响下终身体育的开展迎来了新的春天。

终身体育使人们摆脱以工作为中心的单调生活，在闲暇时间里，参与体育运动，能消除孤独感、恢复自信，使因工作或生活劳动而紧张的情绪得到放松，使单调乏味的生活充实起来。在体育运动中，除了能够锻炼身体，丰富文化，还能增加生活的乐趣。人的发展是社会发展的本质，一切的发展以人的发展为目标。如果人不能全面发展，社会就做不到也不可能全面进步。

社会发展更多的是以人为本，为满足人的全面发展尽可能多的提供条件，使人的素质不断提升。那么，人的素质不仅包括思想道德素质和科学文化素质，同时也包括身体素质和心理素质。体育是提高国民实现整体素质，构建和谐社会的基础及重要组成部分。所以，体育的发展规模和水平，反映出人们对生命意义的重新思考。

（四）素质教育的需求

诗人艾略特曾指出，“个人要求更多的教育，不是为了智慧，而是为了维持下去；国家要求更多的教育，是为了要胜过其他国家；一个阶层要求更多的教育，是为了要胜过其他阶层，或者至少不被其他阶层所胜过。因此，教育一方面同技术能力相联系，另一方面同国家地位的提高相联系，要不是教育意味着更多的金钱，或更大的支配人的权利或更高的社会地位，或至少一份相当体面的工作，那么费心获得教育的人便会寥寥无几了”。诗人用犀利的语言淋漓尽致地揭示了现代教育的功利性。不难理解，人们在追求教育功利性的同时，不可避免地要追求教育的短期效益而忽视教育的长远效益，在目前尚未脱离应试教育的框架之下，学校终身体育教育问题在短期功利性的作用下势必会被边缘化。

自 20 世纪 80 年代以来，我国学校体育领域便对终身体育进行积极关注。《中国学校体育》杂志是教育部、国家体育总局主办的国内权威的学校体育科普刊物，该刊物上相关终身体育的使用率达千余次。中共中央、国务院在《关于深化教育改革全面推进素质教育的决定》（以下简称《决定》）中对学校体育做出了如下要求：“强健的体魄是青少年实现为祖国和人民服务的最基本的前提，体现了中华民族是一个旺盛而充满朝气的民族。学校体育应牢牢树立健康第一的指导思想，深入落实体育改革的相关工作，使学生掌握一定的基本运动能力，养成终身体育锻炼的好习惯。使学生掌握一定的运动相关知识，养成科学的锻炼方法和生活习惯。”该《决定》的要求同样满足了素质教育的内在需求，为国家培养出适应社会需求的有个性、有能力的德智体美劳全面发展的人才而努力。

综上所述，终身体育思想对学校体育产生了深远的影响，已经成为学校体育改革和发展的指导思想。对学校体育的目标、内容、方法、评价、组织等都产生了积极作用，在学校体育教学中培养从集体中学习和锻炼的观念和习惯，并使学生掌握终身体育的基本理论和方法。终身体育立足长远与落实“健康第一”密切结合。它不仅体现了“健康第一”的宗旨，而且比“健康第一”更加注重阶段效应与长远效应的有机结合，强调体育的终身性，教学过程中更注重终身体育的兴趣、习惯和能力的培养。教学中注重过程与结果、显性与隐性相结合的评价体系，终身体育思想突破了只重视运动技术、运动能力的评价体系，把学生的体育态度、兴趣、终身体育意识、习惯和能力纳入学生体育素质评价体系，确立显性与隐性相结合的评价模式，切实提高学生体育学习的积极性和主动性。

二、终身体育实施的原则

（一）自觉性原则

毛泽东同志在《体育之研究》中指出：“欲图体育之有效，非动其主观，促其对体育之自觉不可。”阅此，要终身从事身体锻炼必须是动其主观，促其自觉不可。这是从事终身体育的首要条件。终身自觉地进行身体锻炼一定要明确锻炼的目的，才能以自觉、主动、积极的态度去从事身体锻炼。

1. 制定自觉性原则的依据

（1）要坚持终身从事身体锻炼，必须使锻炼有明确的目的性，才能自觉地根据自身的需要与条件进行身体锻炼。因为身体锻炼与学校体育课教学、运动训练有着鲜明区别，完全靠锻炼者本身的自觉性，没有强制的、必须执行的纪律，主观因素在终身体育锻炼过程中起决定性作用。

（2）人的体力、智力和情绪的发展有其周期性的变化，对身体锻炼的要求除受主观因素影响外，还受自身的惰性和体力的影响，在身体锻炼中身体要承受一定的运动负荷，要付出一定的体力，甚至要克服大自然的风霜雨雪的障碍等。因此，坚持终身体育在心理上要有战胜各种困难的决心和信心，同时要战胜自我，使身体锻炼能够自觉地坚持下去。

（3）要不断丰富自己不同年龄阶段的身体锻炼知识，掌握科学的方法，以指导自己积极自觉地从事终身体育，而获得更大的锻炼效果，就要激发自己的锻炼自觉性，并更主动地寻找更科学的方法，以指导身体锻炼的实践，两者相得益彰，使自己能终身受益。

2. 贯彻自觉性原则的要求

（1）明确锻炼目的，这样才能产生自觉锻炼的欲望。人的有机体对身体锻炼的需要是非常广泛的，应依据身体锻炼的作用和不同个体的身心特点，根据每个人具体的性别、年龄、身体条件及职业等区分不同的需要，从而使锻炼的目的更加明确。

产生终身坚持身体锻炼的最大需要就是健身强体的需要。因为身体是人类生存和享受的首要条件，是高效率工作和愉快生活的前提。因此，青少年为促进身体的生长发育，精力充沛地学习，都需要强健的身体；中年人为保持旺盛的体力和精力，在人生的关键时期做出突出的贡献，也需要强壮的体质；老年人为推迟衰老进程，延年益寿，安度晚年，对强身健体的欲望更为迫切。因此，在人生的不同阶段对强身健体的需要是共同的。在这个基础上产生了其他的需要，使终身坚持锻炼的目的更加明确，从而保证了坚持锻炼的自觉性。

（2）培养兴趣，养成习惯。终身身体锻炼的自觉性一方面依赖于努力达到目标的毅力，另一方面来自于锻炼内容的吸引和对锻炼内容的兴趣。

兴趣是对锻炼内容选择的主要因素，其有直接兴趣和间接兴趣之分。直接兴趣在体育中占主要的位置，大部分锻炼内容都对人们产生直接兴趣，能够激发人们锻炼的欲望，这也是体育运动本身所具有的直观性强、能引人入胜的特点之一。间接兴趣是体育运动中需要引导和体育对人体影响而产生的，如体育运动中的长跑比较单调，人们对从事长跑锻炼缺乏兴趣，但长跑能锻炼心肺功能，那么间接地引发了人们的兴趣。

兴趣能够引发人们的自觉性，但兴趣由于多次重复也可能出现转化或淡化，因此，身体锻炼的自觉性，主要还要依赖于养成锻炼习惯。"习惯成自然"，只有把身体锻炼纳入日常生活之中形成规律，才会主动积极。习惯是稳固的条件反射，是在多年坚持的基础上建立起来的。因而必须在相当长的时期内，坚持自觉锻炼，待原有的惰性和一些不良习惯逐渐消失形成新的节律后，就会轻松自如。

（二）从实际出发原则

从实际出发的原则，就是因人、因时、因地制宜，根据各人不同的年龄、职业和体质条件来选择不同的锻炼内容和方法，确定不同的运动量，使身体锻炼能符合自己的客观实际，达到终身体育的目的。

1. 制定从实际出发原则的依据

（1）身体锻炼的手段丰富多彩，选择什么锻炼内容与方法更适合于自己，要根据需要，根据自己的年龄、职业、身体情况来选择，为我所用，才能获得应有的效果。

（2）由于人与人之间存在个体差异，锻炼者的年龄、性别、身体状况、锻炼的需要千差万别，即使某一点相同，随着锻炼的过程也会因机体适应能力的变化而改变，因此，不可能有一种人人通用的锻炼方案，必须依据锻炼者的不同，从实际出发区别对待。

（3）终身体育要求锻炼者一生自觉地坚持身体锻炼，锻炼的年龄、时间、自然环境等都处在变化状态，锻炼者必须根据自己的年龄、职业、时间与大自然的变化等实际妥善安排身体锻炼的时间和选择锻炼的内容与方法，这样才能使终身体育坚持下去。

2. 贯彻从实际出发原则的要求

（1）年龄特点。要根据不同年龄阶段的身心特点，科学选择锻炼内容和确定锻炼方法及合理安排运动负荷。

（2）身体状况。身体各部位的机能状况，是确定锻炼内容、方法和运动负荷的主要依据。要掌握自己的健康水平，对于患病或患有多种慢性病的人要“对症下药”，可采取专门性的身体锻炼，也可因病情而暂时中止锻炼。

（3）职业特点。不同职业劳动性质差别较大，从劳动强度来讲也有大小之分，从工作的姿势来看，有的站着、有的坐着、有的相对静止等，都要根据职业特点，有针对性地进行身体锻炼，才能收到好的锻炼效果。

（4）自然条件。我国地域辽阔，不同的地区气候差异非常大，在身体锻炼中要因地制宜，从实际出发，有针对性地安排，使身体锻炼能够在不同的自然条件下终身坚持。

（三）全面锻炼原则

全面锻炼是指终身体育要全面地发展身体的各个部位、各器官系统的机能，使各种运动素质和活动能力都得到均衡的发展。

1. 制定全面锻炼原则的依据

（1）人体是一个完整的有机体，各部位、各器官组织是相互联系、互为制约的，所以在锻炼时必须考虑其全面性，使身体的形态、机能素质都得到提高。

（2）全面锻炼有利于人的有机体得到均衡的发展，生物科学中关于“用进废退”的原理在身体锻炼中的反应非常明显，经常锻炼的部位、器官和系统就会得到发展，并逐渐形成形态学和生理学特征。如肌肉体积变大、机能水平提高等，而很少锻炼和使用的那部分，可能会萎缩和退化，由此造成身体发育与发展比例失调，不利于身体的全面发展。

2. 贯彻全面锻炼原则的要求

（1）合理选择和搭配锻炼内容。由于各运动项目对人体的影响有区别，就某一个运动项目来说，可能对身体的某一部位有影响或着重发展某一运动素质。因此选择锻炼项目，要注意对全身影响较全面的项目，如果某一项目只能发展某一方面的运动素质，应注意选择一些其他项目来补充，以求身体均衡全面的发展。

（2）内外结合、形神一致。身体锻炼表面看是由各种明显的动作组成的肌肉活动，实际上它是由身体组织、器官和系统相互配合、共同完成的。运动时要注意骨骼、肌肉等形态上的发达，同时也应加强内脏器官，系统的锻炼，做到内外结合、形神一致，体现全面发展。

（四）坚持经常原则

终身体育讲究身体锻炼必须经常，持之以恒体质才能增强，人体的基本活动能力才能保持和不断提高。

1. 制定坚持经常原则的依据

增强体质，需要坚持经常的身体锻炼以促进人体的新陈代谢，促进体内异化作用，继而达到同化作用的加强，加快体内物质的合成，从而使人体结构和功能的变化逐渐得到增强、提高和完善。骨骼的坚实、韧带的牢固、肌肉的粗壮、肺活量的增大等，都是通过身体锻炼的反复强化而实现的。如果不是持之以恒，而是断断续续地锻炼，前次的作用痕迹已经消失，后一次锻炼的积累影响也就小了，就不可能收到明显的锻炼效果。只有坚持经常锻炼的人，人体结构、机能、运动素质和基本活动能力才能不断得到提高。

2. 贯彻坚持经常原则的要求

（1）逐步养成自觉锻炼的习惯。有规律的锻炼身体能使身体形成较稳定的生物节奏，在每一次锻炼之后都对身体产生好的影响，使积累得到增加，长期坚持会收到好的锻炼效果。对青少年儿童来讲，每天锻炼 1 次，每次锻炼持续 1 小时左右，是比较理想的。对中老年或体弱者，应根据本人的身体实际来确定锻炼的时间和节奏。

（2）科学安排，循序渐进。坚持终身进行身体锻炼，在锻炼内容、方法手段的安排上，要注意连贯、系统，由简到繁、由易到难，逐步提高。对运动负荷也要合理安排。青少年中以增强体力、耐力、迎接比赛为目的的锻炼者，运动负荷可做到稳步增加，但不是一天比一天运动负荷加大，而是以周或月为递增周期。递增的速度应以身体适应能力为限。中老年人身体机能逐渐衰退，在一定时期内应保持相对稳定的运动负荷，实际就等于增加。实践证明，采用有氧代谢进行身体锻炼，健身价值较大。

（3）定期检查身体、预防伤病，避免在身体锻炼中出现伤病事故。特别是老年人在身体锻炼中要随时注意安全，讲究锻炼卫生，以使每一位终身体育者都能收到锻炼的效果。并对自身的锻炼效果做到心中有数，以指导后续的身体锻炼。

（五）合理安排运动负荷原则

运动负荷是指身体练习时人体的生理负荷。合理安排运动负荷的原则是指在身体锻炼中，恰当合理地安排运动负荷，使身体的生理负荷量，既能满足增强体质的需要，又能符合身体的实际承受能力。运动负荷安排是否恰当合理，直接影响锻炼效果。负荷过大、过小都不能对人的有机体产生良性刺激，负荷过大，不但不能增强体质，反而不利于健康。因此，在身体锻炼中必须遵循合理安排运动负荷的原则。

1. 制定合理安排运动负荷原则的依据

（1）有机体对运动负荷的适应性。运动负荷是施加于人体的一种综合运动刺激（包括活动强度、时间、密度、数量和活动项目特点等），对运动负荷的承受能力是随着身体锻炼水平的提高，而由小到大逐步提高的。人的有机体对运动负荷的承受能力有个缓慢的适应过程，运动负荷大的练习，能引起机体的一系列较强的反应，促使机体在能源物质储备、各器官系统结构和机能以及神经系统调节机能改善等方面，都能取得较为显著的效果。如果负荷量长期停留在一个水平上，也不能对有机体产生良性刺激。有机体的机能提高是按照刺激—适应—再刺激—再适应的规律有节奏上升的，所以要随着这个节奏科学地安排运动负荷。

（2）人体生理的超量恢复。在身体锻炼中，有机体在承受了运动负荷后，会因能量的消耗产生机体的疲劳。通过一定时间的休息和饮食，体内的能量物质和身体的机能能力才能得到恢复，如果运动负荷量合适，机体不仅恢复到原来水平，而且要超过运动前的能量储备和机能能力，即在生理上的超量恢复。经常的超量恢复和合理的安排锻炼的休息间隔，体质将逐步得到提高。

2. 贯彻合理安排运动负荷原则的要求

（1）科学安排运动负荷的强度。练习的强度是运动对身体刺激程度的计量，一般采用测量脉搏的方法来控制。

每分钟脉搏在 160 次的锻炼强度大约是 80%。

每分钟脉搏在 140 次的锻炼强度大约是 70%。

每分钟脉搏在 120 次的锻炼强度大约是 60%。

每分钟脉搏在 110 次的锻炼强度大约是 50%。

研究证明，锻炼强度小于 50% 的没有明显的锻炼效果，大于 80% 的属于运动训练的强度。对于一般人来讲，身体锻炼时脉搏控制在 110 ~ 160 次 / 分钟之间为宜。

（2）掌握每次的锻炼时间。锻炼时间一般根据强度而定，每次 5 分钟以上都属于有效范围。青少年锻炼可采用较大强度的短时练习，中老年人及体弱者宜采用低强度的长时间练习。运动实践证明，1 小时以内的运动，对身体的影响就很有效了。如果条件允许，锻炼最好以 30 分钟至 1 小时为宜。

（3）从实际出发，科学安排锻炼次数。坚持经常性的身体锻炼，一定要科学地安排锻炼次数，除应根据自己的年龄、性别、职业外，还应根据身体的恢复情况进行安排。一般来说，上次锻炼的疲劳基本消除之后就可以进行下一次锻炼。每次锻炼的间隔，应根据锻炼的强度和身体的状况来决定，但间隔超过1周，对机体不能形成有效的刺激和产生超量恢复，则失去了锻炼的意义。

三、终身体育实施方略

（一）构建一体化的小学到大学相衔接的终身体育教育

胡晓风早在20世纪80年代就提出了将各阶段学校体育教学一体化有机结合的问题。学校体育应当是一个分阶段，从低到高有机结合的一个整体。应使之形成一个系统化的、自然衔接的体育教育、教学体系。时至今日，小学、中学、大学体育仍然没有形成一个系统的上下连贯的体系，目标雷同，内容大量重复，各自为政，互不衔接。在终身体育的框架下，学校发展体育必须以学生为本，让学生在每个教育阶段都能根据其生理特点系统连贯的学习体育文化知识，做到教师主观与学生客观相一致，学生的过去、现在、将来系统协调发展。这就要求体育教师能够对终身体育有一个全方位的整体性把握。从纵向分析，体育教师要充分认识到学校体育是一个阶段性、连续性和整体性的有机体，应把小学体育教育、中学体育教育、大学体育教育统一起来；从横向考虑，学校体育与社会体育（单位体育、社区体育、家庭体育）、军队体育共同构成群众体育，群众体育的发展好坏与学校体育的发展息息相关，而且学校体育是人们形成终身体育的关键时期。因此，学校体育要与学生就业后的社会体育相衔接，使得学生毕业走向社会后不会中断体育，这是学校体育要考虑的长远目标，更是终身体育所追求的目标。

（二）形成多样化、特色化的学校体育组织形式

学校体育组织形式是指根据一定的指导思想、体育活动目的和教材内容以及主客观条件组织安排体育教学活动和锻炼的方式。学校体育的组织形式可分为集体教学形式、分组教学形式和个别教学形式等。学校体育组织形式应该是多样化的，教师可以根据不同的教学内容、不同的教学资源以及不同

发展层次的学生有所选择并能自如地转换。因此，学校体育组织形式讲求多样化和特色化。

大学阶段，体育课的开展要以选修课程的形式为主，要根据学生的兴趣、身体素质等特点适当扩大选择的运动项目，让学生在自由选择和多次选择中发现自己的特长，最终确定适合于自己的项目，让每个学生都能够通过自己所喜欢的运动项目积极进行学习和身体锻炼，达到满足不同性别、爱好、身体素质学生的要求，使他们能够掌握所学运动项目的知识技能和相应的健身原理等。所以，高校体育的组织形式同样要丰富多彩，除开设选修课、保健课外，还可以开展俱乐部体育、休闲体育等，以形成课内外一体化的趋势。

（三）加强师资队伍建设，发挥教师的主观能动作用

在体育教学中融入对学生的终身体育教育，教师起着主导作用。体育教师将由过去的填鸭式传授学生体育文化知识的工作者，转变成为一名能将学生培养成为适应现代化需要的综合素质发展的创新型教育工作者。在教师的指导下学生进行体育学习的积极主动性也产生巨大的转变，由原来消极、被动、模仿学习转变成为积极、主动地进行探索性学习。体育教师扮演角色的转变正是由于学校体育思想的转变促成的。

加强对教师的培养，学校应出台相应的政策，对进修学习、交流培训的教师给予资金、时间等方面的支持；学校要给教师创造各种机会，如聘请知名专家教授对教师进行定期培训，让其作为体育教师学术上的领路人；还要鼓励支持青年体育教师考取全日制研究生等。只有建立一支综合素质高、业务能力强的体育师资队伍，才能做到体育教育事业的与时俱进，使终身体育的观念得到顺利推广和普及。

四、终身体育内容与方法的选择

坚持终身进行身体锻炼，选择锻炼内容与方法是实现锻炼目的的前提条件。选择的好坏可以激发终身体育者的兴趣，巩固和提高锻炼者的积极性，提高锻炼效果。

如何正确选择锻炼内容与锻炼方法，既要遵循身体锻炼的原则，也要考虑自身的条件，根据前人的经验提几点原则性的意见供参考。

（一）明确目的

终身体育的目的是选择锻炼内容的主要依据。在选择前，必须首先确定目的。在终身体育中有阶段性目的和长远的目的，有间接目的，也有直接目的，要根据自身的实际，确定锻炼的目的，然后选择能够实现锻炼目的的项目。锻炼目的应鲜明突出，不能泛泛地讲健身。锻炼内容的选择随意性很大，将导致项目选择无所适从，应该是在健身的前提下，着重是想发展哪一方面的，例如发展力量，那么是上肢力量，还是下肢力量，都要非常具体。这样选择锻炼内容与确定锻炼方法和安排运动负荷，就能有的放矢，使自己锻炼的目的得以实现。

（二）讲究实效

参加身体锻炼，要讲究实效，在实践中要注意选择对自己非常合适的锻炼项目，注意项目的特点、作用和实际价值，力求少而精，不必追求表面上的欣赏价值，使自己能在用时很少的情况下达到健身强体的目的。

（三）切实可行

选择锻炼内容与确定锻炼方法，必须从实际出发，不能违背身体锻炼从实际出发的原则。使自己选择的内容与确定的锻炼方法，符合自己的实际，有可行性，如安排锻炼时间以不影响工作学习为宜，练习场地以就近为宜，选择的内容以能够达到目的为宜。以免要求太高而影响锻炼的积极性，导致不能坚持终身体育锻炼。

（四）适时为宜

一年四季对锻炼内容的选择是有影响的，因此，选择身体锻炼内容时，应随季节的变化做出相应的安排。如夏季游泳，冬季滑冰。有些锻炼内容是要根据季节条件来选定的。选定锻炼内容，不必一次确定不再更改。可先行初步决定后，试行一段时间。如感到有必要，也还可以进行调整或变更，但不宜变更太多。

第三章　体育教育工作的开展现状

第一节 体育教育发展的背景

发展至今，学校体育教学在发展过程中受到诸多因素的影响，如现代社会以及社会中各个系统的发展变化对学校体育教学发展产生了重要影响。为了更好地了解学校体育教学，促进学校体育教学更好的发展，了解学校体育教学发展的背景是非常必要的。

一、社会在持续不断地进步

学校体育的改革与发展是以社会进步为依托和基础的。社会的不断发展和进步为学校体育教学的改革与发展提供了重要的现实背景，这主要从以下几个方面表现出来。

（一）社会经济的快速发展

改革开放后，我国的经济获得了举世瞩目的快速发展，这同时也为我国学校体育教育的发展提供了必要的经济基础。我国对学校教学设施的投入力度在不断地加大，特别是在体育场馆与设施上更是投入巨资，早年间学生参加体育活动一无场地，二无器材的局面早已得到改善，同时也使得学校体育教学工作得到了极大的完善。近年来更多的体育活动的开展也极大地激起了学生在体育学习方面的热情，从而有效地促进了学校体育教学质量的提高。

（二）“文明病”的产生

在现代社会，人类已经进入了物质文明的高度发展阶段，但是现代文明也是一把双刃剑，在带给人类舒适和安逸的同时，对人类身心发展的消极影响也是不可忽视的。比如随着饮食质量的提高，日常生活中可能会过多的摄入动物脂肪、高蛋白及糖类，从而导致肥胖、冠心病、高血脂等疾病发生率的上升。而现代工业的高度发达也导致体力活动越来越少，身体机能逐渐衰退，没有办法得到有效的锻炼等等一系列的问题。这些所谓的“文明病”时刻在蚕食着人类的健康。对于在校大学生来说，由于沉重的课程负担以及参与体育运动锻炼的不足，身体素质也在不断地下降。而学校体育的发展则能非常有效地解决这些问题的存在。

（三）激烈的社会竞争

社会在高速发展的同时，受到优胜劣汰的自然规律影响，社会上的每行每业，每一个领域的竞争都在不断加剧，生活的节奏也越来越快，人们也必须面对越来越大的心理压力。而对于在校学生来说，课业负担、就业压力以及人际交往等各个方面的问题造成相当一部分人有着不同程度的心理障碍，如性情孤僻、压抑、情绪失常等状况可以说已经司空见惯。由于我国的计划生育政策，导致大多数孩子都是独生子女，这使他们身上很可能出现以自我为中心、自私、缺乏独立生活能力、缺乏协作精神、任性、逆反和意志薄弱等一系列的问题。而参加体育运动往往能够有效缓解人们的精神压力，对于在校大学生来说，学校体育的良好发展可以减轻学生心理问题的程度，使学生的心情更加舒畅。

二、现代教育事业的发展

学校体育的发展与改革是整个教育体系发展改革的重要部分，因此教育事业的不断发展是学校体育发展的重要背景之一。

教育事业是我国各项事业的重中之重，其稳步发展对一个国家的综合国力和未来前景有着极为重要的影响。随着人们对教育事业认识的加深，国家也采取了一系列措施来加强教育事业的发展。《中国教育改革和发展纲要》中指出，要进一步转变教育思想、改革教学内容和教学方法，克服学校教育不同程度存在的脱离经济建设和社会发展需要的现象。学校教育要走上全面提高国民素质的轨道，面向全体学生，全面提高学生的思想道德、文化科学、劳动技能和身体心理素质，促进学生生动活泼地发展，还要进一步加强和改善学校体育卫生工作，动员社会各方面和家长关心学生的体质和健康。国家颁布的《中共中央国务院关于深化教育改革全面推进素质教育的决定》又强调了健康体魄是青少年为祖国和人民服务的基本前提，是我们中华民族旺盛生命力的体现。学校教育要树立健康第一的指导思想，切实加强体育工作的开展，确保学校大学生体育课程和课外体育活动时间，不可随意挤占体育活动时间和场所。我国相继出台的这一系列措施，不仅能够有效促进教育事业的发展，也为学校体育的发展与改革提供了依据，正是在这样的现实背景之下，学校体育作为素质教育改革的一个占据着非常主要地位的方面，就成为人们关注的一个焦点，因此在这一背景下，学校体育教学工作无论是在教学观念上，还是在教学形式、教学内容上都取得了新的突破。

以上这些国家出台的一系列规章制度都使得学校体育工作的开展有了可执行的依据，为学校体育的广泛开展提供了十分有利的条件，这是推动我国学校体育教育发展的强劲动力。

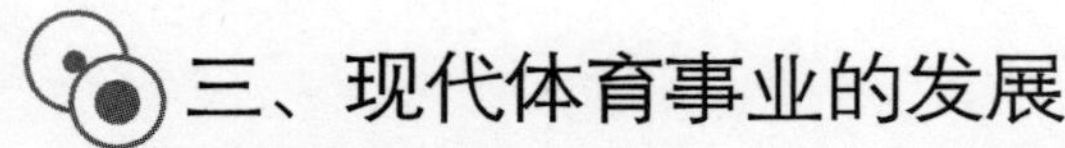

三、现代体育事业的发展

学校体育的发展与改革是与体育事业的发展有着相当密切的关系的，积极开展学校体育能够为我国的体育事业输送更多的体育人才，从而促进体育事业的不断发展；这又能够在全国各地都营造出良好的体育气氛，反过来带动学校体育的持续发展，从此进入一个良性循环状态。因此，体育事业的不断发展是学校体育改革与发展重要的现实背景之一。

20 世纪 80 年代以后，由于受到了我国政治、经济政策转变的影响，我国的体育事业逐渐走出了低谷，在竞技体育方面已经步入了世界强国之列，而群众体育也有了非常大的进步。《全民健身计划纲要》当中指出，全民健身计划以全国人民为实施对象，以青少年和儿童为重点，学校要全面贯彻党的教育方针，努力做好学校体育工作。要对学生进行终身体育的教育，培养学生体育锻炼的意识、技能与习惯，要积极创造条件，切实解决学校体育师资、经费、场地设施等问题。这些政策也成为学校体育发展的坚实后盾。

2008 年北京奥运会的成功举办更是大力刺激了中国体育事业的发展，激发了全民对体育事业的热情。我国运动员在体育赛事中的辉煌成就同时更加促进了人民群众对体育事业的兴趣。而随着我国经济的发展，体育产业也正在蓬勃的迅速发展着，因此对于体育人才也有着更加强烈的需求，这些都促使着学校体育进行更为深入的改革，从而能够满足体育事业发展的需要。

综上所述，学校体育的发展和改革是有着其自身独有的历史背景和现实背景的，学校体育不仅是素质教育的重要内容，还作为素质教育的重要手段而存在，因此只有进一步进行学校体育改革，促进学校体育的发展，才能使学校体育发挥出其应有的突出作用。

第二节 当前学校体育教育工作中存在的问题

目前，我国学校体育教学工作已取得了长足发展，各项教学工作都得到了很好改善，但在一些方面仍然存在许多问题，如教育观念比较落后，教学内容过于注重竞技化、教学组织形式较为单一、教师的主导地位较为薄弱等，这些都对我国学校体育教学工作的发展产生了影响。本节主要就学校体育教学工作现状、存在的问题以及学校体育教学研究工作中存在的问题展开论述。

一、学校体育教学工作的现状

（1）“育人”是学校体育教学工作的最根本目标，但我国学校体育教学的情况是处在因缺乏具体的教学内容，导致缺乏对学生全面素质培养的方法和手段的情况之下，因此在学校体育教学实践中必须要重视增强学生体质。

（2）在当前，各学校对于体育教学往往过于重视“三基”的创收，但却在很大程度上忽视了对学生实际的体育能力的培养，同时在教学思想、教学体系、教学方法等方面都缺乏对于学生体育能力发展的重视，这种情况就造成了大学生的综合素质不能得到有效提高的一种局面。

（3）学校体育课程往往过于重视竞技体育项目，导致课程设置不符合促进学生终身体育观念的形成及全面推行学校学分制的要求。

（4）大学校园中的配套体育设施不够齐全，体育电化教学普及度不高，而对于非正常天气的体育教学也缺乏对策。

（5）学校体育教学往往欠缺明确的教学目标，这主要表现在以下两个方面。首先，学校体育教学往往过分重视大学生对某项运动技能的掌握，反而忽视了对于大学生在运动创造性和运动个性等方面的发展；其次，学校体育教学常常对于不同专业的大学生是否需要开设不同的体育课程的问题欠缺全面的考虑，从而导致了大学生的自身特点不能很好地发挥出来。

（6）学校体育教师队伍的综合素质有所欠缺。我国当前学校体育教师在学历层次、知识结构层次、科研能力等方面都与其他学科的教师存在较大差距，总体素质有待提高。总的来说，他们大多属于技术型和训练型教师，虽有一专但却不多能，这种情况不利于教师自身以及学校体育教学的进一步发展。

二、学校体育教学工作中存在的问题

我国目前正处于国家建设、经济腾飞的关键阶段。而相对于其他国家，我国与他们之间的竞争，从实质上来讲终究是民族素质的竞争，也可以理解为是教育的竞争。基于对这一理念的深刻认识，我国目前非常重视素质教育，这种教育方式主要以提高学生的综合素质为首要任务，而在素质教育中，体育则是作为一项非常重要的内容而存在着。从这里我们可以看出，学校体育承担着增强学生体质，增进学生健康，促进学生身心全面发展的重要任务。虽然我国学校体育改革正处在不断地深化过程中，但是仍存在着一些不令人满意的问题。这主要表现在以下几个方面。

（一）落后的思想观念

在 20 世纪 80 年代以前，我国受社会政治、经济等方面的影响，学校体育在观念上往往强调国家和社会对学生的体育需求，却很少顾及学生个体的体育需求。自改革开放以后，我国学校体育才开始全位学习和借鉴国外的体育思想文化以及学校体育的先进经验，取得了许多可喜的成就，但是在学习和借鉴的过程中，仍然带有一定的盲目性，指导思想不够先进，存在着重竞技轻普及、重课内轻课外、重尖子轻全体等一些不正常现象。

目前，从整体上来看，我国学校体育教育的思想还较为落后，而在新的体育思想观念落实的过程中也存在着各种各样的问题，不能够将大学生学习体育的积极性和兴趣完全激发出来。而学校体育思想观念的落后，会直接影响学校体育的改革方向与改革成果的取得，最终导致不利于学校体育人才的培养。因此，随着社会的发展与时代的进步，我们应转变这种落后的思想观念，积极跟上世界发展的形势和潮流，将我国的学校体育教学纳入快速发展的轨道上来。

（二）单调且过于重视竞技的教学内容

目前，我国学校体育教学的内容显得比较单调和贫乏，而且在很多项目上过于重视竞技化。而竞技性运动项目是具有明显的相对独立性特征的，对人的训练要求也是有其特殊之处的。反观学校体育课程的开设是以增强学生的体质，提高其综合素质为目的的，并不是百分之百地追求竞技成绩。从目前学校体育的教学内容来看，竞技项目所占有的地位很重，这就明显妨碍了学校体育完成任务和达到目的。过分追求竞技化必然会导致忽略对学生身体素质发展的重视，陷入程式化训练的误区当中，与增强体质的目的背道而驰。

（三）单一的教学组织形式

在传统教学模式下，学校体育教学往往以运动技术教学为主，学校体育教学在组织形式上往往显得较为单一，与社会的发展仍有脱节。目前，许多学校虽然选用了选修课的形式，但是在内容上仍旧缺乏创新，使得学生感到枯燥无味，在课堂上提不起丝毫的兴趣。这肯定是不利于学生才能的施展的，对于学校体育教学不能不说是一个灾难。

（四）教学计划、评价舍本逐末

体育教学计划、评价是学校体育教学当中的一个重要环节，教学计划是对于整个教学过程进行的安排，教学评价是对教学效果的检测，这两者之间有着紧密的联系，对学校体育教学有着非常重要的作用。但是在实际的学校体育教学当中，教学计划往往只是一个形式，而体育教学评价更是由于设计的考核标准过于重视体育成绩而走向了简单的一刀切的误区。正常情况下的体育教学计划应该根据学生的实际情况来进行制定，体育教学评价也应该根据学生的具体情况来进行详细的分析评价。当代学校体育教学必须要重视学生的个体性差异，关注学生的主观努力和进步幅度，客观地评价学生所取得的成绩，这样才能真正促进我国学校体育教学的发展。

（五）教师主导地位被削弱

在学校体育教学中，由于教育思想的某些方面的积极转变，学生的主体地位得到了提升。但这种转变却有些过犹不及，使得教师的主导地位受到了盲目的排斥。甚至很多人认为为了发挥学生的主观能动性，可以削弱教师的地位，乃至可以取消教师，这种观点是根本站不住脚的。虽然强调学生在学习过程中的主体地位是符合学生认知规律的，但是这离不开教师的重要的引导作用。教师精心的教学设计、精练的教学语言，往往能够深刻影响学生的身心发展，提高学生思维的活跃度。因此，在学校体育教学中应该避免盲目地去追求自主、合作、探究的学习方式，要重视教师的主导地位。其最好的做法就是将学生的主体性地位和教师的主导性地位有机地结合起来。

三、学校体育教学研究工作中存在的问题

从当前的主要形式上看，学校体育教学研究工作并不是一帆风顺的，在这个过程中还存在着一些需要亟待解决的问题。具体来看，这些问题主要为以下四个方面。

（一）研究过程笼统模糊，过于看重研究结果

对于任何课题的研究都要求有稳定的心态和精进的技术。研究是一项长期的、系统的、以长远利益为出发点的“工程”，对于研究者来说，其所研究的课题可能经过一段时间的付出后能够得出令世人瞩目的结论，但更多的研究者在本领域的研究中尽管付出较多，但研究出的结果较为平淡。这是一种正常现象，但不论所研究出的结果是否轰动相关领域还是仅仅是得出结论的一个铺路砖，它对于该领域学术的发展仍旧具有不可忽视的作用。

对于针对学校体育教学的发展问题的研究也是如此。但通过细心研究和总结发现，目前我国学校体育教学的研究成果并不能让人信服。以一些实验性研究为例，为了得出最终的结论需要设计一系列的实验，而这些实验所需的时间可能为一个月、一学期、一学年甚至多学年，较长的实验时间势必会影响研究者的切身利益。由此，一些研究者开始将实验过程缩短化、模糊化，或是着急将实验得出的结果列为肯定性结论，而忽视了实验普遍性和特殊性的特征。那么由此得到的研究结果必定也会是片面的、不科学的，进而使得这些结果不会得到业界的一致认可。

体育教学是一门科学，它早已不同于以往的粗放式体育教学，而是已经展现出了现代素质教育的新形象。为此，对于这类科学的研究务必要秉承踏实认真、周到细致和稳妥可靠的精神进行，要克服应付和形式主义等思想。而当下的体育教学研究就普遍存在这种情况，这些具体表现在以下三个方面。

（1）研究更加追求急于完成任务。研究者没有务实的作风，过于忽视研究的过程，对研究质量的关注程度不够。

（2）缺乏严谨、细致的科学态度。研究者仅仅将研究工作当作业余工作进行，既不热心参与集体教研活动，也不对相关问题细致钻研，而是过于满足于现状，在业务和教研方面不思进取。

（3）过于看重研究活动的数量，对于研究成果格外追求，重结果而忽略过程，更乐于将精力投入某些可能会引发轰动效应的研究上，体现出了极大的功利色彩。

通过对上述体育教学研究领域普遍存在的问题的了解后，我们知道要想取得能够让人信服的研究成果，就必须建立严谨、科学的教学研究评估体系。有关学术管理部门也要着手对研究过程加强监督。教研评估实际是一种管理手段，通过这种评估的形式对教研工作进行回顾、判断和论证可以对教研工作起到一定的导向作用，这类作用不可被忽视。

（二）研究环境过于封闭，研究成果欠缺质量

教学研究是以个人或某个特定研究团体为单位进行的专门性学术研究活动。“小环境圈”的研究环境是这类研究活动的特点，但是一些闭门造车式的过于“乐于自我研究”或“小圈子教研”的现象反而会给研究带来负面影响，其中最主要的问题就是造成研究成果欠缺质量。从学术研究可获得的利益来看，小环境的研究氛围固然有它的优势，不过从学术研究的角度出发，过于缩小的研究环境不利于利用多方合作的集体力量。鉴于目前这种情况，必须要采取一些积极的手段，改变研究者传统的学术研究理念，打破“老死不相往来”的状况，就好似IT公司开放软件源代码一样，使教研改往日的小、秘、闭为大、放、开，使教研主体成为发展智慧的熔炉，真正搞出有规模、有质量的研究成果。

对体育教学的研究在当下已经成为一个热门课题。体育教学研究不单单是对体育或对教学的研究，这个学科本身就囊括了与体育和教育有关的众多学科，因此基于这种现状就注定这不是单凭一家或两家合作就能完成的研究，而是应该在除研究主体外还包括不同专业的人士和不同地域或部门之间的共同研究，因此体现出一种千家万户协助一家搞研究的局面。只有通过有效的合作，才能较准确地判断研究的价值与意义，才能获得更理想的研究成果，才能使研究成果的质量获得保证。

（三）理论实践相互脱离，研究成果实用性差

对于学术研究来说，其最终的目的在于能够在实践中得到检验，并能够为人们带来诸多益处。由此可以明确，要想使理论研究最终获得采纳，就需要在研究伊始将其与实践相结合，这样的研究才能称得上是有意义的研究。

体育教学研究是一种针对体育教学的具体实物进行的研究，其研究的最终目的在于能够让参与体育教学的学生从中获得身心两方面的良好体验，从而对他们一生的发展起到重要作用。因此，对体育教学的研究就是一种实践性很强的科学研究。不过从目前的研究现状来看，对于研究课题的研究与最终的实践效果的前景不容乐观。其表现出的问题在于有些教学研究的针对性较差，本身提出的问题、研究的目的并不是从实践需要出发的，知识盲目众多，而且研究课题普遍跟随热点进行长篇大论，创新性不足。

为了达到较高的实用性，研究的实践价值还会受到样本的特点和研究条件的限制。样本是研究实验中的研究对象，其选择要有一定的普遍性和特殊性，但是要注意的是，这种特殊性不能太过极端，不同地域和文化层次的人在实验中都会表现出本质上的不同，如果研究者对这种不同忽略不计，那么可以想象，其所研究出的结果一定不具有普遍性，也就不能成为学界统一的认知。另外，就体育教育研究及其本身的发展规律来看，体育教学研究普遍先于体

育教学实践而开展，在此情况下，研究的设计实际上是建立在一种对体育教学未来发展的预判之下，而并不是基于现实存在的事物，由此就需要细致研究这种预判的来源，要求其科学性和合理性，如果不加分析、不考虑体育教学具体特征而只是想当然地构想，那么在落实到体育教学研究中时就会致使理论缺乏生命力。

（四）研究内容创新不足，重复研究较多

创新是事物发展的动力。现代社会各领域的创新层出不穷，在体育教学领域中也是如此。为了深化体育教学改革，我国体育教育人苦心钻研、认真学习，力求在素质教育理念的指导下创造出更多、更好、更实用的体育教学事物。重复研究已确定的事物，既劳民伤财，又没有太大意义。

体育教学在未来的发展道路还比较长远，期间缺少不了众多富有新意的创新。因此，为了能够将创新精神和行为落到实处，就需要体育教学管理部门和一线体育教师在进行教学研究时做到勤观察、勤思考、勤归纳。对教学中发现的一些情况赋予好奇心，对一些问题的研究现状做到心中有数，同时在进行相关研究前的选题过程中要注意避免已有普遍认可结论的课题。

体育教学的创新灵感普遍从教学实践中来，研究缺乏创新可以映射出体育教学中的懈怠思想和不思进取的思想。而在现代学校体育教学中，持这种思想的教师不在少数，这种创新的缺乏主要表现在以下几个方面。

（1）体育教学的研究缺乏新意，即便有些研究设想有一些创新，但从总体上看仍显得创造力不足。

（2）体育教学研究的部门或个人展开的教学研究缺乏或偏离对体育教学改革的正确认识，仍旧抱着传统理念搞闭门造车式的研究，不敢于创新。

（3）没有抓准体育教学研究的出发点，研究构思脱离实践需求，研究更流于形式，做表面文章，研究显得“换汤不换药”。

第三节　学校体育教育的发展前景

随着现代社会的发展，人们教育观念的转变，人们对学校体育教学有了更为清晰的认识，学校体育教育的发展也得到了体育界、教育界广大有识之士的重视。同时，人们也认识到学校体育教学有许多不良之处需要改进。经过专家、学者们的不断探讨，学校体育教学的内涵和结构也日渐清晰，对学校体育教学发展前景的预测也更为准确。本节就学校体育教学的发展前景进行研究。

一、学校体育教学发展的基本走向

（一）终身体育作为学校体育教学发展的指导思想

所谓终身体育就是将体育纳入个人生活之中，使之成为自身生活的一部分，并伴随人的一生。学生终身体育意识的形成、终身体育观念的树立和终身体育能力的养成，都与学校体育教学的发展有着非常密切的联系。

1. 终身体育是现代社会发展的需要

一个人在人类社会生活中个人作用的发挥，具有特殊性，并且这种特殊作用是由体育的特殊功能所决定的，并使人们对体育产生了需求。随着现代社会的快速发展，人类文明的不断提高，社会生产方式发生了很大改变，人们有了更多的闲暇时间来享受生活，无论是在工作还是生活中，人们能够进行大肌肉群的活动越来越少，体力劳动强度降低，与之相反的是由于知识更新速度加快，科学技术水平迅速提高，使得人们必须不断地改善自己的知识结构才能够适应社会的发展，随时调整自己的心态以面对来自各种竞争的压力，所以人们的工作节奏和精神往往都处于高度紧张的状态。一旦缺乏合理调节，就会导致失眠、焦虑、心血管系统疾病、运动系统过早出现退行性变化等问题的出现，致使人们的健康水平下降、工作效率降低。而应对这种由于工作压力加大和活动不足共同造成的结果，最好的办法就是通过科学的体育锻炼来缓解和消除。

社会经济的快速发展也给人们的生活提供了更丰富的物质条件，现代化、高效率、快节奏的工作方式使得人们的工作时间缩减，而闲余暇时间大大增加。现代医学的发展为人们的健康提供了更好的医疗卫生保障条件，使人们的寿命得到延长。为了提高生命和生活质量，人们需要体育走进余暇生活，使余暇生活变得更加丰富多彩，需要通过进行运动活动来放松身心，需要通过体育运动锻炼来增强自身体质，提高健康水平。总而言之，现代社会中各个阶层、各个年龄层的人们都需要进行体育锻炼，由此可见，发展终身体育是大势所趋。

2. 终身体育需要树立正确的观念，形成必要的能力

树立正确的观念，形成必要的能力是学校体育教学的重要任务。树立终身体育的观念需要学生能够正确认识和充分理解体育的价值，对体育有一个科学的态度，这是在学校体育教学的实践中，教师要充分发挥主导作用，来引导学生完成的。终身体育能力的形成是指学生通过掌握体育锻炼的相关知识和技能，养成良好的体育锻炼习惯，掌握体育锻炼效果的评价方法，从而能够自觉坚持科学的体育锻炼，以为走向社会和终身进行体育锻炼打下良好的基础，这也是学校体育教学的重要任务。

（二）调整课程目标是学校体育教学发展的重点

体育课程目标是学校体育教学编制的依据，调整课程目标，使之更符合以学生为本的现代教育思想，是当今课程目标发展的共同趋势，它具体表现在以下几个方面。

1. 增强学生体质，提高学生的健康水平

把增强学生体质、提高学生的健康水平作为学校体育教学的首要目标，这是体育的本质属性所决定的。

2. 重视体育知识、技能和方法的掌握

在掌握体育知识、技能和方法的同时，要重视培养学生良好的体育兴趣和爱好。学校体育教学目标的着眼点是未来，培养学生良好的体育兴趣和爱好，是激发学生体育动机的需要。而体育的知识、技能和方法是构成学生体育素养的基本要素，因此，具有积极的体育动机和良好的体育素养能为今后学生从事体育锻炼打下良好的基础。

3. 重视终身体育观念的树立

树立终身体育的观念就要注重终身体育能力的培养，养成良好的体育习惯。这些观念是学校体育教学目标改革的指导思想，也是学校体育教学发展的落脚点。终身体育能否实现，在很大程度上取决于这种观念是否树立和能力是否形成，当然也在于是否养成了经常锻炼的习惯。

4. 注重学生的个性发展

在培养学生个性发展方面，要将以往旧的培养模式摒弃，要重视学生之间的个体差异性，倡导个性化的教育，这是学校体育教学发展的切入点，而学校体育教学目标的重要内容就是要培养学生的创造能力和竞争意识，这也

是促进学生个性发展的重要因素。发展学生健康的个性已越来越受到广泛的重视。

5. 重视体育在促进人的全面发展中的作用

作为教育的重要组成部分，体育能够促进人的全面发展，这也是学校体育教学的根本目标。通过进行体育锻炼，在促进学生身心素质发展的同时，也使学生的智力得到发展。此外，还能通过体育对学生进行审美教育和思想品德教育，这也是促进学生全面发展的具体体现。

（三）以教学内容的更新和充实作为学校体育教学发展的突破口

课程内容是实现教学目标的要素，也是实现教学目标的最重要载体。课程内容要适应现代学校体育教学的发展需要具有以下特点。

1. 科学性和逻辑性

科学性是指内容体系的合理性，在学校体育教学课程设计的不同阶段，有与之相适应的侧重点，符合教育的内在规律和学生的身心发育特点。逻辑性是指教学内容内部技能的处理与学生的身心发展规律相一致。

2. 多样性和趣味性

教学内容的多样性是指内容丰富，学生有较充分的选择余地，而不是每个学生都必须学习很多统一的内容。而趣味性则有两层含义。首先是要选用那些受学生欢迎、生动有趣的教学内容；其次是要引导学生认识教材当中介绍的锻炼价值，使学生对教材产生兴趣，并积极主动地学习。

3. 通用性和民族性

通用性是指教学内容具有统一的规范，适用于各种类型的学生，这是现代学校体育教学内容的主体。民族性则是指教学内容中应吸收那些学生喜闻乐见、兴趣浓厚、具有明显地方色彩的民族或乡土体育运动项目。这些内容容易激发学生的学习积极性，从而达到非常理想的效果。

4. 迁移性和灵活性

迁移性是指教学内容内在联系密切，一部分内容的掌握可以为另一部分内容的学习打下基础，从而实现教学内容的可转移化。灵活性是指以“以学生为本”为出发点，使得教学内容有较大的选择余地，不搞同一标准、同一模式，充分扩大学生在教学当中的自主权。这一举措具体到教材上来说，可以突破它的技术框框，根据学生实际和健身的要求降低技术规格，调整动作结构，改善评价办法，使之易于教学，从而最大限度地提高教学效果。

（四）综合性体育教学体系的建立

学校体育教学的主体是学生，因此评价教学体系的标准是学生的发展程度和对社会需要的满足程度，教学体系的建立必须以满足学生个体发展的需要和社会需要为前提。实际上，学生的个体需要和社会需要是辩证统一的。社会需要从某种意义上来说就是所有个体发展的需要。而从体育的角度来说，学生个体就必须发展成一个融知识、品格、能力和方法为一体的综合性素质结构。因此，学校体育的教学体系就必须有助于学生体育锻炼和身体保健知识的掌握、良好品格的养成、健康个性的发展、终身体育能力的培养和体育方法的训练，这是学校体育教学发展的总体趋势和基本要求。

二、高校体育教学发展现状、对策及趋势

（一）高校体育教学发展现状

近年来，我国体育教学改革正在如火如荼地进行，其理念在于打破传统

的以竞技体育为主的教育思想和破除教学安排的竞技体育体系，力求将更加有人本主义精神的，以贯彻身体、健康、娱乐、竞技等作为体育教学改革的目标。在这种理念的指导下以及众多有益的改革尝试下，体育教学改革取得了一定的成绩，不过这个成绩与21世纪对人才所提出的“知识、能力、素质全面发展”目标要求相比仍旧有较大差距，改革中遇到的许多弊端限制了教学改革的步伐和进展。由此可见，我国高校体育教学改革正走在正确的道路上，不过这条道路要走很长时间，过程中也一定会经历万千困难。

从高校体育教学的改革需要机遇的现状来看，我国高校体育教学的现状主要可以归纳出以下几个方面。

1. 体育教学目标缺乏准确性

在目前各大高校开展的体育教学中，主要的教学目标仍旧是以让学生掌握某项体育运动技术为目标，如掌握乒乓球、羽毛球或足球技术。其年终考核也是以这些技术的量化指标为标准，显得非常生硬和单调。这种教学目标过于重视让学生强行接受教学内容，而不花费太多心思在新型教学的创造上，如此就使教学的要求和标准大大降低，并且使体育教学的目标与真正的目标有所偏离，使这个目标缺乏准确性。

2. 教学质量出现下降趋势

前面提到了体育教学目标缺乏准确性的现状，基于此，会使得接受此类体育教学的学生在体育学习领域的积极性不高，学习个性不够突出，仅是像生产产品一样接受一致的教学，不能充分体现现代体育的特殊性。新型教育理念要求在教学中体现出以人为本与主动性的双重原则，但在实际的体育教学当中，为追求高效率，尽管体育教师一方面强调要在秉承以人为本的原则下开展教学工作，另一方面在教学实践中只是将这些理念停留在文字和语言上，显得空洞、乏味。学生在接受教学的过程中始终感受不到新意，久而久之也就失去了对体育教学的期待和兴趣，长此以往，必然导致体育教学工作质量的下降，不利于学校体育教学任务的达成。

3. 教师专业水平相对较低

体育教学所涉及的内容很多，其教学环境也与其他学科教学有很大区别，由此可见，体育教学绝不是由一位老师带领学生玩闹晒太阳这么简单。体育教学是一门专业性非常强的学科，想要达到预期的体育教学目标，就需要在教学过程中拥有一位经验丰富的体育教师。现代体育教学的内容中充满了较为新颖、现代的体育运动，体育教师能否率先掌握这些新兴运动项目的技术就成为保证教学质量的关键。

不过从现阶段的实际来看，体育教师的学习速度显然还没有完全跟上新兴运动进校园的速度。现代体育教师的培养方式多为在传统体育教学模式下产生的，一些条件较好的高校还聘请了一些退役运动员担任体育教师的职位。不过，这两类体育教师大多是技术型和训练型的，他们对自己已掌握的运动技能有着充足的信心，但同时由于他们自小接受单一的体育运动训练，使得他们的文化水平普遍较低，与其他学科教师相比，表现出了明显的科研能力较弱的不足；另外，受传统培养方式的影响，使得体育教师的工作随意性较大，对自己专业以外的体育课程和项目重视不够。

多种不利因素相加，就使得从总体上来看，我国高校体育教师的专业水平较低。他们掌握的知识相对陈旧，教学方法与手段也缺乏创新意识，造成体育教师整体上专业水平的下降，从而严重影响了高校体育教学工作的发展。

4. 硬件设施普遍匮乏

我国是一个体育资源较为匮乏的国家。尽管高校作为我国重要的人才培养基地可以优先获得优质的体育资源，但从总体上看，许多高校所拥有的体育资源仍显现出不足、陈旧等现象。教育改革从总体上增加了高校生源，而高校学生的人均体育资源则保持不变且逐年下滑，如此一来就加大了学生数与体育资源数的反比关系。由此可见，高校场地设施严重缺乏是当下影响体育教学发展的因素之一。

5. 传统教学思想仍起主动作用

我国是教育大国，我国的传统文化中也非常重视教书育人的作用。由此，传统的教育理念也一并留存到了今天。然而，现代教育早已不同于传统教育，这是社会发展到一定阶段所必然产生的现象。如果此时仍旧延续传统教学思想，将肯定会影响我国教学的现代化发展及在未来的发展趋势。

就我国高校体育的教学思想来说，它一直秉承着体育健身的理念开展。实际上这种理念本没有错，然而当素质教育被提出后，仅在乎身体健康的体育教学就表现出了其片面性。它在涉及德、智、体三方面关系的教学实践中过于重视对“体”的练习，忽视了对学生“德”与“智”的培养，这两方面的素质在当下也成为社会所需人才不可或缺的。由此可见，若高校体育教学的实际工作还停留在以竞技项目为主要内容的传统体系的话，将会对未来我国体育教学的发展带来极大阻碍。

（二）高校体育教学发展的对策

在分析了高校体育教学的现状后，就应该根据这些现状中的不足找寻对应的对策予以解决，以寻求促进高校体育教学在未来的发展。具体来看，相应提出的对策措施主要包括以下几点。

1. 确定合理的教学目标

教学目标是各种学科教学必须设定的，它是这个学科教学将要达到的预期效果，没有教学目标，就不存在教学行为。体育教学也是如此，因此体育教学管理部门自始至终都非常关注对体育教学目标的合理设计，如 2002 年教育部颁布的《学生体质健康标准（试行方案）》中指出，“我国大学体育教学的目标即通过对各运动项目理论和技能的学习，了解各运动项目的基本知识，掌握一定的各运动项目的锻炼方法与健身手段，提高学生的整体素质，增强体质，促进身心健康发展，为终身体育奠定良好的基础”。

体育教学目标的制定并不单单是一个摆设和空想的愿景，它必须是一个基于学生现实状况制定的具有一定可操作性和可行性的目标。具体在确定高校体育教学目标时要做到以下两点。

（1）将始终以提高学生的身心素质和适应社会的能力作为教学的基本目标。

（2）创立合理、可行的课程结构，并且融合与体育相关的其他学科知识，从而使学校学生的健康知识、自我锻炼意识以及卫生习惯的养成等身心的全面发展得到有效实现，进而使“健康第一”的思想真正落到实处。

2. 提高教学工作质量

体育教师要注重教学工作的质量，使体育教学成为一项严谨、认真、活泼的素质教育教学活动。为此，体育教师应按照新颁布的《普通学校体育课教学指导纲要》要求，科学制定教学计划，并且根据教学内容情况选择最恰当的教学方法和手段，以使学生对体育的兴趣和需要得到较为充分的满足。此后，体育教学管理部门和体育教师还要注重对体育教学的某段周期的教学监督及周期结束后的评估工作，并且不断改进评估方法，确保体育教学活动开展的有效性。

3. 提高教师的专业水准

体育教师是一线体育教学的直接实施者和参与者。由此可见，作为体育教学主体之一的体育教师对教学活动的重要性。为此，体育教学管理部门需要特别注意提高体育教师的专业水准，力争打造一支优秀的、专业的、高质量的、具有高度负责精神的体育教师队伍。

具体来说，提高教师专业水准的措施主要包括以下两个方面。

（1）加强对在职体育教师的在岗或脱岗培训工作，进一步加强体育教师的专业能力和高度的责任心。

（2）为年轻体育教师提供多种形式的入职培训和在岗培训机会，以提高他们的学历和教学水平服务。

上述方式均提到了对教师的培训和再培训。为了使这些培训能够真正起到提高教师综合素质的目的，就需要培训对他们的知识结构和教学理念进行更新，即首先在理念上跃升到先进的行列中，再以此为基础进行技能方面的培训，最终获得双方面的共同提高。另外，作为一线体育教师，他们在现代的体育教学改革中担任着重要的观察者和实践者的角色，为此培训还要倡导体育教师积极投身到教学改革的工作中去，调动他们授课和做学术研究的积极性。

4. 加强硬件设施投入与管理

硬件设备是搞好体育教学的基础。尽管硬件设备不足也能搞体育教学工作，但要搞好体育教学必定离不开优质的体育资源。近年来大幅度的高校扩招使得学生的人均体育资源使用率逐年下降，学校体育经费也出现了捉襟见肘的情况。因此，体育教育管理部门需要对体育资源和经费予以适当增加，为高校配备足够的体育场地和设备。如果不能获得充足资金的话，可着重对已有场地或设备进行完善和翻新，其中特别需要对场地和设备的安全性做重点完善。

在获得或完善了体育场地与设备后，对其的管理也是一门学问。体育场馆与器材在使用过程中会经常出现损坏或衰老的情况，因此为了最大限度地使这些资源保持良好的状态，最大化地发挥它本身的使用价值，就需要有制度化和精细化的管理与保养工作，定期对体育教学物资进行检查，使体育场地设备及器材得到更好的利用。

5. 革新教学思想并落到实处

教学理念的革新不是一朝一夕能够完成的，它需要在体育教学实践中不断积累经验，让实践促进思想进步，与此同时，思想的进步也反馈到实践的指导工作中。

体育教学管理部门和一线体育教师应该充当好现代体育教学思想落实的先行者和践行者。现代体育教学思想的先行者要求他们首先转换传统的体育教学思想，首先让新思想充满头脑；其次，他们需要在这种思想的影响下成为该思想在体育教学实践中的践行者，即将思想落到实处，真正应用到体育教学当中，将这种体育教学思想的理念传达给每一个接受体育教学的学生。

（三）高校体育教学发展的趋势

科技的发展带动人类社会的发展。在当今社会中，几乎所有事物的发展都离不开相应技术的进步。对于高校体育教学的发展来说也是如此，科技的发展带来了更多更为丰富的体育教学方法与手段。当然，体育教学的发展也不能全部依托于科技水平的发展，教学理念的进步是发展的软件，它与科技带来的帮助同等重要。

从高校体育教学的发展过程中可以看出，教育理念是所有教育行为的基础，这就需要高校体育教学部门要重视体育教育理念的转变，具有与时俱进、适时转变体育教育理念的意识。具体到体育教师来说，他们不仅要具有良好的体育教学超前意识，而且要有新的人才观、质量观来满足未来学生发展的需求，更应该使学生树立“终身体育”和“全民健身”的体育教育观念和意识。为了适应新时代的发展要求，人们将改变传统的选择教育观为发展教育观，通过体育教学增强高校学生的身体素质、心理素质以及社会适应能力等，促使其身心的全面发展，培养出适应21世纪高科技快速发展的高素质人才。

在新形势下，我国高校体育教学的发展趋势主要体现在以下几个方面。

1. 更加重视发展高校学生的健康素质

众所周知，体育教学及锻炼对增进和保护高校学生的身体健康具有最积极、最能动和最行之有效的作用。学校体育教学也应建立在多维健康观的基础上，全面贯彻“健康第一”的指导思想，深化学校体育改革。

（1）提高学生的体质健康水平。高校体育的本质决定了体育教学必须为提高学生的体质健康水平服务。提高学生的体质健康是学校体育贯彻“健康第一”指导思想最直接的体现，是提高学生整体健康水平的基础。提高学生的体质健康不仅是他们在学生阶段完成学业的需要，同时也是他们终身健康的需要。

（2）提高学生的心理发展水平。心理发展水平包括心理健康水平和心理素质水平。心理发展水平和人的生理健康密切相关。一个患有心理疾病的人是不可能有一个健康身体的。对于学生来说，心理疾病往往要比生理疾病的影响更为严重和深远。在我国的社会主义市场经济中，随着社会各个领域的竞争越来越激烈，对人的心理发展水平的要求也越来越高。因此，提高高校学生的心理发展水平具有重要意义。

（3）提高学生的社会适应能力。一个人能否处于良好的健全状态，关键取决于他的社会适应能力。从社会文化的视角来看，体育的实质是对社会生产和社会生活的一种模拟。因此，有人把体育课堂称之为“课堂社会”，把体育精神视为现代社会精神的缩影。所以，重视学校体育对提高我国高校学生的社会适应能力十分重要。

2. 更加关注向高校学生灌输“终身体育”的意识

在深化学校体育改革实践中，广大学校体育工作者深刻地认识到，传统的学校体育比较关注增强学生体质的近期效益，而对培养学生的体育意识、兴趣、习惯和能力重视不够，要使学生终生享有健康，就必须让体育伴随其终生。

学校体育既要重视近期效益，又要重视长远效益。加强对学生进行终身体育的教育，培养学生的终身体育意识，使其养成经常锻炼的习惯，掌握科学健身的知识与方法，具有独立进行科学锻炼的能力。进入 21 世纪后，新一轮的基础教育与高等教育的体育课程改革，更加强调要对学生进行终身体育的教育。

3. 加强体育教学的选择性与层次性

（1）体育课程管理体制的改革为学校体育的选择性创造了条件。传统的体育课程与体育教学，基本上是实行统一管理的办法：由国家统一制定和颁发《体育教学大纲》，规定统一的教学目标，统一的教材内容、教材比重与时数分配，统一的考核项目，统一的评分标准。各地各校对体育教学的选择性只局限在“选修教材”中，且对“选修教材”的实施也有诸多规定。

由于我国幅员辽阔，经济与教育发展不平衡，因此我国试行了国家、地方和学校三级课程管理体制。在课程管理方面，国家只制定课程标准，提出课程目标，对课程内容不作硬性规定，采取开放与放开的做法，对课程进行宏观管理。具体课程标准的贯彻实施、达成方法、内容设置等，完全由各地、各校根据实际需要和条件自行选择。

（2）层次性将成为体育教学中贯彻区别对待的重要方法。由于我国教育基本上都是采用大班教学，一个教学班少则四五十人，多则六七十人，要完全实施个性化教学目前尚有一定的困难。因此，根据个性化教学的基本思想，采用分层次教学成为体育教学实践中实施因材施教、区别对待的重要形式。

分层次教学是根据学生的身体条件与运动技能，把一个教学班的学生分成若干个层次，按层次确定学习目标和评价方法，采用不同的教学策略，以保证绝大多数学生都能完成课程学习目标。

（3）高校体育将呈现出地域特点与学校特色。由于加大了体育课程的选择性，各地高校只要遵循《课程标准》规定的“选择教学内容的基本要求”，就完全可以根据自己所具有的课程资源、地理条件、气候特点、体育传统等，自主选择体育课程内容与课外体育活动及课余训练内容，因此，学校体育呈现出鲜明的地域特色与学校特色。

4. 高校体育的课内外与校内外一体化

高校体育教学逐渐走向课内外与校内外一体化，主要体现在以下几方面。

（1）大课程观的确立。课程是为实现课程目标在教师组织指导下一切课内外活动的总和。大课程观的确立为学校体育走向课内外与校内外一体化奠定了理论基础。

新一轮的体育课程改革是“从大课程观出发，将体育的课堂教学与课外、校外的体育活动包括运动训练纳入课程之中，形成课内外、校内外有机结合的课程结构”。因此，各类学校及体育教师实施新的体育课程，必须认真搞好课堂教学、认真组织好课外与校外的多种多样的体育活动，以满足高校体育教学的需要。

（2）增进学生健康的需要。研究表明，当“国民经济发展到一定水平，人的体质健康某些指标呈下降趋势”。而“与体质健康相关的某些人体生理指标的提高，必须要有一定锻炼时间、量和强度的积累”，如果每周体育活动的总量仅限于几节体育课，那么体育教学提高学生生理机能的作用将十分微小。《中共中央国务院关于深化教育改革全面推进素质教育的决定》指出：“学校要树立健康第一的指导思想，切实加强体育工作”“确保学生体育课和课外体育活动的时间”。要贯彻落实学校教育与体育课程的“健康第一”的指导思想，有效地增进学生的健康，增强学生体质，学校体育就必须走课内外、校内外一体化的整体改革和发展道路。

（3）课程资源的开发和利用。为了适应“课内外、校内外有机结合的课程结构”的需要，必须充分开发和利用体育课程资源。

首先，就人力资源而言，除体育教师外，班主任、辅导员、有体育特长的其他学科教师、校医、共青团与学生会的干部，以及体育特长生等，都将被动员起来，充分发挥他们在学校体育中的作用。

其次，就课程时间和空间而言，第一，除课程计划规定的教学时间外，早晨、课间、课外、双休日、节假日的时间，也将得到合理的利用；第二，体育课程将拓展到家庭、社区、少年宫、业余体校、体育俱乐部以及江河、湖海、田野、山林、草原等一切可以用来进行体育锻炼的地方，为学校体育冲破课堂与校园的束缚，实现课内外、校内外一体化提供可能性。

5. 高校体育朝着多样化的方向发展

（1）学生个体体育需要的多样性。在高校体育教学实践中，不同的学生具有不同的体育需求，同一学生的体育需求也是多种多样的，如健身需求、健美需求、娱乐需求、发展体育特长的需求、调节身心的需求等。因此，高校体育教学应顺应和满足学生个体体育的多样性需求。

（2）学校体育内容形式的多样性。为了满足学生不同的、同一学生不同的体育需求，学校体育的内容必将朝着多样化的方向发展，具体如下。

①开设个体健身类的体育项目，如健美、健身操、越野跑、山地自行车等。此类项目可个人进行锻炼，受制因素少，校内校外均可进行，简便有效。

②开设反映时代特征的现代体育项目，如足球、篮球、跆拳道、攀岩、体育舞蹈等。此类项目极富挑战性，发展了学生个性，满足学生实现自身价值和加强社会交往的需求。

③开设休闲体育项目，如网球、台球、保龄球、乒乓球、羽毛球、游泳、冰雪运动、轮滑、滑板等。此类项目娱乐性强，技术含量高，能满足学生愉悦身心的需求。

④开设民族民间体育项目，如武术、跳绳、跳方格、跳皮筋、跳竹竿、踢毽子、荡秋千、爬竹竿等，扩大学校体育资源与体育课程资源，以满足学生健身、娱乐等多种需求。

（3）学校体育组织形式的多样性。目前，学校体育组织形式主要朝着以下几种类型发展。

①体育俱乐部。体育俱乐部将成为高校体育的重要组织形式。为适应学生的不同体育需要，高等学校将根据自身的条件，组织多种多样的体育俱乐部，以满足大学生的健身、健美、娱乐、发展学生体育特长、提高运动技术水平的需要。

②体育社团。学校体育社团由学生自己组织、自主管理、自由参加，一般由学生会、团委出面发起组织，学校体育教研部（室、组）支持和指导，大都以单项体育协会的形式出现。学生根据协会章程，自愿报名参加，交纳一定的会费，民主选举管理人员。另外，一些全国性的综合体育团体，如全国大学生体育协会，主要任务是负责组织相同级别的学生体育竞赛。这些体育团体能有效地提高学生参与体育活动的积极性。

③非正式学生体育群体。非正式学生体育群体多是以共同的体育爱好为基础自发建立起来的，以直接的、面对面的、相对固定的角色互动来进行活动，成员之间年龄相近，彼此之间并不存在正式的控制手段。如引导和运用得法，这些非正式学生体育群体将为学校体育注入新的活力。

三、高校体育教学改革发展对策

（一）高校体育教学改革的内容

体育教学所包含的内容较为广泛，而高校体育教学改革的主要对象就是体育教学内部的各个组成部分。因此，体育教学的构成部分就是改革的内容。具体来说，这些内容主要包括以下几个方面。

1. 体育教学思想

体育教学思想，是指体育教学指导思想、教学原理以及与相关事物的矛盾关系等。体育教学思想能够解决体育教学改革中带有根本性、方向性的问题，对体育教学具有指导性作用。因此，正确的体育教学思想是培养未来能够适应自身和社会需要的、各种各样的体育人才的基础。

2. 体育教学课程

在新时期，体育教学课程改革作为我国高校体育教学需要解决的核心问题，必须要与素质教育的要求相适应，并积极建立新的课程体系内容，在开展必修课的基础上，开办一些选修课，必修课与选修课、理论课与实践课的比例要合理。

3. 体育教学内容

体育教学内容是以学校体育教育的目标和任务及学生的实际情况为主要依据，对体育教材内容安排和选择进行分析和研究，并着重解决好学校体育课程教材内容的针对性、实效性和科学性等方面的问题。

教学内容是高校体育教学改革的重要方面之一。

4. 体育教学方法

目前，我国学校体育教学的方法仍然以传统教学为主，大部分教师依然采用“讲解示范—学生练习—纠正错误—学生再练习”的单一教学方法。这种教学方法的运用，不仅对学生体育学习的主动性和积极性的培养是不利的，而且对教学效果的良好发挥也非常不利，因此体育教师应该积极探索适合学生发展的教学方法，从而使教学方法能够适应现代社会和学校学生身心发展的需求。

5. 体育教学管理

体育教学管理工作是我国学校体育教学改革的重要内容，它包括的内容有很多，其中最主要的是体育教与学辩证关系的研究、合理的课堂教学和课的结构研究、教师的主导与学生的主体作用之间的协调等问题的研究，这样能够使学校体育教学与教学发展的基本规律相适应。同时，还应对体育教学的一些常规制度进行积极的研究，积极解决建立日常正常的体育教学秩序的管理等问题，以使得学校体育教学走向合理和规范化的道路。

（二）高校体育教学改革的发展对策研究

1. 转变体育教育理念

在新时期高校体育教学改革发展形势下，体育教育要想实现素质教育，就必须改变以往的“知识型”人才的培养，走向“创造型”人才培养的道路，树立全面育人的教育观念和意识，着重培养和提高高校学生的综合素质和能力。

在高校体育教学改革发展中，主要应注意以下几点。

（1）为了适应现代体育快速发展的需要，必须对高校学生进行综合素质的教育，如身体健康教育、思想观念、体育技能以及娱乐等方面。

（2）树立三维综合的体育教学评价体系。这就要求在进行评价时，除了提高学生的生理机能外，还要从学生的生理、心理和社会适应能力等方面来进行综合评价。在体育教学改革中，还要充分考虑学校体育教学的内容、方法和教学目标等内容，从而使得体育教育获得综合的、全方位的教育效益。

（3）树立学生的终身体育观念。在高校体育教学改革进程中，要以终身体育意识作为出发点，通过改革不合理的体育体制，进而完善体育教学的整个过程，从而培养高校学生的“终身体育”意识，使他们最终树立终身体育的观念。

2. 教学内容与时俱进

在体育教学内容的合理运用中，主要应把握以下几方面。

（1）因材施教。尊重学生之间个体的差异性，如学生的身体条件、兴趣爱好和运动技能等方面，从而制定出适合不同学生发展的教学内容。

（2）以学生为主体。教学内容要适应社会发展和学生身心发展的需要，科学地培养学生“终身体育”的意识。

（3）设计出合理的体育教学内容。设计的出发点应以学生的身心发展为中心，要在发挥体育教师作用的同时，提高学生参与体育学习的兴趣，培养他们的积极性和主动性。

3. 制定严格的教学管理制度

教学管理是研究日常有关体育教学的常规制度，调动积极能动性解决建立正常的教学秩序的问题，使学校体育教学更加科学化、规范化和现代化。

在当今社会，学校体育教学工作的科学化管理要得到加强，就必须引进和运用现代化管理方法与手段，使得学校体育教育过程更加规范，有效提高体育教学工作的质量和水平。

4. 教学方法注重理论结合实际

在我国高校体育教学过程中，目前“重实践，轻理论”的教学方法已经不适应体育教学改革的发展，因此应积极转变这种落后的思想观念，将理论知识和教学实践密切地结合起来，在区别对待的同时，更应该强调两者的统一和发展。

理论方面，体育教学的内容要与体育教学的目标相符合，在正常的教学过程中，应适当加大体育理论知识课的时数，并纳入知识考核范围，争取建立一个科学的、实用的教学效果评价体系。

实践方面，在教学实践过程中，要注意学生的身心发展特点，选择符合高校学生身心发展和锻炼价值高的运动项目。同时，体育教学方法要科学，并具有创新性，在学生学习过程中应鼓励进行学自我能力教学，为探索新颖的体育教学方法做出努力。

5. 师资队伍建设需加强

在体育教学过程中，师资队伍的建设要格外引起学校体育部门方面的重视。可将一些创新能力较强的体育教师的知识、技术水平和思维引进到体育教学课堂，在体育教学的各个环节加以推广和渗透，从而培养学生在体育学习中的思维创新能力。

在体育教学的过程中，体育教师应该具备多种综合素质和能力，优秀的体育教师应该身心健康、人格健全、专业知识丰富、富于创新精神和能力。这些素质会影响高校学生的学习和发展，并且对高校体育教学改革也有着重要意义。

第四章　我国高校体育教学模式

第一节　高校体育教学模式的内涵界定

一、体育教学模式的概念

（一）教学模式

简单的理解，模式即指“模子”“样子”。我国汉语词典对模式的解释是某种事物的标准形式或使人可以照着做的标准样式。英文“模式”为 Model 一词，它和“模型”“模范”是同义词。西方学术界通常把模式理解为经验与理论之间的一种知识系统。美国的沃纳和赛福林等定义为，再现现实的一种理论性的简化形式。它有以下三个要点。

（1）模式是现实的再现。

（2）模式是理论性的形式。

（3）模式是简化的形式。

由于不同的研究者从不同的角度和需要出发对教学模式有不同的理解，关于教学模式至今没有一个明确的定义。其中，较有代表性的列举如下。

“教学模式，是构成课程（长时间的学习课程），选择教材，指导在教室和其他环境中教学活动的一种范型或计划”（乔伊斯和韦尔）。

“把教学模式称为教学策略”（弗•鲍克良）。

“教学模式是导向特定学习结果的一步步地程序”（因特、埃斯特斯、施瓦布）。

国外以乔伊斯和韦尔为代表的定义认为，教学模式是构成课程和课业、选择教材、提示教师活动的一种范型或计划。并进一步指出，“教学模式就是学习模式。教育的最终目的是能够提高学生更容易、更有效地进行学习的能力，因为他们不仅获得了知识技能，也掌握了学习过程”。

国内学者认为，乔伊斯和韦尔将教学模式定义为“范型”或“计划”只反映了教学模式的外在表现形式，并没有能揭示教学模式的实质性内涵，计划只是其外在形式。这种理解忽视了教学模式的深蕴其中的教学思想和教学理念，是对教学模式的简单化、形式化，不利于对教学模式的深入研究。教学模式是在教学实践中形成的一种设计和组织教学的理论，这种理论以简化的形式表达出来，概括起来大致有两类见解，即过程说和结构说。

过程说将教学模式纳入教学过程范畴，认为教学模式就是教学过程的模式，是一种有关教学程序的“策略体系”或“教学样式”。其中较典型的提法是，“教学过程的模式，简称教学模式，它作为教学论中的一个特定的科学概念，指的是为完成规定的教学目标和内容，对构成教学的诸要素所设计的比较稳定的简化组合及其活动程序”。这种观点强调了教学模式中的“组合方式”和“活动程序”，突出了其可供模仿性和操作性，但忽视了其理论性。教学过程离不开一定的程序，但程序不等同于模式，教学模式除实施方案外，还应明确其目的和实施条件。

结构说认为，教学模式属于教学结构的范畴。结构说的典型提法是，“把模式一词引用到教学理论中来，旨在说明一定教学思想或教学理论指导下建立起来的各种类型教学活动的基本结构或框架”。结构从广义上讲，是指事物各要素之间的组织规律和形式。教学结构，主要是指教师、学生、教材三个基本要素的组合关系。从狭义上讲，教学结构是教学过程各阶段、环节、步骤等要素的组合关系。一般使用这一概念时，多是从后者来理解的。教学模式不等同于教学结构。虽然教学模式与教学结构密切相关，但不能完全等同。教学结构是客观的，它是各个要素之间客观存在着的相互作用、相互依存关系，受着一定构成规律的制约。教学模式则是人为的，它是人们在对教学规律（其中包括教学结构要素及构成规律）认识的基础上，从教学实践中探索、创造出来的。

我国教育界对教学模式的界定有多种，从教学方法的角度来定义教学模式，认为教学模式是“教师根据教学目的和教学任务在不同教学阶段协调应用各种教学方法过程中形成的动态系统”。从教学结构范畴来定义教学模式，认为教学模式是“在实践中形成的反映特定教学思想的教学活动的结构方式的范型”。从教学设计和组织教学的角度来定义教学模式，认为教学模式是“依据教学思想和教学规律而形成的，在教学过程中必须遵循的比较稳固的教学程序及其方法的策略体系”，从而形成了以下几种不同的界定。

（1）教学模式属于方法范畴。其中，有人认为教学模式就是教学方法，有人则把教学模式视为多种教学方法的综合。

（2）教学模式和教学方法既有联系也有区别。各种教学在具体时间、地点和条件下表现为不同的形式和时间序列，从而形成不同的教学模式。

（3）教学模式是在大量实践的基础上，筛选被实践证明行之有效的教学经验，加以总结、提炼、概括和简化，形成的相对稳定的结构框架和活动程序。

（4）教学模式就是在一定的教学思想指导下所建立起来的完成所提出的教学任务的比较稳固的教学程序及其实施方法的策略体系。

（5）教学模式就是在一定的教学思想指导下，围绕某一主题，形成相对稳定的、系统化和理论化的教学范型。

（6）教学模式是指在一定的教学理论指导下，围绕教学目的，形成相对稳定的教学程序及其实施方法的简要描述。它是教学理论在教学过程中的具体化，又是教学经验的系统总结。

（7）教学模式是依据教学规律，创造教学环境，为实现教学目标，促进学生学习所采用的教学范型或过程。

可以看出，教学模式具有三个基本要素，理念和目标，结构和步骤，简洁表达的有利于相同条件下推广的个性化范例。

教学模式是对教学经验的概括和系统整理，教学实践是教学模式产生的基础，但教学模式不是已有的个别教学经验的简单呈现。教学模式不同于教学方法，它是教学方法的升华，强调了教育理论、教育思想在教学模式构建过程中的重要地位和支配作用。同时，教学模式被看成是沟通理论与实践的桥梁，既能用来指导教学实践又能为新的教学理论的诞生和发展提供支撑，在两者中起中介的作用。

对教学模式的理解和认识存在一定的分歧是必然的，这只说明了教学模式存在的合理性与科学性，因为是“可证伪的”；同时也因为某种分歧诱发争鸣，促进和完善了教学模式的理论。然而，分歧和争鸣是在一定基本认同前提下的延伸，共识是本质性的。

（1）模式不是方法，它与语言法、练习法、比赛法等教学方法显然不属于同一层次。

（2）模式不是计划，计划只是它的外在表现，仅此不足以提示其内含的教学思想或意向。

（3）模式也不是理论，至少不仅仅是理论，它还内含着程序、目标等远比理论丰富得多的东西。

我们可以把教学模式理解为开展教学活动的一整套方法论体系，它实质上是在一定教学思想或教学理论指导下建立起来的、较为稳定的教学活动结构框架和活动程序。它是教学理论的具体化，又是教学经验的一种系统的概括。

它既可以直接从丰富的教学实践经验中通过理论概括而形成，也可以在一定的理论指导下提出一种假设，经过多次实验后形成。

（二）教学模式的构成要素

尽管人们对教学模式的概念界定不一，但对教学模式的认识基本趋向一致。如吴永军认为教学模式是由指导思想、理论依据、目标、实现条件、操作程序、主要变式和评价构成；李秉德认为教学模式是由指导思想、主题、目标、程序、策略、内容和评价构成；裴文敏认为教学模式由教学目标、教学程序及其操作要领和教学条件四个基本要素构成。由此可见，一个成熟的教学模式至少要由理论依据、教学目标、操作程序三个要素组成。

1. 教学理论或思想依据

任何教学模式都有一定的教学理论或教学思想依据。如程序学习教学模式的理论依据是行为主义的操作条件反射学习理论；合作学习教学模式的理论依据是社会主义的人道主义和个性民主化；快乐体育教学模式的理论依据是运动情感变化规律和终身体育思想；即兴展现体育教学模式的理论依据则是认识规律、动作技能形成规律、生理机能活动规律、青少年生长发育规律的融合。有的教学模式是在长期的教学实践中形成的，可能开始的时候没有十分明确的理论依据，但在对教学经验进行系统分析、综合和概括时，总有其一定的指导思想。

2. 教学目标

教学模式都是指向一定教学目标的，即是为达到特定的教学目标而设计的。如合作的目标，就是使学生具有民主精神、独立人格和创造才能，着重培养学生的协作精神和社会适应能力。发现教学模式的目标，是使学生具有创造能力，成为研究者、创造者。教学目标是教学主题进一步具体化的标志。

3. 操作程序

操作程序是指教学在时间上展开的逻辑步骤和每个步骤的主要做法等。体育教学模式的操作程序是指科学合理的课堂教学组织过程，它包括课前的所有教学准备工作和课中的合理操作过程，以及必要的课后总结工作，不同的体育教学模式，在操作程序上有一定的区别。当然，操作程序只能是基本的和相对稳定的，不是一成不变的。

（三）体育教学模式的含义

我国关于体育教学模式的研究起步较晚，发展较慢。自1989年一篇名为“当代五种教学论与体育教学”开始，关于体育教学模式的研究逐步引起国内外体育专家、学者的重视，出现了许多涉及体育教学模式研究的论文，这些研究为体育教学模式的理论与实践探讨做出了较大的贡献，但对体育教学模式的概念则众说纷纭，虽有共同点但没有取得一致的意见。

最早关于体育教学模式概念论述的是李杰凯在《沈阳体育学院学报》1995年第2期上发表的《关于体育教学模式一般理论的研究》论文：根据教学论中关于教学模式的研究成果，结合体育教学的特点来归纳体育教学模式的科学定义，才能做出正确的结论。体育教学与其他理论学科的教学相比，至少有四个方面的因素是体育教学所独有的。

（1）从学生学习的特点来说，体育教学是以身体练习为主要手段的技能习得活动，在身体活动与思维活动相结合的过程中掌握知识技能，因此体育教学模式既要体现动作技能的形成规律，也要体现体育活动中人体生理机能变化的规律，同时还必须遵守人类认识事物的学习规律。

（2）从教师教的特点来说，体育教师是在较大的空间内组织教学工作的，他不但要传授体育知识技能，而且还要组织学生通过身体练习来增强体质。

（3）从教学的环境来说，体育教学是在相对开放的空间内进行的双边活动，学生在课堂上有较多的交往机会，因此，许多非智力、体力因素将影响体育教学的效果。

（4）从体育教学的内容来说，体育运动技能的多样性决定了体育教学必须采用与内容相适应的教学模式，这种相应的教学模式是以不同的教学目的以及不同体育技能的习得规律为依据制定的。

体育教学模式必须能够很好地反映上述四个特点。因此体育教学模式是蕴含特定体育教学思想，针对特定体育教学目标，在特定教学环境下实现其特定功能的有效教学活动结构和框架。其是以简化的形式表达的体育教学思想理论和教学组织策略，是联系体育理论和体育教学实践的纽带。此研究关注了体育教学的特殊性和体育学科的规律。

体育教学模式是在一定的教学思想指导下，为完成规定的教学目标和任务而形成的规范化教学程序，包括相对稳定的教学过程结构、相应的教学方法体系。最新版的《体育科学词典》中对体育教学模式的定义为“按照一定的体育教学理论或教学思想设计，具有相应结构和功能的体育教学理论或教学活动模型”。它包括教学理论或教学指导思想、教学目标、教学条件、操作程序和师生组合五大因素。

总结我国体育界对体育教学模式概念的研究主要形成了以下几种不同的界定。

（1）体育教学模式，是蕴含特定体育教学思想，针对特定体育教学目标，在特定教学环境下实现其特定功能的有效教学活动结构和框架。

（2）体育教学模式是在一定的体育教学思想指导下，具有一定典型意义而相对稳定的课堂教学结构。它们是人们可遵循的标准样式、标准结构。

（3）体育教学模式是体现某种教学思想的教学程序，它包括相对稳定的教学过程结构和相应的教学方法体系。主要体现在教学单元和教学课的设计和实施上。

（4）体育教学模式是指体育教学理论在一定条件下的转化，它是用于设计课程、选择教材、规定师生活动形式的体育教学基本框架。

（5）体育教学模式是体现某种教学思想的或规律和原理的教学单元或教学课的程序，它包括相对稳定的教学群体、独特的教学过程结构和相应的教学方法体系。

（6）体育教学模式是体现某种教学思想或规律的体育教学活动策略和方式。

（7）体育教学模式是在一定的教学思想和教学目标指导下，根据对象的身心特点和教学条件以及体育教学过程的特点而设计和实施的课堂教学的模型结构和程序。

（8）体育教学模式是指在一定的教学思想或理论的指导下设计和组织体育教学而在实践中建立起来的各种类型的体育教学活动的范型，它以简化的形式稳定地表现出来。

（9）体育教学模式是在一定的教学思想指导下，为完成规定的教学目标和任务而形成的规范化教学程序，包括相对稳定的教学过程结构、相应的教学方法体系。

（10）按照一定的体育教学理论或教学思想设计，具有相应结构和功能的体育教学理论或教学活动模型。

归纳起来可以发现，体育教学模式与教学模式两者之间就其内涵来讲并无本质差异，体育教学模式是教学模式的学科体现。因此，体育教学模式可被理解为体育教学组织活动的一整套方法论体系，其实质是在一定教学思想或教学理论指导下，为实现特定教学目标而设定的、相对稳定的教学活动程序，是连接体育教学理论和教学实践的纽带和桥梁。

二、我国高校体育教学模式的特征

近年来，由于人们对教学模式的普遍关注，在各级各类书刊、杂志上出现了各种各样的体育教学模式，有的比较成熟稳定，有的还在探索实验阶段，有的甚至只是改头换面地搬用了其他教学模式，旨在刻意地杜撰属于自己的所谓“新”教学模式，这是在教学模式过程研究中不值得提倡的。构建高校体育教学模式应从是否有利于提高教学效率，是否有利于学生素质的全面发展为目的，体现以下几个方面的特性。

（一）新颖性、独特性

体育教学理论、教学思想是体育教学模式的灵魂，教学模式的新颖性首先体现在用先进的教育思想、教育理论为指导，采用新技术，构建新的教学结构体系。新型课堂教学模式要在教学观、教学目标、教学方法、教学手段等方面有所体现，不应该等同于一般课堂教学模式的，否则“新”字就无法体现。独特指某一新型的课堂教学模式具有特定的目标、条件和范围。新教学模式的建立并不是为了取代原有的教学模式，而是对原有教学模式的发展，是根据新的教学理论，为实现一定的教学目标而建立的，它不是万能的，同样具有一定的应用条件和范围，如果不具备其特定的应用目标、条件和范围，就难以产生相应的教学效果。

（二）可行性、推广性

构建一种新型的体育教学模式应该是符合和体现现代先进教育思想和教育理论要求的一套比较完整的操作要求和基本程序。无论是从其形成过程还是从其建构目的来看，都必须通过实践验证用来指导体育教学活动。对于具体的操作要求和基本程序应该是具有可行性，否则它也不能成为教学模式。

新型的体育教学模式只有具备了可行性才有推行价值。某种教学模式虽有一定的实施条件，但这种条件不宜过窄，要能够让他人模仿和运用，要有明晰的可以借鉴的操作程序。如果人们无法进行模仿、运用，进行推广，这样的所谓“模式”就会失去其研究价值，最后只能是昙花一现。

（三）稳定性、发展性

稳定性是教学模式形成的一个重要标志，对于一个成熟的教学模式而言，都必须有相对稳定的理论框架和操作程序。课堂教学模式形成的是教与学活动中各要素之间稳定的关系和活动进程结构形式，变化不定的“模式”人们无法把握它，也就不具备可行性，这种模式其实是名存实亡。但是，稳定并不是一成不变，在长期的教学实践中每一种教学模式的形成都是一个不断发展的过程，稳定只是相对的，而不是绝对的。广大教师有意识而自觉主动地去探索、实验、充实是教学模式的发展和完善的基础。教学模式作为教学理论和教学实践紧密结合的产物，一经形成不断发展之势，那么所起的作用将是不可低估的。可见，新型体育教学模式，只有在实践中发展完善才具有价值。

（四）多元性、灵活性

多元性、灵活性是当前教学模式研究和发展的一个主要趋势。对于不同的教学媒体具有不同的教学特性与功能，不同的教学内容、知识类型、教学对象年龄层次等都具有自身的特性。因此，在构建新型课堂教学模式时应注重统一性与灵活性相结合，建立多元的新型课堂教学模式。就某一特定新型课堂教学模式而言，教学的结构进程虽然是固定的，但是教学方法却是灵活的，因此，同一课堂教学模式，教学过程也可以是丰富多彩的。

第二节　高校体育教学模式类型的比较与分析

在我国体育教学领域内，强调根据学生的身心特点、发挥学生积极性、促进主动参与将成为体育教学中的新时尚。在我国体育教学较发达的地区，体育教学中的学生参与教学，学生主动自我发展的教学范例已经屡见不鲜。这些新型的教学形式中相对比较成熟的有快乐体育模式、发现式体育教学模式和小群体体育教学模式等。在高校体育教学改革不断深化的过程中，从培养国家所需要的创造型、综合型的高素质人才出发，近些年来高校体育理论工作才和体育教师纷纷对高校体育教学模式进行研究和实验，先后创建了十几种教学模式，形成了目前高校体育教学模式多样化的局面，这对推进高校体育教学改革与发展是十分有益的。当前有代表性的体育教学模式有以下十种类型。

一、快乐体育教学模式

我国的快乐体育源于我国20世纪80年代的愉快教育与日本的快乐体育，是针对学生的体育厌学而提出的，为了适应终身体育思想而发展起来的。

什么是快乐？从教育心理学的观点看，快乐是一种心理体验，是人类情绪中的重要正情绪，所以需要的满足是激起快乐体验的源泉。苏霍姆林斯基认为：“你任何时候都不要急于给学生打不及格的分数。请记住，我们的快乐是一种巨大的力量，它可以促进儿童好好学习的愿望。请记住，无论如何不要使这种力量消除，缺少这种力量，教育上的任何巧妙措施都是无济于事的。”快乐的心理体验因人、因事、因时、因地而异。对于出生社会的人来说，来自生物性的、游戏和玩笑性的快乐体育固然重要，但是对人有建设性的、有社会意义的活动更显得重要。如果从系统的角度出发，快乐体育应包括得到人体健康发展体验的快乐，得到成功兴趣体验的快乐以及得到尊重和依赖体验等的快乐。

快乐体育教学模式是指以运动为基本手段并采用适宜的教法，增强学生体能，使学生得到理性的快乐体验的一种体育教学方式。这种体育教学模式的作用是能够较好地提高学生体育学习的兴趣，养成锻炼的习惯。其特点是通过教师的指导使学生在“乐”中学，在学中“乐”。这种教学模式的适应条件是，根据教材特点，适宜初中及小学学生。其基本教学程序是，初步体验运动的乐趣—理解运动的乐趣—再学习—得到赞许理性和运动成就感。

快乐体育讲求愉快的学习气氛，旨在激发学生的学习兴趣，引发良好的学习情绪，使学生转被动接受为积极自觉的渴求。实际上，学生的兴趣既受影响于施教的方式，也受影响于施教的内容。当教学方式创设的精神与教学内容所描述的情景相辅相成，相得益彰时，便能够激发学生的强烈兴趣。在当前快乐体育教学模式中，不论教材等条件，盲目引导学生一“乐”了之，忽视学生主动寻找乐趣的能力的培养，忽视学生创造性思维能力的培养的现象，应根据素质教育的思想予以修正。在快乐体育教学模式的实践中，有两种重要的变式，即成功体育教学和情境教学。

二、成功体育教学模式

成功体育教学模式是毛振明先生倡导的一种体育教学模式。在教育学领域里认为，成功教育的宗旨是对每一个学生负责，积极创造条件，让每一个人都获得成功的体验，都成为学习上的成功者，其实践的突破口是对教学评价的改革。

传统的考试是强制性的，学生没有选择的余地，它对于基础较差的学生是冷酷的，因为他们在这种考试中常常得低分，被认为是“差生”，他们也由此觉得低人一等，丧失自信心。实际上，所谓优秀生在这种考试中也是被动和无奈的，这一切对学生来说是不可避免的。因此，素质教育认为必须创造一种评价方式，这种方式是不带强制性的，是每一个学生乐于参与的，就像节日的猜灯谜一样，融自愿性、竞争性和激励性为一体。当前，这种评价的方式就是在教学的过程中，只要学生有积极的表现和进步，教师就即时给予奖励（一般称为奖励分），而不论其在班上同学中实际所处的能力水平如何。在学期终结的时候，教师把统考分与奖励分按照一定的权重合成，给出学生的终结性评价。这种评价特征是，奖励性评价是为了提供更多的机会，促使学生发现自己、发展自己，建立起学习的信心；奖励性评价的标准是个体参照标准；奖励性评价的范围是广泛的，只要有教育价值的因素，不论是知识、能力、情感、态度、创造性、独特性，都可以进行评价，并把奖励性评价“毫不吝啬”地“送”给学生；奖励性评价的主体是师生双方的。奖励性评价坚持评价的民主性，变传统的教师一言堂为师生共同参与，体现学生的主体性，提高学生的自我责任感、学生的自我评价能力及学生的心理素质。

实践证明，在体育教学中，通过自我目标的设立，通过自我的超越，学生可以获得成功的感受，得到快乐的心理体验。成功体育模式是运用运动的手段和组织措施，使每一个学生树立个体目标，通过自身的努力，使其获得成功感，促进学生身心发展的一种体育教学形式。这种体育教学模式的作用能够有效提高学生体育学习的自尊心和自信心。其特点是使学生通过努力不断产生自我超越感，使身心得到发展。在这种教学模式中，教师可以根据学生个体差异选择和设定场地、器材和规则等。这种教学模式的适应条件较广泛，其基本教学程序是，教学诊断→设立自我目标→超越自我→教学评价→体验成功。

对于成功体育评价的方法，我们应该全面的理解，对它的作用不能盲目拔高。研究表明，通过奖励分数，通过自我的超越，学生体验到成功的方法在低年级比高年级更有效；长期效应不如短期效应好。可见，这种方法也不是万能的，根本的还是使学生的学习从外在的动机尽快过渡到内在的动机。

三、情境教学模式

情境教学模式是教师根据教学内容和学生的实际，通过设置相关的故事情节、场地器材和情感氛围，提高学生体育学习的情趣，从而发展学生的基本活动能力，发展学生体育兴趣的一种教学形式。这种教学模式通过理解、尊重、参与的作用能够有效提高学生学习的兴趣。其特点是通过情境设计使学生产生优势兴奋中心，获取最佳的注意力。情境教学模式的作用是能够有效提高学生学习的兴趣，其特点是可以使学生身体在“不知不觉”中得到发展，情操得到陶冶。这种教学模式适应的条件是小学中低年级且有适宜的教材，其基本教学程序是，设置情境→引发运动兴趣→体验情节→运动乐趣→还原。

四、发现式体育教学模式

发现式体育教学模式是以发展学生的创造性思维为目标，以解决问题为中心，以结构化的教材为内容，以再发现为学习方法（亦称假设法、探究法、和创造式）的一种教学过程。发现式体育教学模式是以人对事物的认识规律为依据，其教学程序为，教师提出问题（其难度适合学生现有水平）→组织提问或演示→实验性验证→得出结论或评价→在运动实践中体会练习。发现式体育教学模式的条件是，学生必须有一定的科技和体育知识、技能的储备。

这种模式适用于不同年龄学生的技能和体能的教学。

五、体育小群体教学模式

体育小群体教学模式也是主体性体育教学的重要形式。自素质教育改革以来，为了发展学生的社会性，提高教学效率，典型的班级教学形式越来越受到批判，由此产生了小群体教学活动的模式。研究表明，学生在学习中有希望结友、交流情感、讨论问题的需求，这实际上是学生发展社会性的需求。我们可以看到，一堂好的教学课，教学中学生所接受的信息不完全来源于教师，还来源于同伴，学生得到的信息量要大于教师的输出量。如果教师启发得当，课堂气氛活跃，师生都会迸发出很多闪光的思维火花。

体育教学中的小群体教学模式是把学生自然分成若干个学习小组，在教师的指导下，教师与学生之间，同组学生与学生之间，小集团与小集团之间通过运动，相互切磋与观摩，从而提高教学效率的一种教学模式。在这里体育教学的分组既是坚持从实际出发原则所采取的组织措施，也是小群体教学模式中学习集团的基本形式。体育小群体教学模式的小集团是指根据学生的实际，按照区别对待和有利于集团学习的要求所采取的组织分组。体育小群体教学模式的基本教学程序是，教师提出要求→小集团组成→小集团学习→集团间活动→集团解散。这种教学存在着一些不能处理好的问题。例如，集体教学和个别教学的关系，教师与学生群体的关系，集团“领导”的产生与能力等。

体育小群体教学模式的主要变式是合作竞争教学模式。重视竞争与协同并重视素质教育对全面发展教育的要求。为了使学生适应未来学习的发展，素质教育重视现代竞争的意识，同时注重协同意识的培养与评价。从发展趋势来看，社会的组织和企业越来越趋于大型化、社会化、国际化，作为一个出生社会的人，了解周围的世界，与周围的世界协调工作，是个人生存的必不可少的意识和技能。

在这里我们不是仅颂扬协作，而忽视竞争。实际上，竞争与协作对工作效率的共同影响是不言而喻的。在实际工作中，有些人倾向于竞争，有些人倾向于协作；从工作的性质来看，有些工作适合于成员进行竞争，有的则必须通过彼此的协同来完成。研究者通过综合分析认为，若工作比较简单，群体成员都能够独立完成全道工序，则个人竞争比群体协作有更好的工作成效；若工作比较困难，且一部分成员不能独立完成全部工序，则协作更优先；若团体中成员的态度与情感属于群体定向，且组织目标明确，也适合于协作；若成员的态度与情感属于自我定向，且工作本身缺乏内在兴趣，则个人竞争更能激发工作热情。可见，竞争和协同是有一定的"条件"的。

素质教育不仅要培养人的竞争和协同的意识，同时要培养人对竞争与协同的选择，甚至方法与技巧的选择与运用，以适应未来社会的需要。对于了解和善于协同者来说，人们经常用"集体情商"的能力来描述。这种观点和实践在体育教育中越来越被广大教师所理解和接受。

总之，合作竞争教学模式是指在教师的指导和学生的参与下，通过运用运动的手段，利用适宜的条件，创造一种较为复杂的运动环境，使学生们通过个人的努力或与同伴进行协作，克服困难，完成任务，促进学生合作与竞争意识双重发展的一种教学形式。这种教学模式的作用是能够促进学生合作能力与竞争意识的发展，其特点是师生共同参与，使学生在运动中学会合作与竞争。这种教学模式的适应条件是，根据教材特点，低年级更适宜强调合作，高年级更适宜强调竞争。其教学基本程序是，分组→设置问题→寻求解决方法（可以多个）→协调合作→竞赛→体验合作乐趣。竞争与合作模式的不足是，不利于技能教学，教师不容易控制教学的方向。

六、“三基型”体育教学模式

这种体育教学模式的特征是，在体育教学指导思想方面，注重传授体育基本知识、基本技术和基本技能，增强学生体质，其体育教学的组织形式是以原教学班为主。这种体育教学模式的优点是，注重发挥教师的主导作用，通过教学使学生能较扎实地掌握体育知识、技术和技能，促进教学规范化，对培养学生的意志品质和集体主义精神等方面能起到较好的作用。

七、“三段型”体育教学模式

这种体育教学模式的特征是，在体育教学指导思想方面，注重学生的体育基础、体育能力的提高和体育锻炼习惯的培养。其教学组织形式是将高校体育课程分为三段，一年级开设基础课，二年级开设专项课，三、四年级开设选修课。它的优点是既注意打好学生的体育基础，又重视培养学生的体育能力和锻炼习惯养成。

八、“并列型”体育教学模式

这种教学模式的特征是，在体育教学指导思想方面，注意调动学生体育学习的积极性，有利于培养学生的体育能力，重视学生个体差异和因材施教，其教学组织形式是在一、二年级同时开设基础课和专项课。其优点是注意对体育基础不同的学生区别对待，因材施教，能满足不同体育水平学生的需求，有利于调动学生学习的积极性。

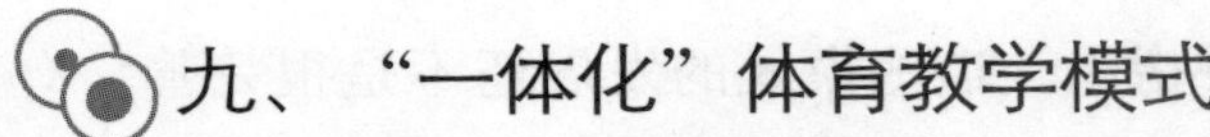

九、“一体化”体育教学模式

这种教学模式的特征是，在教学指导思想方面，侧重于增强学生体质和培养体育锻炼的习惯，其教学组织形式是把早操、课外体育活动与体育课程的教学有机地结合起来。这种教学模式的优点是使体育教学和课外体育活动有机地衔接，加强了体育教学的整体性，有利于培养学生体育锻炼的习惯，提高学生的身心健康水平，也能使学校的体育场地和器材设施得到充分的利用。

十、“超市型”高校体育教学模式

“超市”经营的核心理念就是由“卖方市场走向买方市场”。这种转变使部分理性的消费者感到物有所值。高校体育教学当然不是作“生意”，但其双边关系、主体和主导问题却是我们一直在研究的问题。“超市型”体育教学理念对我们的启示是要建立以学生为主体的体育课堂教学新格局，让学生充分表现自己的体育才能，发挥自己的个性，真正成为课堂教学的主人。学生成为课堂的主人还表现为学习的自觉性、积极性、主动性和创造性得到充分的发挥。当然，这需要科学设计、合理规划，只有这样才能做到“五个解放”，即解放学生的大脑，让他们多想一想；解放学生的双手，让他们多做一做；解放学生的嘴巴，让他们多说一说；解放学生的眼睛，让他们多看一看；解放学生的空间，让他们多动一动（陶行知语）。这五个解放思想和“超市型”的理念对现行的体育课堂教学模式是强有力的挑战。

以上，我们所归纳的都是一些相对独立的有特色的模式。这些模式是为了更有利于实现某些教学目标。但是我们建立的模式不是体育教学改革的终极模式，它还会随着我国体育教学改革的深入不断发展。在对这些教学模式进行了初步探讨之后，我们还需要指出，这些模式的发展还不是很完善，有待于继续深入探索。从发展的角度看，突破教学模式，也是教学和研究的需要，“建模”是为了“无模”说的就是这个道理，“建模”表示一种相对的成熟和稳定，“无模”是一种突破和发展。根据新的学校体育思想，我们应善于总结教学经验，使体育教学模式的发展更加完善。

第五章　田径运动训练的理论与方法

第一节 田径体能训练的基本原则

科学的运动训练不仅需要掌握训练理论，也要掌握人体生理机能的变化规律。合理地安排运动训练的各个要素，可使机体产生最佳的反应，实现最佳的训练效果。训练原则是运动训练过程客观规律的反映，是运动训练过程必须遵循的基本要求。体能训练原则是依据体能训练活动的客观规律而确定的组织体能训练所必须遵循的基本准则，是训练活动客观规律的反映，对训练实践具有普遍的指导意义。

一、自觉性原则

自觉性原则是指在训练过程中，运动员在教练员的教育和引导下，自觉、主动地学习和运用有关知识和技能，加深对训练目的的认识，掌握运动技能，提高竞技能力，独立自主地参与规划和制定训练计划以及进行比赛和采用正确的决断。

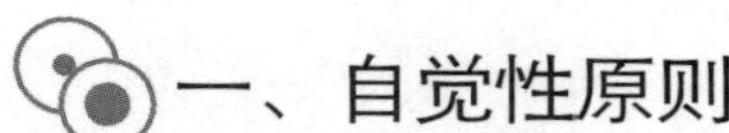

（一）理论依据

运动员是训练过程的主体，是知识、技能的接受者。当运动员正确认识到从事训练的目的、意义和作用，充满着对未来发展的美好愿望时，才能激发出他们接受长期艰苦的运动训练和比赛的积极情绪。运动训练的本质是对体力负荷建立适应的过程，而且功能和潜力的充分动员有助于在更高水平上建立适应。如果运动训练是运动员被迫的、无奈的选择，则所有正常的身体和心理负荷都会成为难以逾越的困难，从而使运动员产生消极情绪，功能和潜力的发挥就会受到抑制。

（二）基本要求

1. 正确的价值观教育

教练员要善于启发诱导运动员，通过各种教育学及心理学的手段，进行训练的目的性教育，逐步树立运动员自觉训练的态度和动机，帮助运动员了解国内外体育运动的发展状况以及使运动员认识到获得优秀运动成绩对振奋民族精神及对国家、家庭及个人的重要意义。

2. 教练员的主导作用

教练员在训练过程中的主导作用主要体现在正确地安排训练过程和运动员的活动，使其能够发展成为独立思考和行动的人。因此，教练员除关注具体训练外，还要注意关心运动员智育与德育的发展，尽可能地组织运动员参与谈论训练的目标并预测可能的前景。教练员要善于提出问题和要求，特别是要善于开发运动员的智能，提高他们有关训练学的理论知识水平。在此基础上吸引他们参加训练计划的制定，明确训练手段的作用及训练方法的意义。同时，教练员要培养运动员的道德品质，使其积极完成训练和比赛任务，发扬自觉配合和自我牺牲的精神。有意识地培养运动员独立思考的能力，提高运动员在各种复杂的环境及社会条件下较好地控制自己的思想、行为和动作技术的自控能力和应变能力。另外，教练员自身的榜样作用不容忽视，其要注意自己的言行，克服简单、粗暴的态度和做法，并以自己的知识、能力和表率作用以及指导运动员通过有效的训练取得优异运动成绩来建立权威，取得运动员的信任，并以此激发运动员训练的积极性。

3. 运动员的主体作用

自觉性教育的一个重要方面是提高运动员在各种复杂的环境条件及社会条件下，较好地控制自己的思想、行为和动作技术的自控能力和应变能力以及自我负责等品质，其表现形式为心理上的稳定性。这种心理的稳定性以及高度的智力和竞技能力，对运动员起着决定性作用。运动员应该把教练员的指导作为不断提高自己竞技能力的方法来理解，从而保证自己能够主动地克服训练中所遇到的困难。

4. 满足运动员合理的需要，正确地运用动力

教练员要关心运动员的生活，安排好他们的衣食住行，创造良好的人际环境，尽可能使他们有安全感，引导运动员形成自我实现的更高层次需要，使他们产生积极从事训练和比赛的动机。

二、一般训练和专项训练相结合原则

一般训练和专项训练相结合原则是指在运动训练过程中，教练员根据运动项目的特点、运动员的水平、不同训练时间、阶段的任务，恰当地安排一般训练和专项训练的训练比重。一般训练是指在运动训练过程中，以多种身体练习、训练方法和手段全面提高运动员的各器官系统的机能，发展运动素质，改善身体形态和心理品质，教练员掌握提高专项的其他项目的运动技术和理论知识，可以使运动员的专业素质、技术、战术以及心理品质得到最大幅度的提高，为创造优异的专项成绩打下坚实的基础。专项训练是指在运动训练过程中，以专项运动本身的动作及比赛性练习，以及与专项运动动作相似的练习，提高专项运动水平所需要的各器官系统的机能，发展专项运动素质和心理品质，掌握专项运动的技术、战术、理论知识。专项训练目的在于最大

限度地提高运动员的专项成绩。

一般训练是为专项运动成绩的提高打下良好的运动素质、技术战术、心理品质的基础；专项训练则是直接为创造优异的专项成绩而服务。但一般训练和专项训练的目的一致，它们既相互促进，又相互制约。在训练实践中，教练员要根据运动员的不同水平和层次的实际情况，在训练过程的不同时期和阶段，合理地安排好一般训练与专项训练的比重。

（一）理论依据

1. 人是一个有机的整体

人是一个有机的整体，各器官之间紧密联系又相互影响。在训练过程中，运动负荷给予机体施加的刺激使各器官系统产生的适应性变化也是相互联系、相互作用的。任何一种专项运动本身对运动员各器官系统机能的影响都在不同程度上有一定的局限性。运动员进行一般训练时，采用多种练习内容、方法和手段可以补充专项训练的不足，从而促进各器官系统的全面提高，为运动员创造优异的运动成绩打下良好的基础。

2. 各运动素质的发展相互转移

力量、速度、耐力、柔韧和灵敏等运动素质不是孤立存在和发展的，它们相互促进、相互制约，在素质发展过程中相互转移。运动素质转移是指由于某一种素质的发展影响到另一种素质的发展，它包括直接转移和间接转移、良好转移和不良转移、同类转移和非同类转移以及可逆转移和不可逆转移等。

3. 一般训练对专项训练的调节作用

专项训练的内容、方法和手段主要是专项运动本身，过多地进行专项训练，容易引起有机体局部负担过重和中枢神经系统的疲劳。教练员安排运动员做适当的一般训练，则能起到积极的调节作用，从而更好地提高专项训练的效果。

4. 专项训练提高成绩的作用

一般训练只能起基础和调节作用，而运动训练的目的是挖掘运动员的潜能，创造优异的运动成绩，因此，只有通过专项训练才能保证运动员掌握专项技术和战术，发展专项所需的机能能力和运动素质。

（二）基本要求

1. 一般训练的内容和手段的选择必须考虑全面性和实效性

由于受到训练时间、专项特点、训练条件的限制，一般训练的内容应少而精，既要对专项素质产生良好的影响，又要形成和巩固在运动中起辅助作用的战术等。

2. 一般训练既要全面又要反映专项化的特点

全面是指通过一般训练来发展运动员的各种机能能力和运动素质。虽然一般训练发展的不是专项训练所特有的能力，但同样对专项成绩起积极作用。因此，教练员在练习内容和时机的安排上，要注重运动素质和运动技能的转移。

3. 一般训练和专项训练应保持适宜的比例

一般训练和专项训练的安排存在一定的矛盾，由于各运动专项具有不同的特点，不同层次运动员的训练水平、运动年龄、训练任务等不同，一般训练和专项训练的组成比例也不同。值得注意的是，尽管在运动训练的过程中，人体机能和形态被进一步改造的空间是逐步减少的，但在运动员训练的高级阶段，一般训练仍然具有重要的作用。

4. 一般训练和专项训练的结合要考虑与练习之间的关系，形式要灵活多样

各种练习要达到良好的训练效果都有必要的训练前提，比如速度和力量性练习需要神经系统有良好的兴奋性和充足的能量物质储备，才能取得良好

的效果。同时，由于各种练习后机体恢复过程时间的不一样，所产生的后效作用保持时间不同，因此要考虑课与课、练习与练习的搭配顺序和间歇时间。

综上所述，一般训练和专项训练是训练过程中不可缺少的两个方面。任何一个方面的减弱，都会导致运动训练效果的减弱，甚至失败。因此，教练员应该将一般训练和专项训练有机地结合起来，从训练的对象、项目特点及不同训练实际出发，恰当地安排好两者的比例关系。

三、系统训练原则

系统训练原则是指持续地、循序渐进地组织运动训练过程的训练原则。这一原则的确立与运动训练过程的连续性和阶段性的基本特性密切相关。系统训练原则强调运动员只有长时间、持续地进行训练，才有可能攀登竞技运动的高峰；同时又强调在一般情况下，必须循序渐进而不是突变式地增加训练负荷，才能获得理想的训练效果。

（一）理论依据

（1）各运动项目竞技能力各要素的发展都有各自的体系和内在联系，反映了各运动项目由低到高、由易到难、由简到繁发展的规律。因此，教练员要根据运动项目体系及其内在联系，以一定的顺序安排运动员的训练内容、选用训练方法和手段，使运动员循序渐进地掌握技术、战术，提高运动员的身体素质，并逐步提高要求，才能取得良好的训练效果。

（2）人体生物适应的长期性。包括体能在内的构成运动员竞技能力的各个部分，均需要经过长时间的训练才能得到明显改善和提高。运动员体能的改变要以运动员形态和机能系统的提高为基础，从而表现出高度发展的运动素质。运动员有机体对训练负荷的生物适应必须通过有机体自身的各个系统、各个器官等的逐步改造才能形成。

（3）训练效应的不稳定性。运动员在负荷作用下所提高的竞技能力具有不稳定的特点，当训练的系统性和连续性遭到破坏而出现间断或停训的时候，已经获得的训练效应也会消失，甚至完全丧失。为避免这种情况，必须在训练效应产生并保持一定时间的基础上重复给予负荷，使得训练的效应得到强化和累积，并不断改进和完善。

（4）人体生物适应的阶段性。人体在训练负荷下的生物适应过程具有长期性、阶段性。机体对一次适宜训练负荷的反应可分为工作、疲劳、恢复、超量恢复和训练效应消失等几个阶段。在更长一段时间的跨度内，如几个月至一年的训练过程中，运动员机体能力的变化同样经历着不同的阶段，即竞技状态的形成、保持和消失三个阶段。

（二）基本要求

（1）运动训练过程的组织实施是按照阶段性的特点，有步骤、有秩序地进行，这一步骤的排列有其固有的程序。运动员坚持多年的不间断训练，能够使有机体所产生的一系列适应性良好变化获得长期的积累，训练水平得到提高。系统训练原则要求训练过程的每次课、每个小周期、每个训练时期以至每个训练大周期都与上一次课、上一小周期、上一训练时期和上一大周期有机地联系起来，使之在原有基础上不断提高。训练内容、方法和手段的选择应以各训练时期、阶段具体训练任务为基础，教练员应充分考虑它们之间的内在联系和本身特点，按照从易到难、从浅入深、从已知到未知的要求进行安排。

（2）为保证训练过程系统不间断地进行，教练员要使训练的各阶段有机地衔接起来，运动员系统的多年训练活动，必须以健全的训练体制作为保证。如我国的三级训练体制，包括中小学课外训练、业余体校和竞技运动学校的

训练，以及优秀运动队的训练三个层次。三级训练体制担负着训练过程中不同阶段的训练任务。各训练的组织形式之间需要密切配合，在内容的安排、训练和比赛的要求以及所承担的具体任务上都要结合起来。

（3）训练过程中，教练员要充分注意并采取有力措施防止运动员发生运动损伤。这是因为运动损伤会影响训练的系统性和连续性，产生伤病还会使训练长期中断，甚至影响运动员的运动寿命。

四、适宜负荷原则

适宜负荷原则是指根据运动员的现实情况和提高运动员竞技能力的需要，在训练中给予相应量度的负荷，以取得理想训练效果的原则。运动员在训练中承受了一定的运动负荷后，必然会产生相应的训练效应。但不是施加了运动负荷就一定会产生良好的训练效果。因此，教练员要合理地安排运动负荷，应能够根据训练任务、对象水平，逐步且有节奏地按照人体机能的适应规律加大运动负荷，直至最大限度；要求训练中遵循“加大→适应→再加大→再适应”的规律去安排运动负荷；负荷的递增是在一定的生理变化范围内，通过人体适应过程的规律实现的。

（一）理论依据

1. 超量恢复规律

在运动训练的过程中，运动员有机体对做运动负荷的反应一般为：耐受→疲劳（能量消耗）→恢复→能量补偿（恢复）→消退。训练后若安排有足够的恢复时间，在身体结构和机能重建完成后，运动中所消耗的能量等物质以及所降低的身体机能不仅能得以恢复，而且会超过原有水平，这种现象称作“超量补偿”或“超量恢复”。由于超量补偿所导致的机能改善称之为“训练效果”，产生尽可能多的训练效果是运动训练的目的。在一定的生理范围内，运动负荷的刺激越大，机体能量消耗就越多，疲劳程度就会越强烈。运动负荷解除后，如果能科学地安排一定的休息时间和方式，那么能量物质的恢复就会加快，产生“超量恢复”的水平就会增高，人体在此基础上所表现出的运动能力就会越强。

在训练实践中，对机体的负荷通常都是连续施予的，几次负荷之间不同的间隔与联系会产生不同的效应。如果在前次负荷后机体的超量恢复阶段再施予负荷，会使机体水平不断提高；而如果前次负荷后运动员的机体还没有得到恢复便再次施予负荷，就会导致机能水平的下降。

2. 生物适应规律

适应性是生物体最基本的生理特征之一。适应性表现在若长期施加某种刺激，机体会通过自身形态、结构与机能的变化以适应这种刺激。人体对训练刺激的适应也不例外。有机体在生理极限范围内承受一定负荷的过程中会产生某种适应性反应。当有机体适应这一负荷后，会出现“机能节省化”现象。如果一段时间内，负荷刺激仍停留在原有水平上，有机体的机能水平也就会停留在原有水平上。因此，只有在适应的基础上，通过不断加大运动负荷，对机体施加不断的强烈刺激，才能使机体不断获得新的适应，从而提高运动员的竞技能力水平。

3. 过度负荷

过度负荷是指超过运动员承受能力，导致运动员机体产生严重劣变的训练负荷。训练过程中，如果施加于运动员的训练负荷超出运动员在该时相所能够承受的负荷极限，机体各系统功能的正常运行就会遭到破坏，甚至会造成组织损伤等病理性劣变，破坏已经获得的积极的训练效果，还会损害运动员的身心健康。因此，在训练过程中，教练员要科学分析运动员机体承受负荷的最大能力，避免盲目过大或过多地施加运动负荷。

（二）基本要求

运动负荷是训练过程中，通过各种身体练习手段与方法，以及比赛对运动员有机体（生理与心理）所施加的刺激。运动成绩来自于运动负荷的作用，是运动负荷所产生效应的综合结果。

1. 正确理解负荷的构成

运动负荷应包括定性和定量两部分，只有对训练手段和方法定性后，再做定量，才能对运动负荷做出正确的计量。

（1）运动负荷的定性包括以下三个方面：

①运动负荷的专项性。专项的特点是随着运动成绩水平的不断提高而不断变化的。专项训练是提高运动成绩的直接因素，是运动员取得理想成绩的唯一途径。

②运动负荷对能量供应系统的作用方向。一切人体运动都需要通过肌肉的收缩来实现，肌肉运动的能量供应有磷酸原系统、乳酸能系统和有氧氧化三个系统，它们分别参与不同工作时间、不同工作强度、不同能量需要的运动。训练的重点是根据项目要求的不同，发展相应的能量供应系统。因此，确定练习时肌肉工作主要以哪些供能系统产生作用是运动负荷定性的内容之一。

③动作协调的复杂程度。协调性的复杂程度是训练中客观存在的。在周期性运动项目中动作协调的复杂程度比较单一，对运动负荷的影响不大；但跳跃或投掷类项目，协调性的复杂程度则决定着运动负荷大小与比赛的效果。协调性的复杂程度越高的练习，有机体承受的负荷就越大。要对此做出量化的定性，难度较大，目前在很大程度上还是经验性的评定。

（2）运动负荷的定量是指运动训练过程中的任何一个运动负荷都包含着

负荷的量与强度这两个方面。前者反映运动负荷对机体刺激的量的大小，后者反映运动负荷对机体刺激的深度。

①运动负荷量的评价指标一般为次数、时间、距离、重量等。次数是指训练中重复练习的次数；时间是指统计单位中（一种练习、一次课、一周、一年或其他单位）训练的总时间；距离是指完成各种周期性练习的距离；重量是指完成练习的总负重量。

②运动负荷强度的评价指标是指通过练习的速度、远度、高度、单位练习的负重量或练习的难度予以衡量。这些测量的方法和指标分别适用于不同的运动项目和不同的练习。

2. 正确认识运动负荷刺激的生理临界水平

运动负荷量的增加会带来良好的训练效果，而且越接近运动员承受能力的极限，运动效果就越明显。运动负荷的大小是相对的，是由人体存在的个体差异及个体在不同时期承受运动负荷最大限度的能力所决定的。科学地安排运动负荷，其前提就是科学地分析每一阶段每位运动员所能承受运动负荷的生理临界水平及其变化阈值。作为教练员，只有掌握这一临界线的动态变化特点，才能使负荷安排做到有的放矢，富有针对性。运动负荷量度临界值的大小既随着运动员的发育程度、竞技水平等较为稳定的状态的变化而变化，也受到运动员健康状况、日常休息、心理状态因素的影响。因此，测定评价运动负荷刺激的生理临界必须有充分的科学依据。

在实践中，掌握运动负荷的生理临界线需要借助生理生化指标进行分析。运动负荷刺激的临界点很难把握，需要教练员不断在实践中探索。在对运动负荷极限的认识还不具备把握的情况下，应注意避免过度训练的出现。

3. 正确处理负荷量与负荷强度的关系

运动负荷量和运动强度构成了运动负荷的整体，它们彼此依存又相互影

响，由于运动负荷的表现形式多种多样及组合方式不同，处理好两者关系是正确安排运动负荷的关键。任何运动负荷量都是以一定的强度为条件而存在的，任何运动负荷的强度又都以一定的运动负荷量为其存在的必要基础。一个方面的变化必然会导致另一个方面的相应变化，因此，在分析运动负荷的大小时，一定要综合考虑这两个方面。

4. 训练过程的监测与控制

训练过程中负荷安排不当是造成运动损伤、过度疲劳的主要原因之一，因此在训练过程中要注意及时把握不同时期运动员的竞技能力状况，运用综合方法和手段建立科学的诊断系统，选取可靠的指标，分析训练过程和训练效果，及时准确地判断负荷的适宜度和恢复程度以及训练实际效果与预期目标的偏离情况，并进行及时调控，使训练始终围绕预定计划进行，从而保证最佳的训练效果。

第二节　田径运动类项目的基本技术

一、跳远

跳远是通过快速的助跑和有力的起跳，采用合理的腾空姿势和动作，使人体腾跃尽可能远的水平距离的运动项目。它能有效地提高速度，发展弹跳力和协调性，增强神经系统、循环系统和运动器官的机能，培养勇敢、顽强的意志品质。

跳远起源于远古人类猎取或逃避野兽时跨越河沟的活动，后成为军事训练的手段。跳远为公元前 708 年古代奥运会五项全能项目之一。现代跳远运动始于英国。男、女跳远分别于 1896 年（第一届奥运会）和 1948 年（第十四届奥运会）被列为奥运会比赛项目。

如图 5-1 所示，跳远技术包括助跑、起跳、腾空和落地四个环节。

图 5-1 跳远技术包括的四个环节

（一）助跑技术

（1）助跑的任务是获得最大的水平速度，为准确踏板和迅速有力的起跳做好准备。

（2）助跑的起动方式有原地起动和行进间起动两种。前者更适合于初学者。

（3）助跑常用的加速方式有两种，即平稳加速（也称为逐渐加速）和积极加速。平稳加速方式：开始步频较低，然后逐渐加大步长或在保持步长的基础上提高步频，加速过程均匀平稳，时间较长。其助跑动作比较轻松，起跳的准确性好，成绩比较稳定。积极加速方式：上体前倾较大，步频始终保持较高的水平。其助跑动作比较紧张，起跳的准确性差，适合于绝对速度较快的运动员。

（4）助跑距离指从助跑起点到起跳脚踏上踏跳板的距离。一般而言，技术水平越高，速度越快，助跑距离越长。男子助跑距离 35 ~ 45 米，18 ~ 24 步；女子助跑距离约 30 ~ 35 米，16 ~ 18 步。助跑距离并非固定不变，可以根据环境条件的变化和个人身体情况进行相应的调整。

（5）助跑节奏表现为对步长、步频变化的控制，以利于最高速度的发挥及利用。跳远助跑的最后几步呈加速状态，身体重心适当下降，为快速起跳做好准备。

（二）起跳技术

起跳的任务是利用助跑所获得的最高速度，瞬间创造尽可能大的腾起初速度（由助跑、起跳所产生的水平速度与水平速度合成的）和适宜的腾起角度，使身体充分向前上方腾起。

起跳是跳远技术中最重要的环节。如图 5-2 所示，起跳的动作过程可分为起跳脚着地（上板）、缓冲和蹬伸三个阶段。着地要迅速且富有弹性，缓冲时及时地积极地前移身体，蹬伸是爆发式动作，要快而有力。

起跳时，抬头挺胸，上体正直，提肩、拔腰，髋、膝、踝三个关节要充分蹬直，蹬摆配合要协调，一致用力。

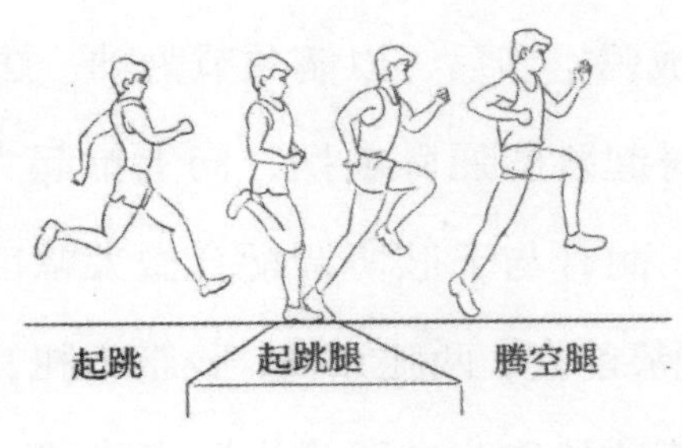

图 5-2　起跳动作

（三）腾空技术

腾空阶段指起跳后人体在空中维持身体平衡，完成各种动作的阶段。如图5-3所示，跳远的腾空动作目前主要有三种姿势：蹲踞式、挺身式和走步式。

图 5-3 跳远腾空动作的三种姿势

（1）蹲踞式。起跳成腾空步（起跳结束时，身体姿势在空中的延续）后，上体保持正直，摆动腿继续向上摆动，起跳腿顺势屈膝前摆，逐渐靠近摆动腿，使两腿屈膝在空中成蹲踞姿势。然后收腹举腿并前伸小腿，两臂由后向前摆动，使身体重心前移，顺势落地。

（2）挺身式。起跳成腾空步后，摆动腿下落，膝关节伸展，小腿由前向下向后呈弧形摆动，两臂下垂经由体侧向后上方绕环摆动，起跳腿自然回摆与摆动腿靠拢，形成空中挺胸展髋的姿势。继而收腹举腿，大腿向胸部靠拢，小腿前伸，两臂上举或后摆，顺势落地。

（3）走步式。起跳成腾空步后，以髋关节为轴，摆动腿，大腿带动小腿，由前向后下方摆动。同时起跳腿屈膝前摆，向上抬起大腿，前伸小腿，在空中自然地完成换步动作。两臂与下肢协调配合做大幅度直臂绕环摆动或自然前后摆动，然后摆动腿顺势前摆，两腿靠拢，收腹举腿，前伸小腿，顺势落地。在空中完成一次换步后落地的称为“两步半”走步式，完成两次换步后落地的称为“三步半”走步式。

（四）落地技术

落地阶段指腾空后落入沙坑的着地动作阶段。其任务是选择合理的技术，获得较大的跳跃距离，并防止伤害事故的发生。

完成腾空动作后，收腹举腿，小腿前伸，脚尖勾起，两臂向后摆动。脚跟触及沙面后，迅速屈膝缓冲，臀部顺势前移，两臂由后向前摆动，上体前倾，成团身姿势，平稳地落入沙坑。

此外，落地时，还可以采用侧倒式。脚跟着地后，一条腿保持稍紧张状态支撑沙地，另一条腿放松，上体顺势向放松腿的前侧方卧倒。

二、推铅球

推铅球是一种速度力量型投掷项目，它协调利用人体全身力量，以最快的出手速度，将铅球从肩上锁骨窝处单手推出。它能有效地增强躯干及四肢尤其是腰背的肌肉力量，提高速度，发展协调性，培养坚韧、沉着的意志品质。

推铅球起源于古代人类用石块猎取禽兽或防御攻击的活动，大致经历了投掷石块、投掷炮弹和推铅球三个阶段。现代推铅球运动始于 14 世纪 40 年代欧洲炮兵闲暇期间推掷炮弹的游戏和比赛。铅球的制作经历了用铅、铁以及外铁内铅的过程。推铅球的技术大致经历了四个阶段的演变：原地推铅球、侧向滑步推铅球、背向滑步推铅球、旋转推铅球。

正式比赛时，男子铅球的重量为 7.26 千克，直径为 11 ~ 13 厘米；女子铅球的重量为 4 千克，直径为 9.5 ~ 11 厘米。投掷圈直径为 2.135 米，前缘装有抵趾板。扇形有效落地区的角度为 34.92° 。男、女铅球分别于 1896 年（第一届奥运会）和 1948 年（第十四届奥运会）被列为奥运会比赛项目。

如图 5-4 所示，背向滑步推铅球的技术要领包括(以右手为例)、预备姿势、滑步、最后用力及缓冲。

图 5-4　背向滑步推铅球技术要求

（一）握球和持球

如图 5-5 所示，五指自然分开，球体置于食指、中指和无名指的指根处，拇指和小指扶住球体两侧，手腕后屈，防止球体滑动并便于控制出球的方向。

手指力量较强者，可将球适当移向手指上方，有利于拨球和发挥手腕的力量。

握好球后，将球放在右肩锁骨窝处，紧贴颈部，掌心向前，右臂屈肘，肘部稍外展且略低于肩，上臂与身体的夹角约为 45°。

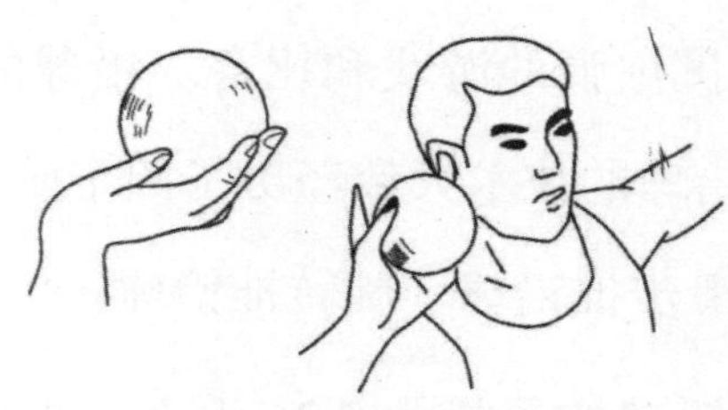

图 5-5　握球和持球

（二）预备姿势

预备姿势是滑步前的准备动作，目的是为协调、平稳地进入滑步创造条件。

（1）高姿势。如图 5-6 所示，持球后背对投掷方向，两脚前后开立，相距约 204 ~ 30 厘米。右脚尖靠近投掷圈后端内沿（脚也可稍向内转），体重主要落在伸直的右腿上；左腿在后自然弯曲，以前脚掌或脚尖着地；上体放松，头部和躯干保持正直，左臂自然上举。

（2）低姿势。如图 5-7 所示，持球后背对投掷方向，两脚前后开立，相距 50 ~ 60 厘米（根据身高和下蹲的程度而定）。两腿弯曲（弯曲程度视个人力量而定），体重落于右腿上。右脚尖贴近投掷圈后端内沿（脚也可稍向内转），左脚在后，以前脚掌或脚尖着地。左臂自然下垂，左肩稍向内扣，上体前屈与地面平行，两眼目视前下方。铅球的投影点在右脚的右侧前方。

图 5-6　高姿势

图 5-7　低姿势

（三）滑步

滑步使铅球获得一定的水平方向的预先速度，并使身体形成最后用力的有利姿势。滑步前可以先做一两次预摆（也可不做），以改变身体的静止状态。预摆时，左腿自然弯曲，大腿用力向后上方摆起，右腿伸直，同时上体前屈，左臂微屈前伸或下垂并稍向内，头与背保持一条直线。当左腿摆至与地面平行时，回收左腿，同时右腿弯曲，形成屈膝团身的姿势（图 5-8）。

图 5-8　滑步

如图 5-9 所示，当左腿回收靠近右腿时，臀部后移。左腿向投掷方向快速摆出，同时右腿用力蹬伸。当右脚蹬离地面后，迅速拉收小腿并向内转动，用前脚掌着地，落于圆心附近。同时左脚积极下落，以前脚掌内侧落在圆圈直径的左侧。两脚着地时间相隔越短越好。此时肩轴与髋轴呈扭紧状态，左脚尖与右脚跟约在一条直线上 (对投掷方向而言)。

图 5-9　滑步技术要领

滑步过程中左臂和左肩保持内扣，头部保持向右后方的姿势，以保证上体处于扭紧状态。

（四）最后用力

最后用力阶段为从左脚落地到铅球出手。左脚落地瞬间，右腿继续向投掷方向转动并积极蹬伸，转髋转体。同时上体逐渐抬起，左臂向胸前左上方摆动，左肩高于右肩，大部分重心仍落在弯曲而压紧的右腿上，身体呈“侧弓状”（图 5-10）。

图 5-10　最后用力阶段 1

随着右腿蹬伸，右髋和右肩前送，身体重心由右腿快速移至左腿（图 5-11）。随即两腿充分蹬伸，抬头（稍有后仰），屈腕且稍向内转，右臂迅速而有力地将球推出（图 5-12）。

图 5-11　最后用力阶段 2

图 5-12　推出铅球的动作

（五）缓冲

铅球出手后，右腿随势而摆，着地于左脚附近，左腿后摆，两腿交换并弯曲，以降低身体重心，缓冲向前的冲力，维持身体平衡，防止出现犯规。

三、中长跑

（一）起跑技术

田径竞赛规则规定中长跑比赛必须采用站立式起跑，而且起跑时双手不得触地，双脚必须与地面接触。中距离跑一般采用低姿的站立式起跑；长距离跑则采用高姿的站立式起跑。发令前要求运动员站在起跑集合线后，听到“各就位”口令后，先做一两次深呼吸，然后走或慢跑到起跑线后。

1. 低姿站立式起跑

两脚前后站立，前腿的脚紧靠起跑线后沿，前脚跟和后脚尖之间的距离为一脚到一脚半，两脚左右的间隔约半脚长，体重大部分落在前脚上，后脚用前脚掌支撑站立，两腿弯曲，上体前倾，前脚的异侧臂自然弯曲在体前，同侧臂在体侧自然后伸。头自然与躯干保持在一条直线上，眼向前看 3 ~ 5 米处，保持身体稳定，静候枪声。

2. 高姿站立式起跑

两脚的前后距离一脚左右，体重大部分落在前脚上，两腿微屈，上体稍前倾。前脚异侧臂自然弯曲下垂，同侧臂自然弯曲于体侧，静候枪声。

运动员听到枪声后，两腿用力蹬地，后腿蹬地后以膝领先向前摆出，脚不要离地太高，两臂屈肘配合两腿的蹬摆做快速有力的前后摆动，迅速迈出第一步。

（二）加速跑技术

在中长跑项目中，加速跑的任务是根据战术需要抢占有利位置，并在较短的时间内达到预定的速度并转入中长跑。加速跑的距离应根据项目、个人训练水平、战术、参加人数而定。一般情况是比赛距离越长加速跑的距离越短。加速跑阶段，要求摆腿和后蹬的动作都应迅速积极，逐步过渡到途中跑。

中长跑起跑后的加速跑阶段，不需要像短跑那样激烈、迅猛。再者，有较多的中长跑比赛项目是不分道进行。这就要求运动员在起跑阶段，应根据自身和对手的情况，占据一个适合自己需要的位置。

（三）途中跑技术

为了减少着地时产生的阻力，应以“扒地”式的着地方法将脚落在离身体重心投影点较近的地方。前脚掌着地时，着地腿的膝关节是稍微弯曲的，脚跟和膝关节几乎在一条垂线上。脚着地后，小腿后侧肌群和大腿前侧肌群应积极而协调地退让，以减缓着地的制动力，并为后蹬创造有利条件。在缓冲的过程中，应迅速屈踝、屈膝和屈髋，其中屈膝起着主导作用。

当身体重心移过支撑点以后，一腿开始后蹬，同时另一腿开始前摆的动作。这时摆动腿膝关节迅速有力地向前上方摆出，带动同侧骨盆前送，支撑腿快速有力地伸髋、伸膝、伸踝关节，最后通过脚掌过渡到脚趾蹬离地面，形成摆动腿与支撑腿的协调配合。后蹬结束时，后蹬腿的膝关节不是完全伸直的，其角度在 160° ~ 170° ，蹬伸结束后应快速向前摆腿。

后蹬腿蹬离地面后，人体进入腾空阶段。此时大腿迅速向前摆出，小腿自然顺势摆起向大腿靠拢，摆至支撑点垂直上方时，形成大小腿折叠的姿势。然后大腿继续向前上方摆动。脚着地前，摆动大腿积极下压，小腿顺势前摆，为完成“扒地”式的着地动作做积极准备。脚着地时用前脚掌或前脚掌外侧先着地，然后过渡到全脚掌着地。着地时，脚尖应正对跑进的方向，不应偏离。大小腿的充分折叠缩短了摆动半径，不仅能加快摆动的角速度，同时使大腿前摆省力。

中长跑时运动员为了改善气体交换和血液循环的条件，满足所需要的通气量，需要掌握正确的呼吸方法和节奏。呼吸的节奏应和跑的节奏相结合，一般是一步一呼，一步一吸，两步一呼，两步一吸；或者三步一呼，三步一吸。这些方法都需要注意呼吸深度，要保证充分的呼气与充分的吸气。呼吸时要用鼻和半张开的口同时进行，最大限度地满足机体对氧气的需要。

人的内脏器官机能具有惰性，在中长跑的过程中，氧气的供应暂时落于肌肉活动的需要，跑一段距离后会不同程度地出现气喘、呼吸困难、胸闷、动作无力现象和跑速降低等疲乏感觉，这种现象在生理上叫“极点”。极点是激烈运动开始阶段心血管系统机能变化与运动器官活动强度之间不相适应的生理现象。它与训练水平、准备活动的程度、跑的强度、内脏功能适应激烈运动的能力等都有关系。训练水平高的运动员，“极点”表现不明显，时间也短，或者整个比赛中不出现“极点”现象。当“极点”出现时，适当降低跑速，注意加速呼吸，应以顽强的意志力坚持跑下去。因此，对于“极点”的克服，不仅是提高训练效果的过程，也是锻炼个人承受能力的过程。

（四）终点跑技术

终点跑是全程结束前最后一段距离的冲刺跑。其距离要根据项目特点、训练水平、战术需要及比赛具体情况而定。

中长跑终点跑的动作要求基本上和短跑相同。略有不同的是，中长跑终点跑的距离比短跑要长，而且要根据个人余力、场上情况和战术要求来确定。一般情况下，800 米可在最后 150 ～ 200 米处开始冲刺，1500 米可在最后 250 ～ 300 米处开始冲刺，3000 米以上可在最后 200 ～ 600 米处开始逐渐加速过渡到冲刺跑。冲刺跑时，运动员应适当加大躯干前倾的角度，手臂用力前后摆动，主动加大摆臂的幅度，加快摆臂的频率，从而有助于加大下肢的动作幅度和频率，动员全部力量，以顽强的毅力冲向终点。

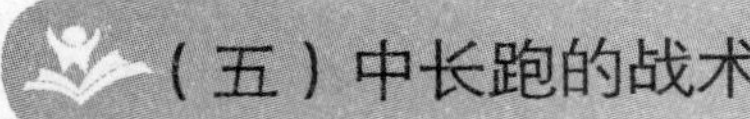

（五）中长跑的战术

由于中长跑比赛时间较长，运动员可以根据比赛的各种不同情况，使用一些提高成绩的战术。一般来说，中长跑比赛中常用的战术有以下几种。

1. 夺标战术

为了夺取某项名次而不考虑创造优异成绩安排的战术，要求运动员根据比赛的具体情况采用跟随跑，节省体力，用最后冲刺的方法获得较好的名次。

2. 创纪录战术

为了创造最好成绩而不考虑名次得失所安排的战术，这种跑法必须具备较强的实力。

3. 匀速跑战术

除了起跑后加速跑和最后冲刺外，跑程中基本上采用较高速度的匀速跑。

4. 变速跑战术

一般情况下，通常是领先者为了甩掉对手采用的跑法，用以打乱对手跑的节奏，消耗对手的体力，该战术的跑法是突然加速或突然减速，所以非常消耗运动员的体力。

5. 跟随跑战术

运动员出发后始终跟随在领先者后面，力争在最后冲刺阶段奋力超越对手，率先通过终点，这种战术通常为速度好而耐力相对稍差的运动员所采用。

6. 领先跑战术

运动员出发后占领领先位置，并尽力保持较高速度，直至领先到达终点的一种跑法，这种方法一般为速度稍差而耐力好的运动员所采用。

四、接力跑

接力跑是队员之间相互配合的一种集体竞赛项目。与短跑类似，要保证快速跑进中完成较短距离的交接动作。接力跑成绩的好坏，不仅决定于每个队员单项跑的成绩，而且在很大程度上取决于队员之间的密切配合和传、接棒技术的好坏。

（一）弯道起跑

4×100 米和 4×400 米接力一般都采用弯道起跑（200 米、400 米、800 米、3000 米、5000 米、10000 米等也采用弯道起跑）。

弯道起跑的最后冲刺阶段大都为直道，便于快速冲刺和创造纪录。而且弯道起跑也更易获得加速。因此，弯道起跑时，身体的位置、起跑器安装的位置与直道略有不同。

使用起跑器时，应放在靠近自己跑道的外侧，使两个起跑器抵趾板的平面对着进入弯道切点方向，使起跑出去后能跑成近似直线。运动员在做“各就位”动作时，也应使自己的整个身体面对进入弯道的切入点方向。做“各就位”动作时，左手撑地并不是紧靠着起跑线的后沿，而是撑在离起跑线 5 ~ 10 厘米处。这样可以使整个身体比较自然地面对弯道切点的方向。

起跑时，两条腿要完成蹬、摆配合。右腿向前摆动时，膝关节稍稍有“内扣”的动作，并且右脚落地时，足掌稍稍有内旋动作，用右脚掌内侧部位着地，便于适应弯道跑的要求。

在弯道上进行站立式起跑，运动员完成“各就位”动作的站位时，应站在起跑线的最外侧，然后向内侧线的切点方向跑，起跑第一步的动作与弯道蹲踞式起跑相同。

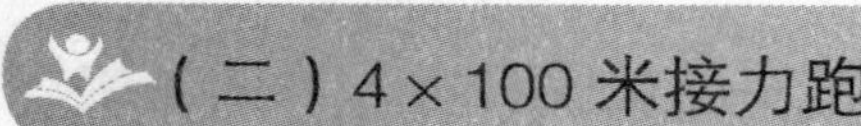

（二）4×100 米接力跑

1. 起跑

第一棒传棒人以右手握棒，采用蹲踞式起跑，按规则规定接力棒不得触及起跑线和起跑线前的地面。接力跑起跑技术和短跑起跑技术相同，但是接力跑在握棒方法上有三种不同的情况（以右手持棒为例）。

（1）右手的食指握住棒的后部，拇指与其他三指分开撑地。

（2）右手的中指、无名指握住棒的后部，拇指、食指和小指呈三角撑地。

（3）右手的中指、无名指和小指握住棒的后部，拇指和食指分开撑地。

2. 传、接棒方法

接力跑的传、接棒方法有上挑式、下压式和混合式。

（1）上挑式。接棒人听到信号时，接棒手臂自然向后伸出，手臂与躯干成 40°～50°，掌心向后，拇指与其他四指自然张开，虎口朝下，传棒人将棒向前上方送入接棒人的手中，这种传棒方法的优点是：接棒人向后下方伸手臂的动作比较自然，传棒人传棒动作也比较自然，容易掌握；其缺点是：接棒后，手已握在接力棒的中部或前部，使后几棒运动员在传、接棒时抓棒前端空间越来越少，致使持棒运动员必须在跑进中调整手与棒的接触部位。因此，这种方法容易造成掉棒并影响快速前进。

（2）下压式。接棒队员听到信号时，接棒人的手臂向后伸，手臂与躯干成 50°～60°，手腕内旋，掌心向上，拇指与其他四指自然张开，虎口朝后，传棒人将棒的前端由下向上“压送”到接棒人手中。这种传棒方法的优点是不易掉棒，其缺点就是接棒人手腕动作比较紧张且不自然。

（3）混合式。运动员采用传、接棒技术要根据实际情况因人而异，在传、接棒时双方要达到默契、精确、保险、快速。跑第一棒队员用右手握棒起跑，沿跑道内侧跑，用“上挑式”将棒传给第二棒队员的左手，第二棒队员接棒后沿跑道外侧跑，用“下压式”将棒给第三棒队员的右手，第三棒沿弯道内侧跑用“上挑式”将棒传给第四棒队友的左手，第四棒接棒后一直跑过终点。这种方法综合了“上挑式”和“下压式”的优点。

无论运动员采用哪一种传、接棒方法，第一、第三棒运动员均应用右手持棒，沿各自分道中线内侧跑进，将接力棒传给第二、第四棒运动员的左手。第二棒运动员左手接棒后，沿各自分道中线外侧跑进，将接力棒传给第三棒运动员的右手。第四棒运动员左手接棒后，沿各自分道中线外侧跑到终点。

3. 传、接棒的时机

接棒队员站在预跑区内或接力区后端，待看到传棒人跑到标志线时便迅速起跑，当传棒人跑到接力区内，离接棒人 15 米左右时，要立即向接棒人发出“嗨”或“接”的传、接棒信号，接棒人听到信号后迅速向后伸手接棒。传捧人完成传棒动作后逐渐减低跑速，待其他道的运动员跑过后离开跑道。

4. 传、接棒的位置

传、接棒的位置可以通过调整接棒运动员的起动标志线（当传棒运动员跑到此标志线时，接棒人开始起跑）来确定。为保证传、接棒动作能在快速奔跑中完成，要准确地确定标志线，标志线是根据传、接棒人的跑速和传、接棒人技术的熟练程度而定。接力跑运动员应该在反复练习中确定传、接棒的最佳位置和接棒运动员的起动标志线。

5. 一个接力区传、接棒技术全过程的各个阶段动作

该技术动作阶段主要是指从传、接棒运动员进入接力区预跑前的标志点起到接棒运动员起动至两个人跑进接力区后半段，完成传、接棒动作为止的动作过程。它可以分为预跑阶段、相对稳定高速阶段和传、接棒阶段，其中以传、接棒过程最为重要。传、接棒阶段是指传、接棒运动员各自以不同的

速度进入接力区，并不断缩短两人之间的距离，直到传棒运动员将棒安全、平稳、准确、顺利地传递到接棒运动员手中的过程。这个阶段又可细分为最靠拢阶段、信号阶段、伸臂阶段、瞄准阶段和交接阶段。

6. 接力跑运动员棒次安排原则

4×100 米接力跑全程由 4 名运动员共同完成，因此，应考虑各棒次对运动员的不同要求安排运动员棒次，尽量发挥每位运动员的特长。一般第一棒应安排起跑技术好并善于跑弯道的运动员；第二棒应安排专项耐力好并善于传、接棒的队员；第三棒应安排专项耐力好并善于传、接棒和跑弯道的运动员；第四棒应安排短跑成绩最好，冲刺跑能力强的运动员。

（三）4×400 米接力跑

4×400 米接力跑的传、接棒技术相对比较简单。但是，由于传棒人在跑近接力区时的跑速已经明显下降，故接棒人应十分注意接棒技术。当传棒人跑近时，接棒人要在慢加速跑中目视传棒人，顺其跑速主动接棒，随后快速跑出。

4×400 米接力跑全部的交、接棒过程，一般在 20 米接力区的前半段或接力区的中间区域内完成。传棒人将棒传出后，应从侧面退出跑道，避免影响其他接棒运动员的跑进。4×400 米接力跑，多采用右手上挑式传递接力棒，但是要注意传、接棒的换手方法。具体来说，主要有以下两种方法：第一种方法是第一棒运动员用右手传棒给第二棒运动员左手，第二棒运动员接棒后换到右手传棒给第三棒运动员左手，第三棒运动员接棒后换到右手传棒给第四棒运动员左手。将棒从左手换到右手一般在跑完第二个弯道进入直道时完成。第二种方法是右手接棒后，立即换到左手，始终是左手传棒，右手接棒。

第三节　田径速度素质训练

一、中长跑类项目的速度训练分析

速度耐力是长时间维持一定较高速度水平的能力，最大速度是指在一定距离内最快的位移速度，运动员最大速度的水平是战术安排和比赛最后阶段决定胜负的关键，但是最大速度素质不是中长跑项目的决定因素。因此，运动员速度的提高必须与影响速度耐力水平提高的其他因素同时协调发展。单一地提高最大速度的速度训练，与短跑运动员的速度训练一样，可能获得最大速度的提高，但其速度转化为速度耐力的比例很小。中长跑运动员既需要非乳酸无氧代谢供能的训练，也需要糖酵解无氧代谢供能训练，这两种供能方式的同时改善才能促进速度耐力水平的提高。

发展非乳酸的速度能力是耐力项目的特殊需要，是在机体处在一定量乳酸堆积的条件下发展运动员的最大速度。实践中，教练员一般安排在专项训练负荷后待运动员体内乳酸含量尚未恢复时，全力进行最大速度的训练。如越野跑后，选用 200 米左右距离的间歇跑。中长跑运动员发展速度素质一般采用接近专项、短于专项、大强度的竞走练习，主要采用短距离的重复跑、加速跑、行进间跑和变速跑等。

中长跑运动员的速度素质对提高专项成绩至关重要，尤其是高速跑能力与冲刺跑能力。在比赛中速度素质决定了运动员成绩的好坏。因此，运动员

要加强速度能力方面的训练。提高高速跑及冲刺跑能力的训练手段有以下几种。

（一）重复跑练习

随着中长跑成绩的提高，运动中肌肉工作的时间减少，而在单位时间内工作强度加大，因此运动能量供应随之产生变化，以适应肌肉工作的需要，例如，800 米跑是 2 分钟内（优秀运动员）完成的最大强度运动，主要依靠无氧代谢供能，要提高成绩必须尽可能地减少供能速度慢的有氧供能比例，发展无氧供能的能力，特别是乳酸供能能力。

运动生理学表明，在快速跑 300 ~ 500 米，特别是 400 米的段落后，血乳酸的含量较高。在比赛途中加速冲跑，会在体内造成大量乳酸堆积，进而破坏机体内的碱贮备平衡，使 pH 酸碱度降低，这将大大影响各种酶的活性，从而引起组织细胞的新陈代谢、兴奋性及各种生理机能紊乱，造成酸中毒。对于平时无针对性的专门训练、耐酸能力低下的运动员，其破坏作用尤为明显，会使人体出现呼吸急促、两腿酸沉的不良反应。因此，欲取得好成绩，需要进行耐酸训练，即在乳酸大量堆积的情况下，仍要保持相当距离的高速跑；需要进行变速跑、加速跑训练，即在匀速跑途中突然加速冲跑，然后再保持高速跑，而不能减速。要提高这方面的能力，可以采用重复跑练习，一般选择短于专项训练的距离。

（二）变速跑练习

采用变速跑练习，快跑段一般为 400 ~ 1000 米。变速的次数，则根据具体情况（如任务、场地条件、队员的身体情况）而定，一般在 5 次以上。快跑段落的总距离也可以适当加长些，但也不应超过太多。

（三）短跑能力训练

在高速跑能力训练的同时，加速跑能力的提高不容忽视，可以进行以下短跑能力训练。3×60 米大幅度地快跑，休息时慢跑返回；3×60 米慢跑开始逐渐加速，最后 10 米时达到最高速度，休息时慢跑返回；3×60 米高抬腿跑，也可由 30 米逐渐增加到 60 米，休息时慢跑返回；3×60 米跳跃快速跑，休息时慢跑返回；3×60 米变速跑，20 米跳跃、20 米慢跑、再 20 米跳跃，休息时慢跑返回；3×60 米起跑快速跑练习，休息时慢跑返回。

二、跳跃速度素质训练分析

跳跃运动员的速度主要体现在助跑和动作中，运动员必须具备在短距离中发挥出高速度的能力和专项所需要的特殊节奏，还要求运动员在短暂的起跳时间内和在很快的水平速度中爆发性地发挥出尽可能大的力量，这种对爆发力的要求与其他项目有明显区别，即对运动员的助跑速度、起跳时肌肉收缩的动作速度要求较高。因此，训练的主要任务是提高绝对速度和动作速度以及使二者有机结合。在此基础上完善快速、准确的助跑是跳跃运动员速度训练的主要任务。

另外，上肢力量和技术动作对跑速的影响是不容忽视的。跑是上下肢协调配合的周期性运动，因此摆臂动作的质量（摆动方向、力量、速度以及频率）对腿的动作质量有很大影响。

（一）发展位移速度

跳跃运动员的速度训练可以参考短跑运动员的速度训练，以发展和提高步频为主，并与掌握正确的技术紧密结合，可采用如起跑、行进间最大速度跑、

借助外力跑、加快步频跑、加大步幅跑等进行速度训练。但要注意将运动员平跑位移速度紧密地和跳跃类项目的起跳等衔接起来。由于助跑距离的原因，运动员助跑既要快，又要有极高的准确性。

运动员助跑既要发挥出高速度，而且还要有充沛的体力以便在高速中有力地完成起跳，因此训练中更重要的是发展运动员在较短距离内快速加速、发挥出最高速度的能力。不同项目助跑要有所不同，应注意速度节奏的训练，以体现跳跃项目速度的特点。

跳远、三级跳远项目可在跑道上或跳跃助跑道上，采用比赛的助跑距离、助跑节奏做助跑练习。长距离的助跑练习，助跑距离比正常的助跑距离至少长 10 米，且不需从起跳板起跳。它可以让运动员集中精力做快速起跳，因为运动员在长距离助跑末端的冲刺比正常的助跑距离末端冲刺快得多，对加快起跳极为有利。跳高项目可利用不同半径的圆圈跑，直线进入弧线跑和弯道节奏跑等进行助跑练习。如前 30 米逐渐加速，后 10 米加快频率的跑。撑竿跳高项目可通过持竿与不持竿的助跑、持竿的助跑插穴起跳、下坡持竿助跑和持竿助跑插穴起跳等练习培养运动员的助跑起跳能力。

（二）发展动作速度的助跑起跳能力

动作速度是指完成单个动作时间的长短，主要取决于由肌纤维类型的百分组成及其面积、肌肉力量、肌肉组织的兴奋性和运动条件反射的巩固程度等因素。应注意将提高动作速度与掌握和保持正确的技术动作紧密地结合在一起。专门性的动作速度训练应与专项比赛动作要求相一致，快速重复各个项目的各种专项练习，发展专项所需部位的肌肉力量。一般可采用徒手或轻器械的各种专项练习，如助力的专项练习。动作速度训练中，练习的持续时间一般不宜过长。练习与练习之间的间歇由练习强度决定。

（三）提高跳跃项目的助跑速度和准确性

助跑在水平跳跃项目中起着重要作用，下面对助跑长度、助跑速度和助跑准确性进行简单的阐述。

1. 助跑长度

运动员经常采用不合理的助跑长度（或长或短）。助跑距离过长会使最大速度在起跳前受到损失；助跑距离过短又使潜在的最大速度在起跳前不能充分发挥。一般来讲，助跑速度如果提高 0.1 米 / 秒，则起跳前的助跑距离就应该增加 2%。

助跑距离应根据运动员的身体特征、准备水平和加速能力而定。

在训练课中，可根据运动员练习形式、场地状况和风速改变助跑距离的长度。通常情况下，逆风时助跑距离应缩短 30 ~ 50 厘米；而顺风时，助跑距离应增加 20 ~ 40 厘米，最重要的是，比赛和训练时的助跑距离应该经常用皮尺进行精确的丈量。

2. 助跑速度

尽管助跑在水平跳跃项目中起着至关重要的作用，但仍有很多运动员在重大比赛中的助跑存在不足之处。教练员和运动员在训练中应对助跑的问题高度重视。助跑节奏的提高通常是在增加助跑速度和步幅长度并伴随重复练习后获得的。其中最重要的是，在助跑的最后几步中应正确分配力量和步幅，为起跳做好准备。

其他提高助跑能力的适宜练习包括：

（1）在正常助跑中增加 2 ~ 4 步并以正确节奏重复练习。

（2）在正确节奏中借助风力练习助跑。

（3）在倾斜的坡道上（1° ~ 2° ）练习，同时最后 4 ~ 6 步在平坦的场

地上进行练习。

（4）以蹲踞式冲刺跑 18 ～ 24 步。

（5）用 3 步或 5 步的节奏跨越低栏。

在发展助跑速度方面，最有效的速度练习有：

（1）站立模仿臂部动作，练习速度逐渐增至最大。

（2）靠墙站立模仿冲刺跑时腿部动作，练习速度逐渐增至最大。

（3）练习各种跳跃包括纵跳、快速单腿跳和快速分腿跳。

（4）肩部负重走或跑，随后迅速去掉负荷，体验突然的轻松感。

重要的是，全程助跑需要不断地修正和改进才能达到理想的效果，教练员可以在助跑开始后的第 6 步和起跳前的 6 步做标记来帮助运动员进行练习。由于快速助跑决定着跳跃距离的远近，因此，接近踏板时的动作是至关重要的，毕竟运动员在起跳前希望达到最大速度。

3. 助跑的准确性

提高助跑的准确性、稳定性的方法有：

（1）使用简单、固定的助跑开始姿势。

（2）使用标记控制最后 6 步助跑长度。

（3）注意外部因素，即根据风向、风力和比赛时场地状况作必要的变化。

（4）比赛和训练都应该注重全程助跑。

（5）赛前和每次跳前使用想象来模拟助跑时力量和节奏的分配。

经验、动作感知、自信和对外部条件的观察在赛前训练中都有助于调整助跑长度。建议在比赛中的第一跳缩短助跑距离 10 ～ 15 米以增加自信心，所有这些调整都应是自然的、符合个人需要的，同时运动员要以日常训练和比赛时的经验作为辅助。

（四）速度训练与弹跳力训练相结合

速度和弹跳力是影响跳跃项目成绩的两个重要因素。发展速度和弹跳力训练的方法有很多种，按照运动员的训练阶段、竞技水平、项目要求及个人特点等因素的差异，科学、合理地将速度训练和弹跳力训练有机结合，能有效地提高运动员的竞技能力。

1. 快速蛙跳

蛙跳是发展大腿肌肉和髋关节力量的练习。做蛙跳时，两脚分开成半蹲，上体稍微前倾，两臂在体后成预备姿势。两腿用力蹬伸，充分伸直髋、膝、踝三个关节，同时两臂迅速前摆，身体向前上方跳起，然后用全脚掌落地屈膝缓冲，两臂摆成预备姿势。快速蛙跳的练习需要强调速度，速度越快越好。

2. 跳深

在一定高度上从静止状态跳下，下肢在重力和惯性的作用下迅速蹬伸，完成踏跳动作，使人体腾空。生理学家认为，肌肉在离心收缩后紧接着做向心收缩表现出来的力量远远超过单纯的向心收缩表现出来的力量，它不仅能够发展跳跃力量，还可以加速起跳阶段的动作速度。

三、投掷速度素质训练

投掷速度素质训练主要针对位移速度和动作速度，一般采用短跑、跳跃和快速投掷等练习，这些练习可帮助运动员发展将力传到器械上去的速度。在短跑和跳跃的练习中，可以增强膝和髋部肌肉的爆发力，并提供同样的弹性动作，使之在投掷中应用。

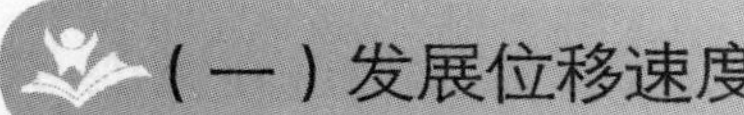

（一）发展位移速度

发展运动员位移速度一般采用短跑练习、各种跳跃练习以及各种加速跑、冲刺跑、牵引跑、侧向和向后快速移动身体的练习等，距离和重复次数随运动员具体情况而定。但由于不同的投掷项目，身体的位移形式也不同，有直线助跑位移、滑步位移、旋转位移，因此发展位移速度的方法和手段也不同，如铅球主要采用连续滑步练习、脚或小腿负沙袋的滑步练习、各种滑步结合最后用力地专项练习、滑步推轻铅球练习。标枪主要采用持枪或不持枪的连续交叉步练习，如 2 ~ 3 步助跑掷标枪、5 步及以上的助跑掷标枪和各种不同距离的持枪助跑练习等。铁饼和链球主要采用不同速度的徒手或持铁饼或链球的旋转练习、持各种物体的旋转练习等。

（二）发展动作速度

提高动作速度应与掌握和保持正确的技术动作紧密地结合在一起。专项性的动作速度训练与专项比赛动作要求相一致。动作速度的快慢主要取决于中枢神经系统的功能及该部位运动肌肉力量的大小，在训练中则需相应地采用不同手段提高运动员的动作速度。大强度的重复训练法是提高运动员动作速度的最主要的训练方法。提高专项速度能力可以通过徒手和采用各种轻器械的快速动作的练习，以及上述所有的最大力量和速度力量的训练方法和手段。

教练员常利用外界助力帮助运动员提高动作速度，如帮助运动员前送髋关节。在使用助力手段时，必须掌握好助力的时机及用力的大小，同时还应让运动员很好地感觉助力的时间及大小，以便使他们能及早地独立达到动作速度的要求。另外，可利用动作加速或利用器械重量变化而获得的后效作用发展动作速度。投掷轻器械练习和快速技术动作练习可以诱发运动员的先天速度能力，如可以采用快速转投掷轻器械、快速连续旋转、快速行进间髋练习、快速出手和鞭打动作的练习等。

（三）发展力量速度

1. 力量训练时要强调速度

绝对力量训练能加强人体“力量区”的大肌肉群的力量，这些大肌肉群对于运动员完成动作发挥着重要的作用，其中上体肌对于投掷运动员尤为重要，上体肌包括了背肌、斜方肌、胸大肌、三头肌、肱三头肌和腕部肌。这些肌肉的力量练习包括半蹲起、硬举和推举，它们对于增强投掷运动员的肌肉力量起着重要作用；辅助的力量练习包括直推举、膝关节微屈、腿屈伸、背伸和各种载体动作（如斜板收腹、侧屈体和坐姿负重转体等）。

投掷运动员在进行上体肌的力量练习时，一定要以速度为核心。比如，在卧推杠铃或35° ~ 40° 的斜板卧推杠铃的同时进行胸大肌练习时，一定要遵循“慢下快起”原则，强调动作速度。

2. 加强手腕和手指肌群的力量练习

手腕和手指肌群的力量练习是铅球运动员不容忽视的力量练习，因为没有有力的手腕和手指就不会在最后出手瞬间形成有力拨球，创造最高出手速度。练习方法主要有卷腕练习、腕屈伸练习、指卧撑练习等。

3. 结合原地正推铅球技术进行出手速度练习

（1）采用轻器械进行投掷练习，一方面可以改进投掷技术，另一方面可以培养推铅球出手动作的速度感。

（2）运动过程中进行投掷练习，如助跑推铅球或实心球等器械，以更快的速度完成推球动作，提高快速出球能力。

（3）信号刺激，在进行投掷练习时，教练员可以通过语言或掌声进行刺激，能促使运动员加快动作速度，以达到快速出手的效果。

（4）在进行绝对力量训练中，不要忽视小肌肉群的训练，要把大、小肌群，屈、伸肌群的训练相互结合起来进行，以充分体现速度—力量素质。

第四节　田径力量素质训练

一、中长跑类运动项目的力量训练

中长跑是耐力性运动项目，进行中长跑锻炼能够改善呼吸系统和心血管系功能，发展耐力，培养顽强的意志和克服困难的精神。中长跑有预防和治疗某些慢性疾病的作用。中长跑包括中距离跑项目和长距离项目。由于距离和跑速的不同，跑的动作技术有一定的差异，距离越长，跑的有力程度、动作的速度和幅度就越小。中长跑也包括起跑技术、加速跑技术、途中跑技术和终点跑技术。

中长跑运动员要不间断地连续或长时间地多次重复单一动作。在任何情况下，力量尤其是力量耐力是中长跑运动员的重要基础，其对下肢肌群的力量耐力和良好的支撑器官（腿和踝关节）力量能力的要求更高。因此，力量训练主要是力量耐力和支撑器官（肌肉、韧带、软组织、关节等）的训练。

利用循环训练安排全身力量协调发展的练习，不仅可以提高运动员各部位肌肉功能的发展，而且还可以改善运动员的内脏功能。运动员力量耐力的提高应主要通过对血液循环和呼吸系统机能的改善，发挥毛细血管的作用和肌肉对血红蛋白的利用去发展力量耐力，而不是单靠提高运动员的绝对力量。在训练过程中，应充分利用自然条件发展运动员的力量耐力和支撑器官的功能，如利用上坡跑或软地跑（沙滩、草地、雪地等）来增强腿部肌肉力量。经常选用的训练方法有：山地跑可以发展腿部的力量耐力，连续跳跃练习可以发展腿部各关节的力量耐力，连续单腿交换向上跳、连续跨步跳可以发展腿部力量耐力，循环力量练习可以发展整体力量、速度力量耐力及协调能力。

中长跑是典型的周期性速度力量与技术相结合的体能类项目，要求运动员必须具有良好的专项力量素质和整体身体素质。随着科学技术的飞速发展，体坛竞争日趋激烈，竞技比赛的胜负往往取决于那些微小因素上的微小优势。中长跑运动员若要达到一流水平，单靠某一种能力特别强是不够的，必须要具备扎实的专项力量素质。我们认为力量是身体素质的重要基础，力量训练扎实了，专项基础才能稳定，高水平专项训练才能有保证。

（一）中长跑运动员的力量素质训练

力量是指人体在运动中克服内部阻力和外部阻力的能力。这种能力的表现形式包括最大力量、爆发力量、速度力量和力量耐力等。力量是一种综合能力，力量训练的基本原理主要有：

（1）提高人体避免肌肉活动失去平衡的能力以及增加肌肉、肌腱和韧带协调性，以便减少损伤和较好地完成训练和比赛任务。

（2）通过增加肌纤维的收缩力量，可提高对地面施力的能力。

力量训练是中长跑运动员提高专项能力的主要方法之一；发展中长跑运

动员的最大力量、爆发力量、速度力量、力量耐力和专项力量，逐步加大运动负荷量、运动负荷强度，并使之与专项运动技术用力结构一致，是提高中长跑运动员能力训练的有效方法。

（二）最大力量的训练

改善中长跑运动员最大力量的途径是：

（1）依靠改善肌肉内协调和肌肉间协调来增加力量。

（2）依靠肌肉体积的增大来增加力量。第一种途径的力量发展快，但容易消失；第二种途径需要增加肌肉的体积。中长跑运动员需要的力量，一般只能采取用第一种途径来发展，在进行最大力量训练时，肌肉收缩一次只有50% ~ 60% 的肌纤维参与工作。通过最大力量的 40% ~ 60% 负荷力量练习，逐步加快动作频率，同时逐步增加重复次数，提高肌肉的协调性，这对中长跑运动员的速度提高大有裨益。

（三）爆发力量的训练

发展爆发力量对于中长跑运动员很必要，爆发力量有利于运动员反应速度的改善，有利于整体速度力量水平的提高，一般多采用最大力量的70% ~ 90% 的重量练习，用极限或接近极限的速度完成动作，其用力结构与专项技术用力结构一致的效果更好。

（四）速度力量的训练

速度力量是中长跑运动员不可缺少的力量。发展速度力量，一般多采用最大力量的 30% ~ 50%，逐步提高完成动作的速度，逐步增加练习的次数和组数，这既有利于爆发力的改善，又有利于速度力量耐力的改善，更有利于中长跑运动员专项运动能力的提高。

（五）力量耐力的训练

发展力量耐力的方法主要是通过增强肌肉中毛细血管的数量和肌红蛋白的含量，改进输氧功能，提高糖酵解的能力和增大运动员承受最大氧债的能力。力量耐力与速度项目和力量项目具有一定的相关性，应用最多的是耐力项目。中长跑运动员进行快速的、长时间的力量耐力训练，既有利于心血管系统、代谢系统的功能改善，又有利于专项运动能力的提高。

二、跳跃类运动项目的力量训练

（一）发展相对力量

跳跃类运动项目是克服自身体重的能力的项目，一方面要求运动员具有较大的最大力量，另一方面要求运动员体重不能过大，即要求运动员具有良好的相对力量。如跳跃类项目要求运动员保持较低的体脂水平，还要求较高的下肢肌肉质量。跳跃类运动项目通常采用肩负杠铃全蹲或半蹲跳的练习，以及使用各种方法上举杠铃和壶铃的练习。应采用 85% 以上的运动负荷强度，动员尽可能多的运动单位工作，减少肌肉功能性的肥大，达到在控制体重增加的前提下增大绝对力量的目的。

（二）发展速度力量

发展速度力量的目的是提高与运动员专项速度和专项技术有密切关系的力量素质，速度力量取决于肌肉收缩的力量和速度，根据跳跃类项目的特点，应重点发展由着地到快速蹬伸的能力。发展速度力量的主要途径是提高最大力量和缩短表现出最大力量所需要的时间。跳跃类项目需要运动员具备速度型爆发力，要求运动员在速度较快的动作中以及克服外界阻力小、用力时间短的动作中能表现出很大的优势。

发展速度力量的练习通常采用在快速助跑中进行多级跳及发展速度型爆发力的练习。各种跳跃练习是指在最短的时间内完成规定的次数，短时间完成既定次数或在一定时间内完成较多的次数。

在一定速度要求的情况下，要求在动作形式和用力特点上与专项动作接近。为使一开始就有较快的水平速度，可采用带助跑的各种起跳和跳跃练习，如 30 ~ 50 米的跨步跳、单足跳，并以两种方式进行：一种是努力加大每一跳的远度，争取以最少的跳次完成练习的距离；另一种是在保持较大动作幅度的前提下，尽量加快蹬摆速度、加快动作频率和跳的速度（可计时或计步数）。注意，专项技术练习也是发展专项弹跳力的重要手段，要体会利用助跑速度增强效果的技巧。

田径运动中，跳跃类项目所需的力量基本上属于速度性力量。长期以来，训练中常采用的是各种杠铃练习，其属于重量性力量练习的手段，而这远无法满足田径运动中跳跃类项目的需求，实质上，跳跃类项目需要更多的是速度性力量的练习。具体介绍如下。

（1）基础跳跃练习手段包括：

①双腿跳栏架，即在平整的场地上排列 10 个栏架，双腿依次连续跳过，栏架的高度和间距因人而异。

②双腿跳皮筋，方式与双腿跳栏架基本相同，它能够有效地避免伤害事故的发生，有利于不断提高练习强度。

③跳深，双腿连续跳上（跳下）不同高度的跳箱（深坑），跳箱（坑）的高度（深度）要随着训练水平的提高而增加。

④屈膝跳，即连续双腿屈膝收腹跳起，膝盖和大腿尽量接近胸部。

⑤双腿连续跳台阶。

⑥在海绵垫上的各种跳跃。

⑦在沙坑中的各种跳跃。

（2）过渡性跳跃练习手段包括跨步跳、单足跳、单腿快速跳台阶、单腿跳皮筋、立定三级跳以及多级跳。

（3）专项跳跃练习手段包括：

①助跑起跳摸高，3 ~ 6 步直线助跑，起跳腿起跳后用手触摸高。

②助跑 3 ~ 6 步跨步跳，最后落入沙坑。

③助跑 3 ~ 6 步单足跳，最后落入沙坑。

④助跑十级跨步跳，最后落入沙坑。

⑤助跑十级单足跳，最后落入沙坑。

⑥计时单足跳 (30 秒计数或 30 ~ 60 米计时)。

三、投掷力量素质训练

投掷运动员的力量主要是最大力量和速度力量。安排训练计划时，需要依据肌肉收缩用力性质和运动员特点，采用轻重结合和标准器械的组合训练。采用不同重量的器械进行专项投掷，使运动员已具备的能力充分地转化到专项上。投掷重器械可以发展专项力量，投掷轻器械可以有效地发展速度。轻、重器械组合训练，可使运动员的机体接受不同的刺激，防止肌肉僵化，达到提高投掷速度的目的。但要注意的是，使用不同重量的器械限度不应造成明显的技术变形。另外，注意在力量训练过程中，不能忽视小肌肉群力量的训练。

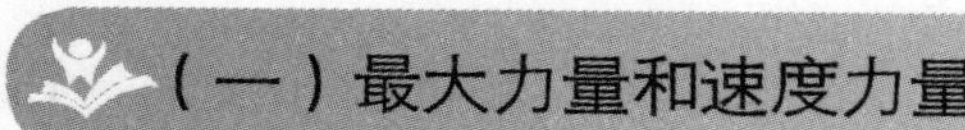

（一）最大力量和速度力量

1. 最大力量

发展运动员最大力量的方法有大强度法、极限速度法、静力练习法、变换训练法、金字塔式训练法等，所采用的器械有杠铃、壶铃、哑铃等训练器械。使用拉力器、橡皮带等练习，依靠弹性物体变形产生的阻力发展力量素质，也可以利用组合器械练习，使身体处在各种不同的姿势（或坐或卧或立）进行练习，可以直接发展运动员所需要的肌肉力量，使训练更加具有针对性。

2. 速度力量

速度力量强调在尽可能短的时间内完成动作，表现出最大的力量。不同动作结构、不同强度、不同重复次数的练习对不同素质的发展具有不同的影响，因此，应特别注意完成动作时是否符合专项技术的要求。训练要既能使快速力量得到最大的发展，又要使它能在专项比赛中充分发挥。

发展快速力量的常用手段有：

（1）器械不出手练习，如原地拉胶带、连续转髋、持球连续滑步、扶栏杆转髋、肩负杠铃原地旋转一周、持器械旋转等。

（2）结合投掷不同重量器械的专门练习和完整技术练习，采用轻器械、重器械和标准器械的组合练习。

（3）各种发展肩部肌群、腿部肌群、躯干肌群等的力量练习。

（二）投掷类项目专项力量训练分析

投掷类项目专项力量的最大特点就是爆发力，爆发力取决于速度和力量的结合。投掷类项目技术动作是投掷臂在最后用力阶段，大臂带动小臂，躯干通过右肩使前臂、上臂等部位一次瞬间用力，并且相互协调，依次做出快速有力的鞭打动作，由此可知，这是全身的继发性的爆发式用力。因此，在提高投掷类专项素质训练中，主要是发展全身有关肌群的爆发力，如手臂和手指的屈肌肌群、肱三头肌、肘肌、三角肌后部、胸大肌、背阔肌、伸膝肌群等。具体训练方法如下。

（1）动力性练习组合，包括斜身仰卧起坐、双腿负重屈伸、双臂负重上举。这组练习的负荷小，适合中小学运动员发展力量训练。

（2）爆发力训练结合铅球技术训练：

①手指俯卧、连续抓不同重量的铅球。

②用不同重量的杠铃快速前推、斜推，原地推不同重量的铅球。

③连续蛙跳、阻力负重连续滑步。

④负重进行体侧屈、体侧转的练习。

⑤负重半蹲起结合提踵练习。

⑥各种跳跃练习、快速跑练习。

（三）发展投掷类项目力量训练的注意事项

1. 做好专项准备活动

运动员除了做好一般准备活动外，还要充分做好专项技术训练前的专项准备活动。如采用杠铃杆进行肩上绕环、手臂的屈伸等练习，逐渐把肩关节、肘关节部位的肌肉和韧带全面地活动开。

2. 重视易受伤部位的练习

为了预防肩关节、肘关节等部位受伤，训练前要适当加大这些部位的力量、柔韧和灵活性的练习。平时还要注意发展小肌肉群的力量，应将其纳入常年的训练计划中。

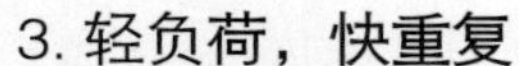

3. 轻负荷，快重复

这种练习方法主要是增进耐力，如练习 30 秒休息 3 秒，或练习 50 秒休息 5 秒，由几组重复练习组成一个循环，根据每个人的不同负荷重量，记录重复次数。

4. 退让用力练习

这种练习有几种不同的方法，其理论基础是超负荷原则，即在进行这种练习时，采用超过自身能力的重量，减少重复次数。如上肢力量练习时，同伴保护帮助运动员举起杠铃，然后同伴松手，运动员将杠铃退回到某一位置，退让过程中速度尽量放慢，还原时间应该是举起时间的 2 倍，不能毫无受阻地落下，否则收不到任何效果。退让用力练习的强度大，不能经常进行，进行这种练习的运动员年龄需在 16 岁以上。值得注意的是，速度力量训练的效果在很大程度上取决于中枢神经系统的兴奋度。因此，在训练中应避免出现疲劳，重复次数不宜过多，组间休息应保证机体基本获得恢复。总之，对于力量训练，教练员要掌握好练习的速度和负荷以及练习的方法、手段，方能使运动员取得较好的运动成绩。

第六章　球类运动训练的理论与方法

第一节 足球运动系统训练方法

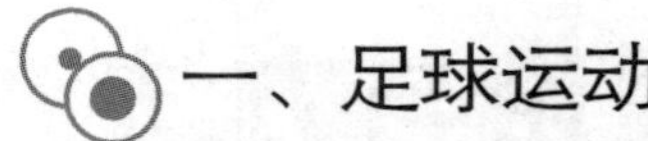

一、足球运动

现代足球[Football(英)/Soccer(美)]运动诞生于英国。1863年10月26日，剑桥大学、牛津大学和凯尔波里特专科学校与伦敦周围地区11个最主要的俱乐部和学校举行联席会议，创立了英格兰足球协会。这一天被称为现代足球的诞生日。两个月后，英格兰足球协会制定出世界上第一个统一的足球规则。

1872年，足球运动史上的第一次正式比赛在英格兰和苏格兰之间进行，即泛英足球比赛。在此后30年，足球运动逐渐风靡英国和欧美各国。1900年，足球首次在奥运会上露面。1908年，足球被正式批准为奥运会比赛项目。1930年，乌拉圭成功举办了第一届世界足球锦标赛。1904年5月21日，国际足球联合会(FIFA)在法国巴黎成立，总部设在瑞士苏黎世。这标志着足球作为一项世界性的体育项目登上了国际体坛，足球运动在更加广泛的范围内开展起来，影响也越来越大。国际足联从最初的7个会员国，发展到现在的190多个，是世界上最大的国际单项体育组织。其举办的重大比赛包括4年一届的世界杯足球赛、奥运会足球赛、世界青年足球锦标赛和女子世界杯足球赛，此外，还有许多洲际比赛。

二、足球基本技术

（一）踢球

踢球指运动员有目的地用脚把球击向预定目标的技术。踢球是足球技术中最重要的技术，主要用于传球和射门。

踢球的方法很多，主要有脚内侧踢球、脚背正面踢球、脚背内侧踢球、脚背外侧踢球、脚尖踢球和脚跟踢球。这些动作结构完全一致，均由助跑、支撑脚站位、踢球腿摆动、脚触球、踢球后的随前动作五个环节组成。

1. 脚内侧踢球（又称脚弓踢球）

（1）脚内侧踢定位球。直线助跑，支撑前的最后一步稍大些，支撑脚站在球的侧面约 15 厘米处，脚尖正对出球方向，支撑腿膝关节微屈。在支撑脚着地时，踢球腿大腿带动小腿由后向前摆动，在前摆的过程中大腿外展，当膝关节摆动至接近球的正上方时，小腿做爆发式摆动，在触球前将脚跟送出使得脚内侧部位所形成的平面与出球方向垂直，踢球脚脚尖微微翘起，脚底与地面平行，踝关节功能性地紧张使脚型固定，触（击）球后身体跟随向前移动。

（2）脚内侧踢空中球。根据来球速度和运行轨迹及时移动到位，踢球腿的大腿抬起并外展，小腿绕额状轴后摆，而后小腿由后向前摆动，当摆至额状面时与球接触，击球的中部。

2. 脚背正面踢球（又称正脚背踢球）

（1）脚背正面踢定位球。直线助跑，最后一步稍大些，支撑脚积极着地支撑，在球的侧面 10 ～ 12 厘米处，脚尖正对出球方向，膝关节微屈，踢球腿随跑动向后摆动，小腿弯曲，支撑的同时踢球腿以髋关节为轴，大腿带动小腿由后向前摆动。当膝关节摆至接近球的正上方时，小腿做爆发式的摆动，脚趾屈，以脚背正面部位击球的后中部。击球后身体及踢球腿随球前移。

（2）脚背正面踢反弹球。根据来球的速度、运行轨迹、落点，支撑脚踏在球落点的侧面。在球落地时，踢球腿爆发式前摆，在球刚弹离地面时，用脚背正面击球的中部，并控制小腿的上摆（送髋、膝关节向前平移），出球则不会过高。

（3）凌空踢倒勾球。根据来球的速度、运行轨迹，选好击球点，及时移动到位，以踢球腿为起跳腿蹬地起跳，同时另一腿上摆，身体后仰腾空，眼睛注视来球，蹬地腿在离地后迅速上摆的同时，另一腿则向下摆动，以脚背正面击球的后部。踢球后，两臂微屈，手掌向下，手指指向头部相反方向着地，屈肘，然后背、腰、臀部依此滚动式着地。

3. 脚背内侧踢球（又称内脚背踢球）

（1）脚背内侧踢定位球。斜线助跑，助跑方向与出球方向约呈 45°，最后一步稍大，以支撑脚底积极着地，脚尖指向出球方向，距球内侧后方 20 ~ 25 厘米，膝关节微屈。在支撑同时，踢球腿已完成后摆，并开始以髋关节为轴大腿带动小腿由后向前摆动，当大腿摆至与支撑腿接近同一平面时，小腿做爆发式摆动，此时脚尖外转、脚背绷直，以脚背内侧部位触击球。击球后踢球腿及身体继续随球向前。

（2）脚背内侧转身踢球。助跑结束前倒数第二步应向球的侧前方跨出（即与出球方向在支撑脚一侧的侧前方），最后一步略跳动并伴随转身支撑，脚尖对准出球方向，膝关节微屈，身体向支撑脚一侧倾斜，其余各环节与踢定位球相同。

（3）脚背内侧踢反弹。根据来球的落点及时移动到位，在球离地（反弹）的瞬间踢球，其他的动作要求与踢定位球相同。这种踢球方法多用于踢侧方或侧前方来的由空中下落的球。

4. 脚背外侧踢球（又称外脚背踢球）

由于踢这种球的脚踝灵活性较大，摆腿方向变化较多，且助跑时又是正常的跑动姿势，故其出球隐蔽性较强。足球比赛中各种距离的弧线球及非弧线球均可使用。

（1）脚背外侧踢定位球。助跑、支撑脚站位及踢球腿摆动均与脚背正面踢球技术的三个环节相同，脚触球是用脚背外侧部位。此时要求膝关节和脚尖内转，脚背绷紧，触（击）球后身体随踢球腿的摆动前移。

（2）脚背外侧踢地滚球。可用于踢正前方、侧前方及侧后方来的地滚球。踢球的动作、规格要求与踢定位球相同，但支撑脚站位时应考虑球的滚动速度，以保证在脚触球的瞬间支撑脚与球的相对位置符合规格要求。

（3）脚背外侧踢反弹球。与脚背正面踢反弹球的方法相同，只是接触球时用脚背外侧部位触（击）球。

5. 脚尖踢球（又称脚尖捅球）

由于脚尖踢球时出球异常迅速，雨天场地泥泞时多使用这种踢法。还可以借助踢球腿的最大长度，踢那些距离身体较远的球。具体方法是用支撑脚跳跃上步，踢球腿屈膝前跨，髋关节尽量前送，两臂上摆协助身体向前，小腿前伸，在踢球脚落地前用脚尖捅球的后中部。

6. 脚跟踢球

这是用脚跟（跟骨的后面）接触球的一种踢球方法。球在支撑脚外侧时，踢球脚在支撑脚前面交叉摆到支撑脚外侧用脚跟击球。球在支撑脚内侧时，踢球脚后摆用脚跟踢球。虽然由于人体结构的特点，决定了这种踢球方法（大腿微伸小腿屈）产生的力量小，但其出球方向向后，故有隐蔽性和突然性。

（二）接球

接球是指运动员有目的地用身体的合理部位把运行中的球停下来，控制在所需要的范围内，以便更好地衔接下一个技术动作。接球的方法有多种，常用的有脚内侧、脚背正面、脚底、大腿、胸部、头部等部位的接球。

1. 脚内侧接球

由于脚触球面积大，动作简单，较易掌握，比赛中经常使用这种技术接各种地滚球、反弹球、空中球。

（1）接地滚球。身体正对来球，判断来球的速度和方向，选好支撑脚位置，膝关节微屈。接球脚根据来球的状态相应提起，膝、踝关节旋外，脚趾稍翘，用脚内侧对准来球，触球刹那，接球部位做相应的引撤或变向接球动作，将球控制在所需要的位置上。

（2）接反弹球。接球腿小腿应与地面形成一定的夹角，向下做压推动作时，膝要领先，小腿留在后面。

（3）接空中球。接球腿要屈膝抬起，可根据需要采用引撤或切挡动作，接球落地后应随即将球在地面控制住。

2. 脚背正面接球

此方法多用于接有较大抛物线的来球。根据球的落点，及时移动到位，脚背正面上迎下落的球，当球与脚面接触的一瞬间，接球脚与球下落的速度同步下撤，此时接球腿膝关节、踝关节、脚趾均保持适度的紧张，脚尖微翘将球接到需要的地方。

3. 脚底接球

由于脚底接球技术便于掌握，易于将球接到位置，故常被用来接各种地滚球和反弹球。

（1）脚底接地滚球。身体正对来球方向，移动前迎，支撑脚站在球的侧面（或前或后均可），脚尖正对来球方向，膝关节微屈。同时接球腿提起，膝关节微屈，脚背略屈，使脚底与地面约小于45°（且脚跟离开地面），一般以前脚掌接触球的上部为宜。在触球瞬间接球脚可轻微趾屈（前脚掌下点）将球停住，也可根据需要在接球同时将球推向前方或拉向身后。

（2）脚底接反弹球。根据来球落点，及时前移迎球，支撑脚站在落点侧后方，脚尖正对来球方向，球落地瞬间，用前脚掌去触球的中上部，微伸膝，用脚掌将球接在体前。若需接球到身后则应在触球瞬间继续屈膝，将球回拉，并伴随支撑脚以前脚掌为轴旋转90°以上。

4. 大腿接球

大腿接球一般可以用来接抛物线较大的高空球和略高于膝的低平球。

（1）接抛物线较大的下落球。面对来球方向，根据球的落点迅速移动到位，接球腿大腿抬起，当球与大腿接触的瞬间大腿下撤将球接到需要的位置上。

（2）接低平球。面对来球方向，根据来球高度，接球腿大腿微屈，送髋前迎来球，当球与大腿接触瞬间收撤大腿，使球落在所需要的位置上。

5. 胸部接球

由于胸部接球部位较高，加之胸部面积大、肌肉较丰满等特点，动作易于掌握，故是接高球的一种好方法。胸部接球包括挺胸式、收胸式两种方法。

（1）挺胸式接球。接球时，身体正对来球，两腿自然开立，膝微屈，两臂在体侧自然屈抬，上体稍后仰与来球形成一定的角度。触球刹那，胸部主动挺送，使球触胸后向前上方弹起落于体前。一般用于接有一定弧度的高球。

（2）收胸式接球。面对来球，两脚左右或前后开立，两臂自然张开，挺胸迎球，触球瞬间收胸、收腹、臀部后移将球接在体前。若需将球接在体侧时，则触球瞬间转体将球接在转体后相应的一侧。多用于接齐胸高的平直球。

6. 头部接球

高于胸部的来球可用头部接球。根据球的运行路线，面对来球，用前额正面接触球的中下部。下颌微抬，两臂自然张开，提踵伸膝。触球瞬间全脚掌着地，屈膝、塌腰、缩颈，全身保持上述姿势下撤将球接在附近。

（三）运球

运球是运动员在跑动中用脚连续推拨球，使球处于自己控制范围内的动作。常用的运球技术有脚内侧、脚背正面、脚背外侧、脚背内侧运球。

（1）脚内侧运球。运球前进时支撑脚位于球的侧前方，肩部指向运球方向，支撑腿膝关节微屈，重心放在支撑腿上，另一条腿提起屈膝，用脚内侧推球前进，然后运球脚着地。由于肩部指向运球方向，身体侧转，虽然移动速度较慢，但身体前倾有利于将对方与球隔开，因而这种技术多用在运球中做配合传球，或有对方阻拦需用身体做掩护时。

（2）脚背正面运球。运球时身体持正常跑动姿势，上体稍前倾，步幅不宜过大，运球腿提起，膝关节稍屈，髋关节前送，提踵，脚尖下指，在着地前用脚背正面部位触球后中部将球推送前进。

由于脚背正面运球时身体持正常跑动姿势，故可以发挥出较快的速度，因而这种技术多用在运球前方一定距离内无对手阻拦时。

（3）脚背外侧运球。运球时身体持正常跑动姿势，上体稍前倾，步幅不宜过大，运球腿提起，膝关节稍屈，髋关节前送，提踵，脚尖绕矢状轴向内旋转，

使脚背外侧正对运球方向，在运球脚落地前用脚背外侧推拨球的后中部。

脚背外侧运球时，身体姿势与正常跑动时相同，因而可以发挥出较快的速度，故与脚背正面运球有相同的用途。另外，利用脚踝关节的动作可以很快改变脚背外侧面所正对的方向，故在运球脚一侧改变方向时也多采用这种运球方法。这种方法能用身体将对手与球隔开，故掩护时也常使用。

（4）脚背内侧运球。身体稍侧转并协调放松，步幅小，上体前倾，运球腿提起外展，膝微屈外转，提踵，脚尖外转，使脚背内侧正对运球方向，在运球脚落地前用脚背内侧推拨球，使球随身体前进。

脚背内侧运球由于身体稍侧转，不能采用正常跑动姿势，因而不适用于高速运球。但由于接触部位和支撑位置的特点易于完成向支撑脚一侧的转动，故多用于向支撑脚一侧的变向运球。

（四）头顶球

头顶球技术是传球、射门、抢断的有效手段，特别是争高空球时头顶球技术更为重要。顶球技术的特点是争取时间，不需要等球落地就可以在空中直接处理来球。因此，它可以争取时间上的优势和主动。

头顶球一般分为正额顶球和额侧顶球两种。具体方法有原地、助跑跳起（单脚和双脚）和鱼跃式顶球等。

（1）正额原地顶球。面对来球，两脚前后开立，膝微屈，重心放在两脚上。顶球前，上体先后仰，重心移到后脚上，两臂自然摆动，维持身体平衡，两眼注视来球。顶球时，两腿用力蹬地，迅速伸直，上体由后向前快速摆动，借助腰、腹和颈部力量，用前额正面将球顶出。顶球过程中，身体重心从后脚移到前脚，然后再单脚跳起顶球。

（2）助跑单脚跳起顶球。起跳前要有 3 ～ 5 步的助跑。最后一步踏跳时要用力，步幅要稍大些，踏跳脚以脚跟先着地再迅速移到脚掌，同时另一腿屈膝上提，两臂向上摆动。身体腾起后上体随之后仰。顶球时，上体由后向前摆动，借助腰、腹和颈部力量将球顶出。然后两脚自然落地。

（3）鱼跃头顶球。对于离身体较远的低空球来不及移动到位处理，必须抢点击球时（如抢救险球、射门等）可使用鱼跃头项球技术。当判断好来球的路线和选择好顶球点后，以单脚或双脚用力向前蹬地，身体接近水平态向前跃出，同时两臂微屈前伸，手掌向下，眼睛注视来球，利用身体向前跃出的冲力，以额头正面顶球。顶球后，两手先着地，手指向前，接着以胸部、腹部和大腿依次着地。

（五）抢断

抢断技术是一种积极有效的防守手段。抢断是防守技术的综合体现，是用争夺、堵截、破坏等方式的延续或阻拦对方进攻的一种技术。一旦把球争夺过来，这就意味着组织进攻的开始。

（1）正面抢断。在对方带球队员迎面而来时，便可采用这种抢断方式。

两脚前后稍开立，两膝稍屈，身体重心下降，并均匀落在两脚上，面向对手。当对方带球或触球即将着地或刚刚着地时，立即抢球。抢球脚的脚弓正对球，并跨出一步，膝关节弯曲，上体前倾，身体重心移至抢球脚上。如对方已有准备，在双方脚同时触球时，脚触球后要顺势向上提拉，使球从对方脚背滚过，身体迅速跟上，把球控制住。双方上体接触时，抢球人可用合理部位冲撞对方，使之失去平衡，从而将球控制在自己脚下。

（2）侧面抢断。当防守队员与带球进攻的队员并肩跑动，或两人争夺迎面来球时，双方都可采用这种抢断方式。

当与对方平行跑动争球时，身体重心要降低，两臂贴紧身体。在对方靠近自己的脚离地时，可用肩和上臂做合理的冲撞动作，使对方身体失去平衡，从而把球抢过来。

（3）后面抢断（铲球）。这是抢断技术中较困难的一种，一般是在用其他方法抢不到球时才采用铲球方式。

铲球有两种方法：一种是脚掌铲球，另一种是脚尖或是脚背铲球。

当防守人追至离运球人右后方1米左右时，可用右脚掌或左脚尖（脚背）进行铲球。在运球人的左侧时，则用左脚掌或是右脚尖（脚背）进行铲球。如用右（左）脚掌铲球，可在运球人刚刚将球拨出时，先蹬左（右）腿，跨右（左）腿，膝关节弯曲，以脚外侧从地面滑出，用脚掌将球踢出。然后小腿、臀部、上体依次着地，身体随铲球动作向前滚动。

（六）假动作

假动作是指运动员在比赛中，为了隐蔽自己真实动作的意图，利用各种动作的假象，来调动迷惑对方，使对方对其动作产生错误的判断或失去身体重心，造成对自己有利的形势，从而取得时间、空间位置的优势，达到自己真实动作的意图。

（1）踢球假动作技术。运动员已控制球或正准备控制球，准备与同伴配合及接球时，对手前来堵抢，挡住其路线时，先可向一方做假动作，当对手以假当真去封堵假动作路线时，应突然改变踢球脚法将球传或接向另一方向。

（2）头顶球与胸接球假动作技术。当队员面对胸部以上的高空来球准备接时，对手迎面逼近准备抢截，此时接球的队员做出胸或头、接或顶的假动作诱使对手立定，以假当真，在其封堵接、传路线时，突然改变动作，用头或胸将球顶出或接住。

（3）运球假动作技术。运球假动作技术在比赛中是最常见的，它不仅用来突破正面对手，而且可以用来摆脱来自侧面和后面的对手。

对手迎面跑来抢截球时，可用左（右）脚的脚背内侧扣拨球动作结合身体的虚晃动作，诱使对手的重心发生偏移，然后用左（右）脚的脚背外侧向同侧方向拨运球越过对手。

对手从侧面来抢截球时，先做快速向前运球动作，诱使对手紧追，这时突然减速伴做停球假动作，当对手上当时，再突然起动加速推球向前甩掉对手。

当对手从身后来抢截球时，运球者用左（右）脚掌从球的上方擦过，做大交叉步，身体也随动作前移，诱使对手向运球者的移动方向堵截，然后以运球脚后前脚掌为轴，突然向右（左）后方转身，再用右（左）脚脚背内侧将球扣回，把对手甩掉。

三、足球基本战术

根据攻防的基本特点，足球战术可分为比赛阵型、进攻战术和防守战术三部分。

（一）比赛阵型

为了适应攻守战术的需要，全队队员在场上的位置排列和职责分工称为比赛阵型。比赛阵型是本队攻守力量搭配和分工的形式。

根据队员的职责和排列的层次分为后卫线、前卫线和前锋线。阵型的人数排列原则是从后卫数向前锋的，守门员不计算。

目前，世界上普遍采用的阵型有“4-3-3”“4-4-2”“4-1-2-3”“3-5-2”等。在以上阵型中，除“4-4-2”阵型以防守为主，反击为辅外，其他阵型均以进攻为主，尤以“3-5-2”阵型更为突出。

选择阵型要以本队队员的特长、技能、技术水平与赛队的特点为依据。此外，阵型绝不是僵化的规定，每个队员都应在明确基本位置和主要职责前提下，进行创造性的活动。

（二）局部配合进攻战术

1.“二过一”战术配合

“二过一”战术配合是指两个进攻队员在局部地区通过两次或两次以上的连续传球配合，越过一个防守队员的战术行动。“二过一”是集体配合的基础，可以在任何场区、任何位置上运用这种方法来摆脱对方的抢断或突破防线。“二过一”是进攻的两个队员之间相距10米左右，进行一传一切的配合。要求传球平稳及时，一般多用“脚内侧”“脚外侧”等脚法，以传地平球为主。球传的位置，尽可能是接球人脚下或前面两三步远的地方。

2.“三过二”战术配合

“三过二”是在比赛场地中的局部地区，通过3个进攻队员的连续配合突破两个防守队员的防守。由于这种配合有两个同队队员可以同时接应传球，因此使持球人传球路线更多，且进攻面也更大。

（三）整体进攻战术

整体进攻战术是指在比赛中一方获得球后，通过队员之间的传递配合达到射门的目的而采用的配合方法。与局部进攻战术相比较，整体进攻战术具有进攻面更加扩大、进攻和反击速度更加快速等特点。

1. 边路进攻

边路进攻一般是围绕边锋进行的配合方法，因此边锋的速度要快，个人突破能力要强，传中技术要突出。其方法是由守转攻时，获球队员将球传给边锋或其他边路上的队员，从边路发起进攻，经过局部配合突破后，一般采用下底和回扣传中方式，将球传到中央，由其他队员包抄射门。

2. 中路进攻

中路进攻时，必须要求边锋拉开，借以牵制对方的后卫，诱使对方中间区域出现较大的空隙，为中路进攻创造有利条件。前场和中场队员要机动灵活地跑位，以有效地调动来拉开对方的防线。进攻的推进应有层次和梯队。传球要准确，技术动作应在跑动中准确简练地完成。

3. 快速反击

比赛中当攻方进攻时，后卫线往往压至中场附近，防守人数也由于插上进攻和助攻而相对减少，此时如防守方能抓住对方防区空隙较大和回防速度较慢的机会，乘攻方失球之机发动快速反击，往往能取得良好的效果。但其难度较大，既要冒险，又要有准确、快速的传切配合技能。

（四）局部配合防守战术

1. 补位

补位是足球比赛中在局部地区队员集体进行配合的一种方法。当防守过程中，一个防守队员被对手突破时，另一个队员应立即上前进行封堵。

2. 围抢

围抢是足球比赛中在某局部位置上，防守一方利用人数上的相对优势（通常是两三个队员）同时围堵对方的持球队员，以求在短暂时间内达到抢断球或破坏对方进攻（防守）的目的。

3. 造越位战术

造越位战术是利用规则而设计的一种防守战术，是一种以巧制胜的省力打法，因而成为一种重要的防守手段。由于该战术配合难度较大，搞不好会

适得其反，让对手钻空子，因此，往往为水平较高的球队所采纳，但也不宜过多运用。

（五）整体防守战术

整体防守战术主要有盯人防守、区域防守和综合防守三种。

1. 盯人防守

盯人防守是指被盯防的对手不管跑到哪个位置就盯防到哪里。盯人防守分为全场盯人和半场盯人。这种防守方法是对口盯人，分工明确，但体力消耗大，一旦被突破，很难补位，会使整个防线出现很大的漏洞。因此，在比赛中，单纯采用人盯人防守方法是不利的。

2. 区域防守

由攻转守时，根据场上位置的分布，每个防守队员负责防守一定的区域，当对方队员跑到本区域时，就负责盯防，离开这个区域，就不再跟踪盯防。这种战术较为省力。但是，对方可以任意交叉换位，容易造成局部以少防多的被动局面。因此，目前在比赛中已很少采用这种防守方法。

3. 综合防守

综合防守是指盯人防守与区域防守相结合的防守方法。综合防守是目前在比赛中普遍采用的一种防守方法，它集中了盯人防守和区域防守的优点，从而在防守中能根据场上情况进行逼抢、盯人、保护与补位，以达到防守的目的。

第二节 排球运动系统训练方法

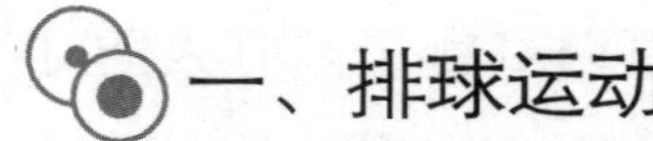

一、排球运动

各省、市、自治区教育厅也陆续修订了体育竞赛制度，排球被列为竞赛项目之一，定期举办中学生排球赛。除了加强开展一般的排球活动外，各省、市自治区还有选择性地在条件较好、排球活动开展较普及的中学重点建立排球传统项目学校。这样做既丰富了学校的课余生活，又能为省、市、自治区青少年体校的排球项目输送后备人才，有的还直接为省、市、自治区输送后备力量。排球传统学校已成为我国排球运动项目业余训练网络中的重要环节之一，为我国中、小学排球运动的普及与提高做出了积极的贡献。

中国中学生体育协会排球分会（简称中排联）于 2003 年 12 月 6 日在北京景山学校成立。借中国女排勇夺世界冠军的东风，中学生排球热再度升温。2004 年暑假期间，由中国中学生体育协会排球分会主办、北京景山学校承办的“中远地产杯”全国中学生排球锦标赛，有 113 支男、女排球队参加，其中包括香港特区的 6 支队伍。这是新中国成立以来中学生排球比赛参赛队伍、人数最多、覆盖面最广的一次盛会，标志着我国中学生排球运动进入了新的大发展时期。到 2014 年，中国中学生排球锦标赛已举办了 11 届。

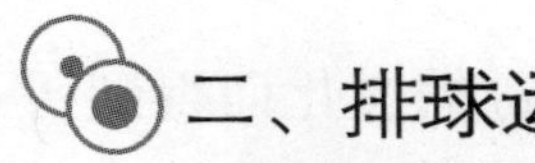

二、排球运动的特征

（一）形式的多样性和广泛的群众性

排球运动，因其场地、设备的要求简单，故其有着多种多样的形式，具体分为室内和室外。

（1）室内排球——6人排球、软式排球、气排球、墙排球、小排球、妈妈排球，以及专门为残疾人设计的盲人排球和坐式排球等形式。

（2）室外排球——地板、沙地、草地、雪地，甚至在水中都可以进行排球运动。

排球的规则容易，运动量可大可小，又表现出了其群众的广泛性特征。

（二）独特的文化性

排球文化蕴含着独特的文化性。排球运动作为一种映射人类智慧之光的实践活动，它所产生的思想观念和知识、管理体系，所创造的技战术、规则、方法、手段、器械设备以及记录和传播所必需的组织、宣传机构等，已经在人类的社会生活中构成了独特的文化现象。排球运动文化是以排球为媒介，通过发、垫、传、扣、拦、跑动、滚翻、鱼跃和扑救等活动形式锻炼四肢，达到强身健体、愉悦身心、加强协作、增进友谊之目的，形成一定的观念与价值取向，并以精神为核心的社会文化现象。具体表现在以下几个方面。

1. 自身的传承性

排球运动问世之初，是以娱乐游戏的萌动阶段从潜文化形态中剥离开来，逐渐向竞技对抗方向发展。排球运动文化的传播、冲突、分化是不断进行的，随着经济的发展和社会的进步，具有历史的传承性。排球运动在经过了多年的发展，也在相继的融合过程中不断地被人们所接受。排球运动经历了100

多年的承袭，在演化与发展的连续进程中，已成为一种先进的文化而得到历史的认可，显现了排球运动其自身的发展规律。

2. 鲜明的时代性

排球运动的发展与社会的进步是一致的。为了适应不同社会群体和环境条件的需要，各种形式的排球运动应运而生，形成了竞技排球和大众娱乐排球互相关联、互相依托、双轨共存的排球文化格局，显现了排球运动文化的时代性。

3. 流派的融合性

排球运动先后出现了“力量排球”“技巧排球”“高度排球”等体现民族地域自身优势的排球流派。在排球运动发展过程中，初级阶段的特征是各流派之间的争奇斗艳，而高级阶段的特征是共存和互补，各流派的不同战术体系在相互借鉴中，在保留和发展其精粹的基础上，逐渐趋向融合，其鲜明的民族地域界线开始模糊，走向“全攻全守型排球”的文化形态。

4. 竞赛的公平性

排球比赛为人们提供了一个公平竞争的场所，队员在规则允许的情况下，从 1 号位到 6 号位按顺时针方向轮换，从传、垫、扣、发到拦网的技术，再从防守战术到进攻战术，队员可以在不同的位置发挥不同的作用，每一个位置对队员的技、战术有不同的要求，队员在一场比赛中能够扮演不同的角色，对每一个队员来说，参与竞争的机会是均等的。因此，排球比赛为参与者提供了均等的竞争机会，可以培养参与者公平竞争的意识和在不同的竞争环境中的灵活应变能力，这是现代人在激烈的社会竞争中必须具备的基本素质。

5. 竞赛的有序性

在排球比赛中，运动员分前后排站位，比赛从发球方后排右侧的运动员发球开始。换发球时，双方队员必须在本场区内按轮转次序站位。只有换发球时才有位置轮换，如果一方连续得分则不用轮换。每局比赛开始，场上队员必须按位置表排定的次序站位，在该局中不得调换。球发出后，队员可以在本场区内的任何位置上，不受上述限制。在新的一局，每个队上场队员的位置可重新安排。登记在记分表上的队员都可被列入新的上场阵容。这些充分体现了排球运动的有序性。

（三）激烈的对抗性和严密的集体性

排球运动富于激烈的对抗性和严密的集体性。在排球比赛中，双方的攻防转换始终在激烈的对抗中进行。高水平比赛中，对抗的焦点在网上扣球上。在一场比赛中，夺取 1 分往往需要经过六七个回合的交锋。水平越高的比赛，对抗争夺也越激烈。排球比赛是集体比赛项目，除发球外，都是在集体配合中进行的没有严密的集体配合，再好的个人技术也难以发挥，更无法发挥战术的作用。比赛中双方充分利用规则允许的 3 次击球机会，通过精心设计和巧妙配合，在瞬息间完成攻防转换和完美的战术组合。水平越高的队伍，集体配合就越严密。

在运动中，每一方都在自己的场区内通过个人技术的配合以及团结奋战的斗志去争取胜利。项目的特点使长期参加排球活动者形成了良好的品格：勇敢而不鲁莽，冷静而不犹豫，灵活而不失章法，团结而不失个人风格。这种良好的品格和精神将优化参与者的文化个性，影响参与者的体育行为，甚至使他们在一生的工作和生活中都受益。排球的精神文化不仅体现在参与者的身上，而且也深入观赏者的心中。20 世纪 80 年代，中国女排队员不怕困难、忘我训练的优良作风和不畏强手、勇敢顽强的拼搏精神，给中国人民以力量、干劲和斗志，激励着人们在社会主义建设中团结奋进、努力向上。

（四）排球运动中蕴含的特殊魅力

在观赏排球比赛时，人们都可以从刁钻的发球、敏捷的防守、巧妙的二传、凶狠的扣杀和坚如磐石的拦网等中体会到排球带来的美好感觉，每一项技术所蕴含的高度技巧都体现出运动员的动作美。排球场上队员相互鼓励、团结和谐的作风和胜不骄，败不馁的精神，让人为之赞叹、为之喝彩。严密娴熟的配合、快速多变的立体进攻，又会让人们为运动员巧妙灵活的战术拍案叫绝。排球运动中各项击球动作的短暂性和空间多变的新鲜感，体现出运动技术的灵活性和技巧性，吸引了众多体育爱好者的参与，并通过亲自体会每一个细小的动作、每一次严密的配合所带来的运动快乐感和成就感。特别是在沙滩排球和软式排球比赛中，蔚蓝的天空、松弛的沙地和柔软的球体，使人更接近大自然、更容易获得运动乐趣。

三、排球运动的重要价值

（一）增进健康，强健体魄

排球运动由于具有竞技娱乐并存的特点，适于任何人参与活动或比赛。经常参加排球运动，不仅可以提高人的身体素质和运动能力，还可以改善人体中枢神经系统和内脏器官的功能状况。通过参加排球运动锻炼和训练，可以使人们增进健康、强健体魄。

另外，排球是一项身体活动很全面的运动项目。经常参加排球运动，对改善人的身体状况、提高身体素质、增进人体基本活动能力和对各种自然环境的适应能力，均大有裨益，同时可使人的大脑皮层特别是中枢神经系统的反应速度和协调性明显提高，对人的思想和意志品质产生积极的影响。在参加排球运动活动过程中，需要集中注意力，人体重心随各种来球而向上、下、左、右、前、后迅速变换，体现出快速敏感的反应与应变能力。这对提高人的观察、思维、分析能力，养成勤思敏学、当机立断的习惯都是有好处的，有利于益智与健脑。

（二）培养良好的心理素质

经常参加排球运动的训练或比赛，会学到很多控制自己情绪和调节自身心理的手段和方法。由于比赛中球不能落地，以及可以击 3 次球的特有规定，对于同伴判断失误而无法接球或接球不到位的情况，队员之间可以通过配合来进行补救，为下一次击球创造进攻条件。因此，经常参加运动，可以培养人的良好体育道德作风和团结协作的集体主义精神以及顽强拼搏的优秀品质。

（三）陶冶健康的道德品质

排球运动可以培养人们良好的道德意识、道德情感与道德行为习惯，对人的道德素质有重要的提升作用。

和排球运动相关的规则和规程像一张无形的铁网，把参与排球运动的人们的言行紧紧地罩住，限定在这些规则之中。同时，通过剧烈的对抗和比赛，人们的身体、心理和社会公德都可以得到良好的锻炼。另外，人们通过观看比赛，也可以从中得到健康的娱乐享受，精神得到陶冶。

（四）提高人的社会适应能力

人的发展离不开社会，社会适应能力直接影响人的健康。人们经常参加排球运动，可以获得更多与人接触和交往的机会，帮助人们更好地融入社会环境中，有助于加强人们的合作意识，培养团队精神增加人们的社会适应能力。具体表现在以下两个方面。

1. 排球运动中的角色扮演

体育活动的角色扮演和规则与现实社会生活中的角色、法规具有一定的相似性，而这种相似性有利于提高人的社会适应性。在参加排球运动时，要在规则允许的范围内更加积极主动地扮演好自己的角色，遵守体育道德规范，提高自己的社会适应性。同时，在与队友的配合中，在不同的分工中努力做好与自身角色相对应的攻防任务，也会在一定程度上增强自身的角色属性，加强自身的社会意识。

2. 排球运动有助于提高人的合作能力

参加排球运动能满足人的交往需要，并使人的性格得到改善。排球运动具有交往性和合作性的特点，同时，这种交往合作的活动具有很好的娱乐性，有助于建立人与人之间的友谊、满足人的交往需要、消除孤独感、改善人的性格等特点，从而有效培养人的团队意识，提高配合及应变能力。

由于排球运动是一项靠集体配合取胜的球类竞赛，因此在比赛场上，队员们只有相互协调，默契配合，才能获得比赛的胜利。另外，在排球比赛中，由于球既不能落地、又不能持球，故队员们还应具备应变能力。因此，长期坚持参加排球运动，在强健体魄、愉悦身心的同时，还可以提高机敏、应变、协调、配合的能力。

（五）振奋民族精神

随着社会的不断进步和发展，体育运动日益融入人们的生活，人们可以通过体育运动达成某些精神层面的共识，可以通过体育运动实现某些共同价值，甚至可以通过体育运动塑造民族精神，凝聚民族力量。我国的排球运动，就为塑造民族精神、凝聚民族力量做出了不可泯灭的贡献，对国人的民族精神产生了巨大的影响。

1981 年 3 月 20 日，在世界杯排球赛亚洲区预赛的关键一战中，中国男排对阵韩国队，在先输两局的情况下，中国男排奋起直追，连扳回 3 局，最终以 3:2 战胜韩国队，取得参加世界杯排球赛的资格。赛后，北京大学学子们喊出了“团结起来，振兴中华”的口号，一夜之间，传遍大江南北，极大地鼓舞了刚刚开始改革开放，搞四个现代化的国人。又如，中国女排的“五连冠”在 20 世纪 80 年代对国人产生了深远影响，在国人的心目中，中国女排就代表着拼搏精神；2003 年，时隔 17 年后，中国女排重新夺得世界杯冠军；2004 年，在雅典奥运会上，中国女排获得冠军。这些光辉战绩为中华民族的伟大复兴增添了光彩。

中国排球的辉煌战绩使国人精神振奋、勇气倍增，为中华民族的伟大复兴增添了光彩，“女排精神”也深入人心，激励着国人为中华民族的发展努力奋进。

四、排球基本技术

（一）准备姿势与移动技术

1. 准备姿势

准备姿势是排球技术的基础，它便于完成迅速移动、及时起跳、倒地等各种动作。

准备姿势动作要领：两脚左右开立，略宽于肩，一脚稍前，两脚尖适当内收，脚跟稍提起，膝关节保持一定的弯曲度，上体前倾，重心靠前，膝部的垂直线应在脚尖前面，两臂放松，自然弯曲，双手置于腹前，目视来球，两脚保持静中待动的状态。

2. 移动

排球运动具有球类运动的共同特点，来球情况千变万化，随时准备做各种不同的工作，因此必须做好准备姿势，以便应付各种情况。做好准备姿势的目的首先是为了迅速起动，快速移动去接近球，与球保持合理的相对位置，以便完成各种击球动作；同时也是为了及时起跳、倒地和做好各种击球动作。移动的步法有滑步、并步、交叉步、跨步、跑步和混合步。

（二）发球技术

在排球运动中，唯有发球才是排球运动员能够单独完全控制的技术。尽管有许多种不同类型的发球方法，但每种发球方法都应该遵循普遍的指导原则。发球的主要目标从小处讲是让球投入比赛中，从大处讲是为了得分。在排球运动中得分最容易的方法是让发球难以接传。通过发不同类型的球来打破对方球队的传球平衡。不管是发什么类型的球，只要速度足够快，球过网时留给对手的反应时间就更短。这样对手进入良好的位置传球的时间就会变少，或者球落在两个对手之间的空隙时让他们难以进行有效沟通。攻势凌厉的发球能够破坏对手的防御系统并扰乱他们的节奏。发球时要考虑的其他因素包括球的速度、发球球员沿着底线方向上的位置和距底线的距离，以及球落入对方场地的目标位置或区域。毫无疑问，发球时偶尔也会出现失误。请记住，纵向和横向发球出界总比发球撞在网上强，不要给对手留下机会决定是否接球。

在发球时，球队必须知道以下几条指导原则。

（1）每次发球都会计分。

（2）半空发球是排球运动中球员能够全面控制的技术，包括位置、速度和轨道。

（3）如果出现发球失误，则对方球队得分。

（4）攻势凌厉的发球有更大的机会扰乱对方的防御系统或节奏。

（5）发球得分应该比发球失误的概率高。

（6）发球球员每次发球都应该遵循例行步骤，包括深呼吸、选择目标和发球。

（7）简单有效的发球方式有助予获得更多的重复性成功。

（8）总是模拟比赛情形发球。

1. 下手发球

下手发球是将球发过网使其进入比赛中的一种方法。首先，将球持在腰部以下，然后稍微脱手抛起，并用另一只手击其下部，使球飞过球网。下手发球是最容易操作的发球方法，通常适合教给年轻球员和新手球员，因为他们的身体素质还不足以发上手球。

（1）身体平行于目标。发球球员应该沿着底线方向挑选一个舒适的发球位置，而且将从该位置进入球场中展开防守。发球球员应该面向球网另一侧的发球目标，前脚（与击球那只手相反那侧脚）对准目标，而且身体与目标保持平行。发球球员要保持身体稳定，膝盖稍微弯曲处于平衡的运动姿势。上半身稍微前倾，让重心落在后腿上。

（2）短抛。将球托在非发球或非击球那只手的手掌上。发球球员将抛球那只手伸出在发球一侧肩膀前方，将球持在臀部高度。将球从手中短距离抛起，仅高于臀部。下手发球的抛球比头上发球容易控制，有助于年轻球员学习。

（3）接触球。球从手中抛出后必须与手在空中接触，当发球那只手接触球时发球球员要看准球，确保发球有力，这点非常重要。手接触球的部位必须是坚实平坦的表面。发球球员可以采用完全攥紧的拳头、半开的拳头或者完全伸直的手掌。球表面上的接触位置应该刚好位于球后的中线下方处，让球向前上方飞过球网。发球还可以包含一个将发球球员的重心从后脚转移到前脚的前踏步，或者不需踏步直接将重心前移。这两种方法都能够给球施加更大的力量，让球飞过球网。

（4）随球动作对准目标。发球那只手（与球接触那只手）的随球动作应该到达肩膀高度，而且要面向球场，就好像要从球网上伸过去一样。这类似于保龄球的松手和后续动作。在进入球场进行防守前，发球球员要短暂保持该姿势。

2. 侧面发球

侧面发球是另一种让球进入比赛中的发球方法，稍微将球抛起并以侧面姿势击球使其飞过球网。侧面发球也适用于年轻球员。对于身体素质还不足以使用上手方法将球发过网的球员，可以采用该技术通过旋转身体发出比之前的下手发球更有力量的球。

（1）与球网保持垂直位置。发球球员应该沿着底线方向挑选一个舒适的发球位置，而且将从该位置进入球场中展开防守。发球球员的双脚大约齐肩宽，非击球的那一侧手臂偏向球网的一侧。发球球员要保持身体稳定，膝盖稍微弯曲处于平衡的运动姿势。上半身稍微前倾，让重心落在后腿上（距离球网最远的那条腿）。

（2）短抛球并转动身体。发球球员以非击球那只手的手掌将球持在腰部水平，球要远离身体，与非击球那侧肩膀对齐并且稍微倾向球网一侧。将球从手中稍微抛起，然后快速开始击球动作。球抛起后，先是臀部然后是肩部转向目标，提供更大的击球力矩，让球更有力量。该动作让身体重心落在前脚上，在手接触球期间和之后让上半身面向球网，便于发球球员快速进入球场中的防守位置。

（3）接触球。在接触球时发球球员应该看着球。击球那只手伸出在身体一侧远离球网的方向，然后挥动朝球网方向击球。手接触球的姿势可以是攥

紧的拳头、半开的拳头或者伸直的手掌，只要触球部位保持结实平坦即可。手上的接触点应该朝向目标区域。发球球员在抛球和接触球的过程中转移重心。这可以通过前脚向球网的方向踏一小步或者仅将重心从后脚转移到靠近球网的前脚。膝盖要弯曲，肩部稍微向前。

（4）随球动作对准目标。发球那只手（与球接触那只手）的随球动作应该到达肩膀高度，而且要面向球网方向进入球场中。在进入球场进行防守前，发球球员要短暂保持该姿势。

3. 站立发飘球

这种发球方法是大多数发球球员所采用的上手发球技术，包括新手和国际排球高手在内。如果发球球员的力量能够以上手动作将球从底线抛过球网，那么就可以学习如何发这种球。这是一种非常高效的发球方法，因为只要发球方法得当，球在飞行过程中会发生飘移（不旋转），导致落球路径难以预测，让对手无法准确接球。

（1）身体平行于目标。发球球员应该沿着底线方向挑选一个舒适的发球位置，而且将从该位置进入球场中展开防守。发球球员开始时要将非击球一侧那只脚放在前面，让重心落在后脚上。前脚、臀部和肩膀应该对准球要飞向的目标。膝盖稍微弯曲，身体处于平衡的运动姿势。用非击球那只手的指腹托住球，大约齐肩高而且要与发球侧肩膀对齐并稍微位于其前方。

（2）抛球、挥动手臂并转动身体。抛球时，抛球手的前脚应该向前踏出一小步或者直接将重心从后脚转移到前脚。发飘球时，球的抛起高度或者举起高度（为了更准确）应该在发球那只手伸直后能够触及的最大高度。球应该仅在空中短暂停留，符合举击时间。因为举起球准备抛球时，击球那只手的肘部要高高向后缩回（肩膀或以上高度），将击球那侧肩膀转向远离球方向。球抛起到达最高点时，要朝着球网的方向依次旋转臀部和肩膀，然后肘部和手依次向接触点移动。

（3）接触球。发球时精力要集中在球上，而且接触球时抛球手要盯着球。抛球手用平坦的手掌接触球后方中点稍微偏下处，手掌接触球时要面向目标。发球球员的手指不要接触球，然后将球直击过去。同上一节所学的一样，在刚要接触球前将重心前移，接着让肘部和前臂向前移动，手腕和手接触球时要保持结实。球应该在击球那侧肩膀的前方并且与其对齐。

（4）随球动作对准目标。击球那只手的随球动作要高（手掌为接触部位），而且手掌对准目标。在进入球场进行防守前，发球球员要短暂保持该姿势。

4. 跳发飘球

跳发飘球和站立发飘球基本相同，唯一的区别是接触球的过程中有一个靠近和跳跃的动作。这种发球方式让发球球员能够在更高点接触球，让发球以更加平直的轨道飞过球网，而且在空中停留更短的时间，让对方的传球手仅有更短的时间来做出反应和调节位置。只要运动员有足够的力量以上手方式从球场的底线将球抛过球网，那么就可以学习这种类型的发球。这种发球方法非常有效，因为只要发球的方式正确，球在飞行路径就会发生飘移（不旋转），让落球位置难以预测，使得对方的接球手极难准确接球。

（1）站在底线后方几步之外。发球球员应该沿着底线方向挑选一个舒适的发球位置，而且将从该位置进入球场中展开防守。发球球员必须距离后方底线足够远，以便在靠近并起跳时不会越过底线导致犯规。开始时发球球员应该让非击球一侧的脚站在前面，让身体重心落在后面那只脚上。应该双手持球大约齐腰高，而且要与发球那侧肩膀对齐并且稍微位于其前方。

（2）靠近底线准备发球。对于完整的三步跳，发球球员要先踏出非击球那侧脚，紧接着踏出击球那侧脚，然后站稳非击球那侧脚（稍微在前，更靠近球网）并双脚起跳。这种步法和在球网前发起进攻所采用的步法一样，跳

发飘球时也可以采用两步跳。开始位置和前者一样，以击球侧那只脚先向前踏步，然后非击球侧那只脚落地立定，让运动员能够双脚起跳。向球网方向稍微将球抛起可以双手将球抛起或者仅使用非击球那只手将球抛起。将球稍微抛起在击球侧肩膀的前方，发球球员同时开始三步跳中的第二步。对于两步跳，则在第一步将球抛起。球的抛起高度在 0.9 ~ 1.2 米，而且稍微倾向球网的方向，让发球球员能够跳起并在高处击球。

（3）跳起和挥动手臂。当发球球员举起球准备抛起时，击球那只手的肘部要向后高高缩起，从而转动击球侧肩膀远离球。当发球球员跳起至球抛起的最高点时，臀部和肩膀开始绕着中心轴向球网方向转动，接着肘部和手也一起转动，直到接触球。球应该位于击球侧肩膀的前方而且要与其对齐。

（4）接触球。在整个动作过程中，发球球员要关注球，而且要看到手接触球。要用手掌接触球后方中点稍微偏下处。手腕要保持结实，而且要稍微向后翘起，避免手指接触到球。发球球员要径直从球上击过去，手掌对准球网另一侧的目标。

（5）随球动作对准目标，双脚着地。击球那只手的随球动作要高而且进入球场中，手掌要朝向目标，同时双脚要平衡落地。向前动力应该在手接触球后驱使发球球员进入球场中。发球球员在球场中接着继续移动到防守位置。

5. 上旋球

上旋球是一种上手发球技术，可以使用非常巨大的力量击球，而且通常为中级和高级球员所采用。这种发球方法发出来的球以极快的速度通过球网，而且球会发生旋转，因此比飘球更快落到球场中。尽管上旋球的飞行轨迹比飘球更容易预测，但是球的下降速度更快，通常使球措手不及地落在对手前面，而不是正中下怀。上旋球看起来貌似要从底线飞出去，但是旋转会让球落在球场上，而不是落到界外。

（1）身体平行于目标。发球球员应该沿着底线方向挑选一个舒适的发球位置，而且将从该位置进入球场中展开防守。发球球员开始时要面向球网，与发球侧胳膊相反的那只脚在前面，身体重心落在后脚上。用非击球那只手持球于大约肩高水平，而且位于击球侧肩膀的前方，介于身体和球网之间。

（2）将球抛起并转动身体。发上旋球时将球直接抛起 0.6 ~ 0.9 米高，而且要与击球侧肩膀对齐。用非击球那只手的手掌握住球并向上抛，以上旋方式向球网前方旋转球。在抛起球时，击球那只手的肘部向后高抬，并向远离球的方向转动肩部和臀部。当球降落至击球范围后，向球网方向转动臀部和肩部，紧接着将肘部和手移动到接触点。

（3）接触球。发球球员要看准球，确保触球位置正确。首先以掌根接触球，手指张开以更大的面积接触球。接触点在球后方的中点下方，比飘球的位置略下一些。手臂挥至最高处时，手腕和手指扣在球的上部，使其飞向球网另一侧的目标。这种发球方式击球时可以将重心从后脚转移到前脚，或者前脚踏出一小步以提供力量。在接触球前背部要后弯。

（4）随球动作对准目标。收缩腹肌而且身体从腰部向前弯曲，为这种发球提供更多的力量。击球那只手的随球动作应该高举并伸入球场中，腕部向目标方向突然发力，然后继续向下运动至击球侧身体。在进入球场进行防守前，发球球员要短暂保持该姿势。

6. 跳旋球

跳旋球是非常出色的发球方法，如果击球时有足够的控制和速度，则对手接球可能会出现困难。任何有足够力量和控球能力的球员都可以发这种球。发球球员从底线后方以完整的扣球动作接近，然后以上旋球方式将球击入对方的场地中。尽管这种球的发球力度很大，但是其运动轨迹是可以预测的，而且上旋运动让球更快进入对方场地中。在许多情况下，球会落在试图接球

的球员的前方。另外，只要发得好，跳旋球还会引起球迷的欢呼。

（1）身体朝向球网。发球球员应该沿着底线方向挑选一个舒适的发球位置，而且将从该位置进入球场中展开防守。发球球员开始时面向球网并且距离底线足够远，以便能够开展完整的进攻性接近。

（2）用发球那只手将球抛起。发球球员用发球那只手的手掌将球托在较低位置，球要与击球侧肩膀对齐，身体重心要保持平衡。发球球员以肩膀作为支点，并以上旋的方式将球高高抛起在身体前方，而且要朝球网的方向，稍微位于球场底线的内侧。抛球的高度要在发球球员能够控制的最高高度上，而且要与击球侧肩膀对齐。

（3）接近球并挥动手臂。跳旋球的起跳接近动作用来将水平动作转换成垂直的增强跳跃动作。发球球员在抛起球的瞬间就要开始四步接近动作（也可以采用三步接近，但是四步在起跳前能够积累更多的动能）。球员发球开始时，击球侧的脚跨出第一步，同时抛球那侧手臂下放在后面，然后踏出非击球侧的脚，同时抛球的手臂向前挥动并释放球。接下来依次迈出第三步和第四步（双脚几乎同时着地），并站立开始跳远，在球到达最高处时跳起击球。在站立姿势时，膝盖要弯曲准备跳起，而且双臂要向后伸高；起跳后，快速挥动双臂，猛地向前上方拍击在球上。

（4）接触球。在身体跳起的最高点，击球侧肩膀应该转动远离球的方向。非击球侧胳膊作为指导向上方伸展并接近抛起的球。发球侧胳膊的肘部应该处于高位，手掌张开并朝向远离身体方向，腕部保持松弛。发球球员的身体要从起跳点向前飞。球上的接触点位于球后方中心偏下处，接住球时手要张开，手指也要伸开。手腕快速向上运动拍在球上，向目标方向形成上旋球，而且身体在空中向后弯曲，以提供更多的力量。作为指导的手臂的肘部向身体下方收，开始转动臀部和右肩。击球侧肩膀现在位于球的正下方，发球侧胳膊的肘部准备伸展并挥动，让发球那只手接触球。身体转动完毕，击球侧胳膊完全伸直。

（5）脚着地和随球动作。发球球员双脚平衡着地于球场底线内侧。只要在底线后方接触球或者从底线后方跳起在空中接触球，那么发球球员在球场内着地就是完全合规的。击球后手腕和手向地面方向运动。然后，发球球员跑入球场中开始防守。

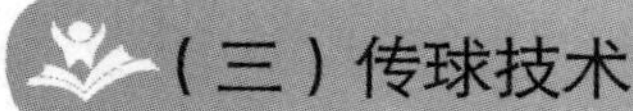

（三）传球技术

1. 前臂传球

前臂传球用来接过网的高球或发球。双手和双臂并拢在一起形成平坦结实的表面，通过该表面接触球并将球传给二传手或者球网附近的目标区域。精通该技术对于排球运动的成功至关重要。

（1）预备姿势。双脚齐肩宽，稍微前后站立，右脚稍微向前，膝盖弯曲。身体应该处于中等高度姿势，便于运动员快速移动。上身向前弯曲，头部位于双脚的前方。双手应该是悬垂于膝盖前方，肩膀放松弛，锁定肘部，双手张开，手掌朝向球网。该姿势看起来很像棒球运动中的游击手，等待击球手击球。臀部和双脚应该朝向球过来的方向（如发球球员方向）。在采取预备姿势时，运动员应该快速评估其在球场中相对于其他队友以及边线和底线的位置，以便于能够做出良好的判断，决定自己接球还是让队友接球，或者让球出界。

（2）解读发球球员。在准备接发球以及裁判准备吹哨时，球员应该处于预备姿势而且要关注发球球员。球员要观察发球球员所看的方向，并通过观察抛球的高度、方向和接触球的位置确定发球球员想要将球发往何处。关注这些细节有助于解读发球的类型以及球将要落在何处。在球从发球球员手中发出至球被接住这段时间，球员要继续关注球的动向。接球手要观察球的方向、飞行轨道、速度和旋转并与队友交流这些信息。

（3）向球方向水平移动。一旦判断确定球的方向后，球员要向球的方向快速挪动，双脚分开，右脚向前而身体保持平衡，试图将球挡到想要其落下的位置。球员应该尽力让双脚接近球，而让身体位于球的后方尽可能远处，即用身体的中线挡住球。身体的动作要保持水平，仅需向下移动头部和眼睛。这样做非常重要，不仅能够清楚地看到球，而且运动员也不必浪费时间升高和降低身体。

（4）用平坦部位接触球。球员要使用双前臂合拢时形成的平坦部位接触球。球员要保持球、平坦部位和目标在视野范围内，在接触球后尽可能停下来并保持平衡。接发球（或高球）的传球目标位置就在球场中线的右侧，因此球员要将平坦部位的角度调向该方向，而且在接触球后要将重心转移到右脚朝向目标的方向上。记住，在快接触球前才合拢双前臂形成平坦部位。如果双臂并拢过早，就会妨碍运动员快速有效地接近球。应该使用前臂内侧介于手腕和肘部之间的多肉部位接触球，以提供良好的回弹表面。拇指根应该并拢，手腕向下伸展。肘部要伸直，前臂要放平。接球的平坦部位应该远离身体，位于排球的下方而且肩膀耸起。球员通过降低内侧肩膀（最靠近目标侧）来调整双臂和肩膀的角度，使其朝向目标区域。理想情况下，当球落至腰部和膝部之间的高度时要接触球。这样传球手有更多的时间准备接球，而且让飘球有足够的时间停止移动或者以更加可以预测的路径飘落。如果球到达时过高，传球手应该快速向后退步，将身体从目标方向转开，同时保持与接触球的部位结实而且对准目标。在球靠近接球部位的过程中眼睛要继续关注球，确保能够准确接触球，然后将关注点转移至目标。

（5）平坦部位对准目标。接触球后，球员还需要继续让平坦部位暂时对准目标，同时保持平衡姿势，然后向前移动扣球或者掩护队友扣球。如果球员不能保持该姿势，则表明其在传球时身体不平衡。如果发生这种情况，球员和教练要花时间观察传起的球的路径，而且如有需要要调整下次传球的路径。

2. 头上传球

任何球员都可以采用头上传球来接过网球。在绝大部分级别的比赛中排球规则已经发生改变，允许通过头上传球来接发球或扣球。以头上传球作为一传不一定要非常完美。排球在发球时飞行速度更快，因此只有双手足够强壮的球员才能尝试接发球。球员必须知道需要保护手指，避免手指碰到过来的球。头上传球还用来将高球传给二传手。然而，采用头上传球接发球与垫球技术稍有不同。它比常规的二次接触垫球限制更松，因为两次接触仅局限于第一次接触的球必须来自球网的另一侧。

在下列情形中，球员可以使用头上传球来接发球：

①短球，因为球的飞行速度不快而且飞行轨道比较高，因此球比较柔和。

②球位于球员的腰部或肩膀上方而且飞行速度不是特别快，球员可能要接近球网处摆好预备姿势，以便快速转换击球。

③传球手位于球的正下方的任何时候，除非球位于额头正上方，否则很难进行头上传球。

④任何需要加快防守速度攻破对方拦网的时候，由于球在更高的位置接触，所以让球能够更快地从一传手转移给二传手。

（1）预备姿势。在球进入球场中间（中线和底线之间的平分线）前球员要进入预备姿势，这样就能够采用头上传球接发球而不至于让球出界。

（2）向球移动。在球发出后，球员要向球将落下的方向移动并进入预备姿势，以便能够在额头上方接触球。

（3）接触球。在就要接触球前球员要将手举起在额头的前方，确保能够快速向前移动，不让双臂影响移动速度；然而球很可能会以非常快的速度飞行，所以球员必须快速将双手举起。双手的位置要比二传时稍微靠拢一些，而且手指要张开。手腕要伸直，手指要伸展开，确保球有较大的接触面积。一旦

接触球后，双手和双臂要向上移动，将球传给二传手或传到目标区域，即球场右侧中间附近且要离球网几步远。传球的高度大约为离地面 3 米高，而且要传向目标区域或二传手。

（4）向天花板随球动作.球员在接触球后让双手保持举在空中。双手和手指要向目标方向完成随球动作。

3. 正面传球

正面传球本质上是一种头上传球，它对头上传球技术加以特别利用，让二传手将球传给进攻球员扣球。正面传球用来将球传给进攻球员，使其能够用力挥臂扣球，而且避免球撞网或飞过中线。正面传球是给进攻球员传可扣球的最精确方法，因为传球手使用双手而不是前臂来传球。由于双前臂在并拢形成平坦部位时可能会形成不同的角度，所以头上传球要更加准确。

（1）预备姿势。二传手需要快速移动到球场的恰当位置，以便从这个靠近球网的目标位置将球传给进攻球员。二传手的上半身应该向前倾斜，双脚要处于前后站立姿势，通常是右脚稍微位于前面，随时做好准备移动，比如接触发球后或者队友将球救起。身体的重心要落在双脚的跖球部位上。二传手必须能够判读球场情形和球的动向，以便能够快速移动到球网前的正确位置。他还必须知道队员在球场上的分布，避免在接发球时抢球。

（2）网前姿势。如果二传手在发球或接球前未在预备位置上，那么应该迅速向球网前的目标区域移动，到达后以平衡的姿势停下，身体处于中等高度的预备姿势，双脚和额头位于球的下方和后方，准备好在球到达时接球。二传手的肩部和臀部应该面向球场的左侧，从该位置能够垫起绝大部分球。球员的双脚应该齐肩宽，其中右脚稍微向前，而双膝弯曲避免意外将球垫过网。让最靠近球网那一只脚向前，这样肩部面向更合适方向的可能性更大，避免球飘到另一侧，遭到正在等待的拦网球员的反击。

重要的是，二传手每次都要以自然平衡的身体姿势接触球，这样就能够在传球时不暴露意图，试图骗过对手自己的传球方向。在这个姿势下，二传手能够看到对方拦球手的动作，在准备将球传向目标区域时也能够看到己方的传球手和传球接触部位。在二传手到达该位置准备传球时，他要快速扫一眼（仅移动眼球）左侧标志杆，了解自己在球场上的确切位置。

（3）双手位于额头上方的姿势。一旦进入恰当的位置而且准备接触球，二传手要将双手举起。二传手要将双手张开，而且手指放松伸张，双手的拇指和食指形成一个三角形，双手在额头前上方形成球的形状。肘部向外，自然舒适地弯曲 90° （角度）。二传手的目光要通过三角形看到过来的球。在球到达前，双手要提前放在额头上方。

（4）接触球。所有手指的指腹应该接触球，其中食指、中指和拇指的接触面积最大，而且接触球的下部后方。球不要接触到手掌，也不要停靠在手中。无名指和小手指帮助拇指控制传球的方向。球的重量和冲击力将使手腕稍微向额头方向移动，然后二传手在接触球的瞬间马上向前上方伸展手腕和肘部。可以通过腕部吸收冲击力让接球变得轻柔，从而能够快速将球释放。二传手还应该同时向前上方推举和伸展双腿和双臂。给球施加的加速度能够控制传球的距离和高度。球距离目标越远，就需要施加越大的加速度，需要越多地使用双腿的力量。

（5）随球动作向天花板。二传手将重心转移到球和前脚上（沿着球网的方向时为右脚）。注意，二传手要总是面向球场的左前方，以便对传球进行伪装，而且让习惯使用右手的进攻球员扣球更容易。对于高至标志杆的高传球，整个身体要向天花板伸展。将球定向至落在球网附近 0.6 ~ 0.9 米处，在球离开后手指和手后要保持随球动作。对于短距离的传球，用手腕和手指将球弹起，肘部向天花板方向伸展更短的距离，而双腿稍微伸展即可。二传手要暂时保持随球动作，确保传球准确然后快速移动为进攻球员提供掩护。如果二传手

未能保持该姿势，他一开始传球时可能就未处于正确的平衡姿势。

4. 背后传球

由于大多数扣球手都是惯用右手的，因此二传手传球时通常站在球场的左侧面向扣球手。对于惯用右手的扣球手而言，球从其击球侧肩膀前方落下比从其前方横穿过更容易击球。不过，难免有时发生扣球手位于二传手后方的情形，在这种情况下二传手必须通过背后传球来将球传给扣球手，并以此分散对方的防守。背后传球要尽可能进行伪装，以便让中位拦球手待在原地，而且不要过早将球传给扣球手，因为二传手的目标是让扣球手仅在面对一个拦球手时发起进攻。背后传球和正面传球相似，唯一不同的地方是随球动作。

（1）预备姿势。二传手需要从球场上的原位快速移动到球网附近的目标位置，以便为进攻球员传球。二传手的上半身应该向前倾，双脚处于前后站立姿势，通常是右脚稍微在前，而且随时做好准备在合适的时机移动，比如在发球或救球时。身体重心位于跖球部位上而且要均匀分布。二传手必须能够解读球场的形势和球的移动，以便能够快速移动到正确的网前姿势。此外，他还必须知道队友在球场上的位置，避免接发球时发生抢球。

（2）网前姿势。二传手必须能够快速高效地从原来位置移动到球网附近的目标位置为进攻球员传球。和正面传球一样，二传手必须能够平衡地停下来，身体向前倾斜处于中等高度的预备姿势，双脚和额头位于球的后下方，便于在球到来时快速接球。重心平均分布于跖球部位，双脚前后站立大约齐肩宽，最靠近球网的那只脚在前（右），膝盖弯曲，这样做有助于避免意外将球传到球网的另一侧。让右脚位于前方保持肩膀面向球场的同一侧而不是面向球网。二传手的肩部和臀部要面向球场的左侧，他要从这里传大部分球。

（3）手在额头上方的姿势。一旦进入恰当的位置而且准备接触球，二传手要将双手举起。二传手要将双手张开，而且手指放松伸张，双手的拇指和食指形成一个三角形，双手在额头前上方形成球的形状。肘部向外，自然舒适地弯曲 90° 。二传手的目光要通过三角形看到过来的球，而且在三角形下方观察己方进攻球员和队友。在球到达前，双手要提前放在额头上方。

（4）转移重心。接触球时，二传手向前移动臀部至球的下方，弓起背部，将身体重心转移至前脚（最接近球网那只脚）。这个稍微向前的动作有助于改变球的方向。

（5）接触球。所有手指的指腹应该接触球，其中食指、中指和拇指的接触面积最大，而且接触球的下部后方。球不要接触到手掌，也不要停靠在手中。无名指和小手指帮助拇指控制传球的方向。球的重量和冲击力将使手腕稍微向头部方向移动，然后二传手对着天花板向后上方伸展手腕和肘部，将肘部收起在耳朵后方，让球转移到二传手的身体后方。给球施加的加速度能够控制传球的距离和高度。球距离目标越远，就需要施加越大的加速度，需要越多地使用双腿的力量。

（6）向后向天花板的随球动作。二传手进行随球动作时，双臂、双手和手指向头部后方天花板方向移动。在整个随球动作中，二传手的臀部和肩部应该和左前方的目标位置保持平行。二传手的头要向后倾斜，观察球的运动轨迹，并短暂保持随球动作。然后，二传手需要快速转向球网方向，为扣球手提供掩护。

5. 侧面传球

如果传球或救球要紧挨着球网，可以通过侧面传球来实现。在进行侧面传球时，二传手既可以面向球网也可以背向球网。和其他传球方法一样，侧面传球也是在二传手的额头上方接触球，但是随球动作偏向侧边或者落在侧边。对于侧面传球最重要的一个方面是二传手必须小心确保双手同时而且用力均匀地接触和释放球，避免因两次触球而犯规。尽管随球动作偏向一侧，但是方法和正面传球或背后传球一样，双手最终高举朝向目标。

（1）预备姿势。二传手需要从球场上原来的位置快速移动到球网附近的目标位置，以便于将球传给进攻球员。二传手的上半身要向前倾斜，双脚应该处于前后站立姿势，通常是右脚稍微在前在合适的时机随时做好准备移动，比如在接发球或救球时。身体重心位于跖球部位上而且要均匀分布。二传手必须能够解读球场的形势和球的移动，以便能够快速移动到网前。此外，他还必须知道队友在球场上的位置，避免接发球时发生抢球。

（2）网前姿势。二传手一旦冲刺到球网前方，就需要进入最佳的位置将球传给其中一个扣球手。二传手可以转动身体让肩膀和臀部面向球网，或者可以保持让背部朝向球网，即让肩膀和臀部背向球网。二传手必须能够平衡地停住，身体以中等高度的预备姿势向前倾，双脚和额头位于球的后下方，做好随时接球的准备。重心平均分布于跖球部位，双脚前后站立大约齐肩宽，最靠近球网的那只脚在前，膝盖弯曲。

（3）双手在额头上方的姿势。一旦进入恰当的位置而且准备接触球，二传手要将双手张开，而且手指伸张并保持结实，双手的拇指和食指形成一个三角形，双手在额头前上方形成球的形状。肘部向外，自然舒适地弯曲呈90° 角。如果二传手面向球网，肘部不要接触到球网。二传手的目光要通过三角形看到过来的球。在球到达前，双手要提前放在额头上方。

（4）肩膀下降。在接触球时，二传手降低最靠近目标那侧肩膀，而且腰部稍微向将要传球的方向侧向倾斜。该动作能够让双手均匀地接触球，避免因二次触球导致犯规。

（5）接触球。所有手指的指腹应该接触球，其中食指、中指和拇指的接触面积最大，而且接触球的底部。球不要接触到手掌，也不要停靠在手中。在双臂向上伸展的过程中，无名指和小手指帮助拇指控制传球的方向。

关键的是双手要均匀地接触球，以避免传球犯规。如果一只手接触球的时间比另一只手接触球的时间长，那么将导致触球犯规。双手和双臂必须同时向天花板方向伸出，最终距离球网 0.6 ~ 0.9 米，而且要朝着目标进攻球员的位置。

（6）从侧边朝向天花板的随球动作。在二传手的随球动作中上半身要向侧边弯曲，双手和手指要朝着传球方向指向天花板。二传手要继续观察球的飞行路径并短暂保持随球动作，然后再快速移动为扣球手提供掩护。

6. 跳起传球

在跳起传球中，二传手先从地面跳起再传球。这是一种高级的技术动作，如果二传手能够准确控制传球位置将会增加战术优势。使用该技术的原因之一是球在空中停留的时间很短，让进攻球员有更好的机会向拦网球员发起进攻。跳起传球可以用来加速防守，因为球能够从二传手的手中更快发出，而这又是因为二传手还没等球落下就跳起传球。此外，如果二传手站在前排而且被视为第二次击球时的威胁，那么也可以采用跳起传球。这会给拦网球员施加更大的压力，因为他们需要判定二传手是将球击过网还是将球传给其他进攻球员。如果二传手惯用左手，这种方法则更加有效，因为二传手能够决定是作为进攻球员扣球还是将球轻扣过网，而不是传球给其他进攻球员。拦网球员和防守球员需要严密关注进行跳起传球的二传手。另外，当传球或救球接近球网的顶端或者为了阻止传球越过球网时，也可以采用跳起传球。

在采用跳起传球时，二传手能够进行精确传球非常重要。尽管跳起传球可能是非常壮观的战术动作，但是只有二传手在跳起时仍然能够出色传球才能发挥作用。如果二传手经验不足，则可能会出现触球犯规或者传球很糟的情况。要想正确地执行该技术，二传手必须拥有良好的上半身体能和身体控制，因为他在传球时不是依靠双腿从地面跳起，而且需要保持良好的控制来准确传球。

（1）预备姿势。跳起传球的预备姿势与正面传球一样，二传手需要从球场上原来的位置快速移动到球网附近的目标位置，以便将球传给进攻球员。二传手的上半身应该向前倾斜，而且双脚要处于前后站立姿势，通常是右脚稍微在前，只要时机合适随时做好准备移动。身体重心均匀分布在跖球部位上。二传手必须能够解读球场的形势和球的移动，以便能够快速移动到网前。此外，他还必须知道队友在球场上的位置，避免接发球时抢球。

（2）网前姿势。二传手必须能够快速高效地从原来位置移动到球网附近的目标位置为进攻球员传球。跳起传球也和正面传球一样，二传手必须能够平衡地停下来，身体向前倾斜处于中等高度的预备姿势，双脚和额头位于球的后下方，便于在球到来时能够跳起接触球。重心平均分布于跖球部位，双脚前后站立大约齐肩宽，最靠近球网的那只脚在前（右），膝盖弯曲，这样做有助于避免意外将球传到球网的另一侧。让右脚位于前面，而且朝向球场的左前方，这样能够让肩膀与边线保持平行，而且也大大减少了球飞过网落在拦网球员手上的概率。二传手的肩部和臀部要面向球场的左侧，他要从这里传大部分球。

二传手一旦处于恰当的位置，就可以快速将目光从过来的球转移开，进而观察自己在球场中的位置以及与所面向那侧边线之间的距离。他只需要扫一眼面前的标志杆就可以获得该宝贵信息。

（3）跳起姿势和手姿势。二传手的膝盖稍微弯曲，而且要垂直向球的方向跳起。跳起的时机把握取决于二传手的跳跃能力，尤其是能够跳起多高以及能够停留在空中多长时间。在跳起并达到最高点时，二传手要张开双手，手指也要张开而且保持放松形成一个三角形，其中拇指和食指位于额头的前方，摆放成球形姿势。肘部大约弯曲 90°，但是靠近球网那侧肘部要紧贴在身体侧边，避免二传手接近球网时触碰到球网。二传手通过三角形的中间观察球。重要的是，二传手要垂直跳起，避免干扰到向球网方向移动准备击球的快攻手。

（4）接触球。所有手指的指腹应该接触球，其中食指、中指和拇指的接触面积最大，而且接触球的底部。球不要接触到手掌，也不要停靠在手中。在双臂向上伸展的过程中，无名指和小手指帮助拇指控制传球的方向。二传手跃起在空中时，球的重量和冲击力会将他的手腕向额头方向稍微后推。接触球时且未落地前，二传手要马上向前上方伸展手腕和肘部，同时向前上方伸展和推动双臂。肘部和腕部伸展给球施加的加速度控制着传球飞行的距离和高度。

（5）随球动作和着地。在接触球后，球员要从跳跃中双脚平衡着地，然后快速移动为扣球手提供掩护。双脚平衡着地表明二传手在空中处于平衡的姿势，能够合规准确地将球传给扣球手。

7. 单手传球

仅当传来的球非常接近球网或者球就要飞过球网而且二传手不能用双手传球时才使用单手传球。在这种情况下，二传手只是试图避免球从球网飞过，等待扣球手跳起扣球。二传手和扣球手将同时跳起在空中，其中二传手使用右手手指的指腹来控制球。当二传手跳起为扣球手将球保持在己方一侧时，对方的拦球手可能也会同时跳起发起进攻，二传手必须为此做好准备。这对二传手而言可能存在危险，他必须预防手指被击中。此时，二传手还必须决定是否将未受保护的手伸起，或者将手握成半拳或拳头再将球顶起在空中。

（1）预备姿势。二传手需要快速移动到球场的恰当位置，以便从这个靠近球网的目标位置将球传给进攻球员。二传手的上半身应该向前倾斜，双脚要处于前后站立姿势，通常是右脚稍微位于前面，随时做好准备移动。身体的重心要落在双脚的跖球部位上。二传手必须能够判读球场情形和球的动向，

以便能够快速移动到球网前的正确位置。他还必须知道队友在球场上的分布，避免在接发球时抢球。

（2）网前姿势。二传手必须能够快速高效地从原来位置移动到球网附近的目标位置为进攻球员传球。和正面传球一样，二传手必须能够平稳地停下来，身体向前倾斜处于中等高度的预备姿势，双脚和额头位于球的后下方，便于在球到来时能够跳起接触球。重心平均分布于跖球部位，双脚前后站立大约齐肩宽，最靠近球网的那只脚在前（右），膝盖弯曲，这样做有助于避免意外将球传到球网的另一侧。二传手的身体要面向球的左侧，他要从这里传大部分球。在这个姿势下，二传手能够看到对方拦球手的动作，在准备将球传向目标区域时也能够看到己方的传球手和传球接触部位。让身体处于自然姿势还能够避免对手觉察到他要将球传向何方。二传手一旦处于恰当的位置，就可以快速将目光从过来的球转移开，进而观察自己在球场中的位置以及与所面向那侧边线之间的距离。他只需要扫一眼面前的标志杆就可以获得该宝贵信息。

（3）跳起姿势和手姿势。一旦球员进入球下方正确的位置，他挥动双臂并利用双腿将身体弹入空中。跳起的时机把握取决于二传手能够跳起多高以及能够停留在空中多长时间。重要的是，二传手要垂直跳起，避免干扰到向球网方向移动准备击球的快攻手。因为这是拯救糟糕传球的一种尝试，所以手的姿势不一定要非常完美。关键的是，二传手只需要起跳在空中，最接近球网那只手张开成球形（类似于手在轻拨球或者吊球时的姿势），要面向朝手的方向过来的球。有时候将手攥成拳头或半拳更有效。

重要的是，二传手的主要目标是确保合规触球，这意味着球不能停留在手上。因此，在某些情形下，利用打开的掌根可以提供一个接触球的平面，将球合规地传给扣球手。

（4）接触球。所有手指的指腹要接触球。对于单手传球，二传手的主要目的是尝试拯救糟糕的传球，所以他可以只将球轻轻托起给扣球手。球不可以停留在手指的指腹上，因此快速轻托能够让球快速进入空中，为快攻手做好准备。此外，二传手还可以将球推给外围的扣球手，使球远离球网，但是将球传到外侧需要非常强的手部力量。

（5）随球动作和着地。在接触球后，手臂、手和手指向着天花板完成短暂的随球动作。二传手要尝试双脚平衡着地，然后快速移动为扣球手提供掩护。

（四）拦网

拦网是排球防守的第一道防线，涉及跳起并双手举在球网上方，将球挡回到对手一侧的球场。拦网可以通过部署拦网球员来实现，让拦网球员将球场的一部分封锁住，迫使对方的进攻球员将球扣入拦网区域，或者以不同的方向将球扣到后排防守者区域，或者削弱对方原先想要达到的击球速度。拦网球员可能将扣球挡回到对手的球场，或者挡在己方球场上空，让队友接手，或者迫使对方进攻球员轻拨球或失速击球。部署良好的拦网可能不会接触球，但是会将扣球引导向拦网球员周围的防守者。最佳的拦网球员能够洞察比赛形势并拥有良好的时机把握能力，能够在正确的时间点起跳将双手拦在球网上。良好的核心力量能够帮助拦网球员在空中稳定身体姿势，而且在进攻球员扣球过来时能够保持肩膀、手臂和手处于恰当位置。

1. 预备姿势

拦网球员以自然平衡的运动姿势站立，距离球网大约一臂远，双脚齐肩宽，膝盖稍微弯曲随时准备移动或起跳。肘部要齐肩高，前臂抬起与球网呈45°。双手向上，刚好位于两肩外侧，手指张开手掌向前。手的位置要足够高，让拦网球员能够看到手背而且未挡住视线。身体重心稍微向前，脚跟稍微离地。对于预计拦截快速进攻的中位拦网球员，所传的球距离球网越近，手举起的

位置要越高，以便能够更快地拦在球网上。

2. 判读形势

拦网球员需要观察比赛形势的发展，判读和预计进攻的可能性，而且要通过良好的时机的把握能力和判断力准确进入就绪位置。拦网球员的眼睛要睁大，而且首先要观察对方球场上的总体形势。拦网球员要观察对方的整个球场、所有对手以及球的移动。拦网球员首先要盯紧向对方传球手或救球球员移动的球，然后观察对手的挡球部位，从而判断球的回弹角度。这点非常重要，因为对手可能传球不佳，直接将球传过了网，在这种情况下拦网球员必须做好击球准备。

判断传球的质量后，拦网球员接着要观察二传手，看看传球的方向是否能够确定。（要想获得线索，在热身运动期间仔细观察二传手，找出其传球是否存在任何偏好，并将该信息告诉队友）球传球后，拦网球员要快速看一眼球的飞行轨道，确定球将要落下的位置以及将要传给哪位进攻球员，这样拦网球员就能在恰当的时机出现在恰当的位置。

3. 平行于球网移动

拦网球员一旦决定将要扣球的进攻球员以及球的方向和飞行轨道，就要让最接近传球位置那只脚平行于球网移动，身体和双手的位置保持不变，让双手完全处于拦网球员的视线中而且位于网底上方。拦网球员可以采用两步、三步和五步步法，具体取决于需要沿着球网的方向移动多少距离，才能在球将过网那刻到达进攻球员的肩部前方。例如，如果拦网球员需要移动到球场的右侧，而且仅需三步就可以到达进攻球员的前方，那么第一步要先移动右脚，然后再移动左脚，最后双脚着地，脚趾与球网保持垂直，膝盖仍然保持弯曲，做好垂直起跳的准备。在此刻，拦网球员还需要注视进攻球员是如何接近球的，以便能够进入进攻球员肩膀前方的最佳位置，出色地完成拦网任务。如果球传向球场的外侧，那么外侧拦网球员将进行“传球式拦网”，或者确定拦网球员相对于进攻球员的起跳位置，而中位拦网球员也会加入进来，形成双重的拦网阵势。

4. 垂直跳起

拦网球员要在进攻球员挥臂前起跳，确保在进攻球员接触球时自己的双手已经拦在球网上方。传的球距离球网越远，那么拦网球员起跳的时间就越晚。通过伸展脚踝和膝盖垂直起跳非常重要，这样位于拦网球员后方的防守球员就可以在周围部署拦网。此外，让多位拦网球员在空中保持足够近的距离也很重要，这样拦网球员的手臂和手之间就没有空隙可乘，而进攻球员的球就无法穿越。在起跳而且进攻球员刚要接触球前，拦网球员要注意进攻球员的脸部转向何方以及眼睛在看何处。这通常是进攻球员扣球方向的提示。如果是单人拦网，对于直线下降的扣球，拦网球员要调整姿势让内侧脚和手与球网另一侧的球对齐；对于斜穿球场的扣球，拦网球员要调整姿势让外侧脚和手与球网另一侧的球对齐。这也适用于双人拦网——外侧拦网球员的姿势和刚才描述的单人拦网球员一样，而中位拦网球员在起跳前移动并接近外侧拦网球员的内侧脚、臀部和肩膀处。

5. 伸手过网

拦网球员将双手从球网平面伸过去，手要保持低位而且靠近球网，将双臂（如果拦网球员跳得没有那么高的话，就是双手）之间的球网区域封死，不让任何球从中穿过。这就避免任何扣球从球网上方拦网球员的双臂和双手直接穿过。拦网的终极目标就是尽一切努力将球阻挡在对手侧球网上。拦网时身体要稍微弯曲，让腹部和核心肌肉保持绷紧。双臂要伸直并锁定，肩膀耸起，让拦网球员保持稳当有力的姿势。当用力扣球打在拦网球员的手上时，这能够帮助拦网球员的肩膀和双臂保持稳定。双手充当挡板，通常双手之间

的距离小于球的直径，手指和腕部要硬挺，而且要独立活动。对于外侧拦网球员，外侧手弯曲回到球场中，而内侧手朝向球场中间。对于中位拦网球员，内侧手或者最靠近球场中间的那只手要朝向进攻球员，切断斜穿球场的扣球。因此，手掌要朝向希望将球反弹回到对手场地的方向。

6. 平衡着地姿势

拦网球员从跳起高处降落时，双手要保持高举，以便能够在扣过来的球的前面停留尽可能长时间。拦网球员要双脚平衡着地，膝盖稍微弯曲，这样就能够根据球过来的方向任意移动，而且随时准备好从拦网角色转变成进攻角色。

五、排球基本战术

排球运动是一项集体竞赛项目，因而不仅要求每个队员有比较熟练的基本技术，而且要求全队密切配合，运用得当的战术，发挥全队每个队员的特长，才能取得比赛的胜利。

（一）阵容配备

1. “三三”配备

由三名进攻队员和三名二传队员组成。站位时，一名进攻队员间隔一名二传队员。目前采用这种配备形式的队伍比较少。一般适用于初学者和水平较低的球队。

2. “四二”配备

由四名进攻队员（主攻和副攻队员各两名）和两名二传队员组成，他们分别站在对角的位置上。目前，在水平一般的球队中采用这种配备形式的比较多。

“四二”配备的优点是每一轮次前排都有一个二传队员和两个进攻队员，便于组织“中二三”“边二三”进攻，战术配合有一定的稳定性。缺点是前排进攻点相对较少，隐蔽性差，不能适应高水平球队的要求。

3.“五一配”备

由五名进攻队员和一名二传队员组成。位置的安排与“四二”配备基本相同，只是由一名进攻队员站在与二传对应的位置上作为接应二传，其目的是弥补在主二传来不及到位传球时所出现的被动局面，但主要还是承担进攻任务。这种阵容配备在水平较高的球队中普遍采用。

“五一”配备的优点是加强了拦网和前排进攻力量，使全队的进攻队员只需适应一名二传队员的技术特点，有利于统一指挥、相互配合，能够更好地控制比赛的进行，使进攻战术富于变化。缺点是当二传队员轮转到前排时，有三轮前排只有两名进攻队员，影响了前排整体进攻的威力。

（二）进攻战术

进攻战术主要有以下三种形式：“中一二”进攻阵型、“边一二”进攻阵型、“插上”进攻阵型。

1.“中一二”战术形式特点

容易组织，但战术变化少，只能两点进攻，战术意图容易被识破，战术的突然性和攻击性小。其变化形式有扣球队员通过二传队员传出集中、拉开、背传和平快等各种球，采用斜线助跑、直线助跑和跑动中变步起跳扣球等。

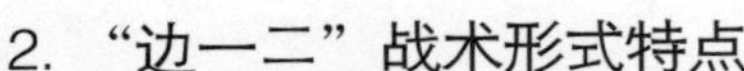

2. “边一二”战术形式特点

形式简单，容易掌握，也是基本战术形式之一。其变化形式有：除“中一二”战术形式变化外，还可组织“快球掩护拉开”“前交叉”“围绕”“快球掩护夹塞”“梯次”“短平快掩护拉开”“掩护活点进攻”等战术变化。

3. “插上”战术形式特点

保持前排 3 人进攻，能充分利用网的全长，发挥每个队员的特点，组成快速多变的各种战术变化。进攻的突破点多，突然性大，使对方难以有效地组织集体拦网和防守。

（三）防守战术

主要介绍“心跟进”和“边跟进”两种防守战术。

1. “心跟进”防守形式

在本方拦网能力强，对方采取打吊结合时采用。当甲方 4 号位队员进攻时，乙方 2、3 号位队员拦网，后排中心的 6 号位队员在本方拦网时跟在拦网队员之后进行保护，其余 3 名队员组成后排弧形防守。其优点是加强了前区的防守能力，缺点是后排防守队员之间的空档较大。

2. “边跟进”防守形式

多在对方进攻较强，吊球较少时采用。当甲方 4 号位队员进攻时，乙方 2、3 号位队员拦网，其他 4 个队员组成半圆弧形防守。如遇甲方吊前区，由边上 1 号位队员跟进防守。其优点是加强了拦网，缺点是边上的队员既要防直线，又要跟进防前区，比较困难。

第三节　篮球运动系统训练方法

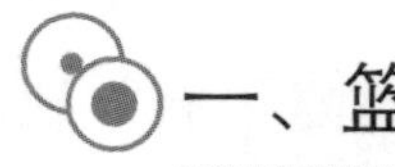

一、篮球运动

（一）篮球运动的起源

篮球运动是由美国马萨诸塞州斯普林菲尔德市基督教青年会训练学校体育教师詹姆斯·奈史密斯博士于1891年发明的，是为了解决学生们在寒冷的冬季上体育课的难题而发明的室内集体游戏活动项目，后逐渐发展完善成为世界上影响最大的运动项目之一，深受人们的喜爱。由于主要设备是挂在墙上约305厘米（10英尺）高的篮子(Basket)和需要投中篮子的球(Ball)，所以命名为“篮球”。

（二）篮球运动的发展

最初的篮球比赛规则很简单，对于场地大小、参加人数多少、比赛时间长短都没有统一的规定。1892年奈史密斯制定了第一部13条的原始规则，1915年美国制定了全国统一的篮球竞赛规则，并翻译成多种文字，向全世界推行。

1932年，在瑞士日内瓦成立了国际业余篮球联合会（简称国际篮联），并制定了第一部世界统一的竞赛规则，为篮球运动的发展打下了坚实的基础。

1904 年美国基督教青年会男子篮球队在第三届奥运会上进行了表演，向全世界宣传篮球运动，1936 年在第十一届奥运会上，男子篮球被列为正式比赛项目，1976 年女子篮球被列为第二十一届奥运会比赛项目。

（三）中国篮球运动的发展

篮球运动于 1895 年由美国国际基督教协会派往中国天津基督教青年会任职的第一任总干事来会理先生介绍传入我国的天津市。1896 年在天津中华基督教青年会举行了最早的表演赛，以后逐步由天津向全国传播、推广。

1910 年中国举行的第一届全运会将篮球列为男子表演项目，在 1914 年的第二届全运会上被列为男子正式竞赛项目，1924 年第三届全运会上被列为女子正式竞赛项目。1936 年和 1948 年中国曾派队参加了第十一届和第十四届奥运会篮球赛，但都未能进入决赛。1936 年奥运会期间中国加入了国际篮球联合会。

在中国共产党领导下的革命根据地，篮球运动受到广大人民群众和红军、八路军将士的喜爱。1938 年八路军 120 师师长贺龙和政委关向应亲自组建了“战斗篮球队”，抗日军政大学三分校以东北干部为主组成了“东干篮球队”，在革命根据地有较大的影响。

中华人民共和国成立后，篮球运动得到了发展。20 世纪 50 年代初在北京成立了中央体训班篮球队，不久各大区都组建了篮球集训队，我国篮球运动跨入了新的发展时期。在 1959 年举办的第一届全国运动会上，篮球运动被列为比赛项目。“文化大革命”期间，我国篮球运动的发展受其影响而停滞。

20 世纪 70 年代后期，体育战线全面拨乱反正，我国篮球竞技运动确立了赶超国际水平的新目标，篮球运动得到了迅速恢复与发展。我国男、女篮球队开始重新活跃在国际篮坛，1975 年中国篮球协会在亚洲业余篮球联合会取得了合法席位，1976 年国际业余篮球联合会通过决议，恢复中国篮球协会在该会中的合法席位。改革开放后，我国篮球运动进入最佳发展时期，在世界级及亚洲的比赛中不断获得优异成绩。女篮在 1983 年第九届世界锦标赛和 1984 年第二十三届奥运会上均获得了第 3 名，进入了世界强队行列，在 1992 年第二十五届奥运会上又获得亚军，在 1993 年世界大学生运动会上获得冠军，在 1994 年第十二届世界锦标赛上获得亚军。男篮则在蝉联亚洲榜首的基础上，在 1994 年第十二届世界男子篮球锦标赛上第一次进入世界前 8 名，表明我国篮球运动竞技水平正向世界最高水平冲击，跨入了百年来发展的黄金时代。

1996 年在举办全国甲级队联赛的同时，举办了由前卫体协、吉林、北京体师（现 / 首都体院）、上海交大等 8 个省市、部队、学校组队参加的男子职业篮球联赛，当时称 CNBA 职业联赛。这是我国职业化联赛的开端，也是一次大胆的尝试，但不久因故暂停。此后，中国篮协决定进一步对竞赛制度进行改革，并以全国男篮甲级联赛赛制为突破口，以产业化、职业化为主导方向，开始加速篮球竞赛体制改革的进程。1997 年，国家体委成立了篮球运动管理中心，在管理体制改革上迈出了重要的一步，即把传统的甲级联赛正式命名为 CBA 职业联赛。现在 CBA 联赛已成为国内重要的体育赛事之一。

二、篮球基本技术

篮球技术分为进攻和防守两大部分，进攻技术有传球、接球、运球、持球突破、投篮等，防守技术有防守对手、抢球、打球、断球、盖帽等。此外，移动、抢篮板等技术的攻防含义皆有。

（一）移动

进攻者运用急起、急停、转身、变速变向跑等动作，摆脱防守去完成进攻任务，防守者则运用跑、停、滑步、后撤步、交叉步等动作阻止进攻。这些争取比赛主动权的行动都离不开快速灵活的脚步动作。

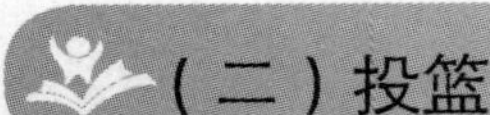

（二）投篮

按照持球的方法不同，可分为双手投篮和单手投篮；依据投篮前球置于身体部位的不同，可分为胸前、肩上、头上等不同的投篮动作；就运动员投篮时移动形式而言，又可分为原地、行进间和跳起投篮。

（1）原地双手胸前投篮。两脚左右或前后站立，两膝微屈、两脚脚跟略离地面，上体稍向前倾，两手手指自然张开，握球两侧略后的部位，两拇指相对成“八”字形，掌心空出，持球于胸前、屈肘靠近身体。投篮时，两脚蹬地身体伸展，同时两臂向前上方伸出，拇指向前上方用力推送，手腕稍外翻，使球从拇指、食指、中指指尖投出，球向后旋转飞行。

（2）原地单手肩上投篮（以右手为例）。右手五指自然分开，手心空出，用指根以上部位持球，大拇指和小拇指控制球体，左手扶球的左侧，右手屈肘，肘关节自然弯曲，置球于右肩上方。投篮时，下肢蹬地发力，右臂向前上方伸直，手腕前屈，食、中指用力拨球，通过指端将球柔和地送出。球出手的同时，身体随投篮动作向前伸展。

（3）行进间单手低手投篮（以右手为例）。在跑动中接球或运球突破上篮时，应先跨右脚接球或拿球，接着第二步跨左脚起跳，左脚跨的步子稍小一些（已能掌握基本动作者，其左脚跨出的步子大小，可根据对方防守的情况和进攻的需要选择），右腿屈膝上抬，身体上升到最高点时，右臂向上伸或向前上方伸，掌心向上，用手指和手腕的力量将球上拨。

（4）运球急停跳投（以右手为例）。在快速运球中，用一步或两步的方式接球停步，两膝微屈，身体重心下降，迅速蹬地起跳，同时两手迅速举球于右肩上。当身体接近最高点处于稳定的一刹那，迅速向上伸臂，用右手的手腕和手指的力量将球投出。

（三）传、接球

1. 传球基本技术

（1）双手胸前传球。两手五指自然分开，拇指相对成“八”字形，用指根以上部位握球的两侧后下方，掌心空出，两臂自然弯曲于体侧，将球置于胸前。肩、臂、腕肌肉放松，两眼注视传球目标，身体成基本姿势。传球时，后脚蹬地，身体重心前移，同时两臂前伸，手腕由下向上翻转，同时拇指用力下压，食、中指用力弹拨，将球传出。双手胸前传球是一种最基本、最常用的传球方法，具有准确性高、容易控制、便于变化的优点。

（2）单手肩上传球（以右手为例）。原地右手肩上传球时，两脚前后开立，左脚在前，侧对传球方向，右手肩上托球于头侧，掌心空出，以转体、挥臂、甩腕以及手指拨球的力量将球传出。单手肩上传球是一种中远距离的传球方法。其特点是传球力量大、速度快、距离远，在长传快攻和突破起跳分球时经常采用。

（3）单手体侧传球（以右手为例）。两脚开立，两腿微屈，双手持球于胸前。传球时，左脚向左跨步的同时将球移至右手引到身体右侧，出球前一刹那，持球手的拇指在上，掌心向前，手腕后屈，出球前臂向前做弧线摆动，当球摆过身体右前方时，迅速收前臂，用手腕、手指的力量将球传出。特点是隐蔽，动作快而幅度小。

（4）反弹传球。反弹传球是一种近距离较隐蔽的传球方法，是小个队员对付高大防守者的有效传球手段。方法很多，如单、双手胸前，单手体侧，单手背后等反弹传球，都可通过地面反弹传球给同伴。所以动作方法与各种传球相同，但运用反弹传球时要掌握好球的击地点，一般应在传球者距离接球者 2/3 的地方。如防守自己的对手距离自己较远，而传球的距离又较近时，可向防守者的脚侧击地传出。球弹起的高度一般在接球人的腰部为宜。

2. 接球基本技术

接球时眼睛要注视来球，肩、臂都要放松，手臂应迎球伸出，手指自然分开。当手指触球时，屈肘，臂后引，缓冲来球的力量，两手握球，保持身体平衡，以便做下一个动作。

（1）接反弹球。掌心要向着来球反弹的方向，屈膝弯腰并向前下方伸手迎球，五指自然分开成上、下手接球动作。在球刚刚离地弹起时，手指触球将球接住。接球后手腕迅速向上翻，持球于胸腹前保持身体平衡，成基本站立姿势。

（2）接球后急停。安全接球后急停已成为进攻技术的基础。要点是正确运用转入下次进攻的衔接点，不要犯带球走违例的错误。

（3）摆脱接球。摆脱接球是抢先一步接球的动作。为了安全准确地接球，无球队员以切入、策应等配合创造接球机会。

（四）运球

运球不仅是个人摆脱防守进攻的有利手段，而且还是组织全队进攻战术配合的重要桥梁。下面介绍几种主要运球技术。

（1）身前换手变换方向运球。右手运球向左侧做变向时，右手拍球的右侧上方，使球从右侧反弹向左侧，同时右脚向左侧前方跨步，侧右肩向前，并迅速用左手拍球的正后方继续运球前进。左手运球向右变向时，则与右手动作相反。特点是便于结合假动作，变化突然，易造成防守者错误判断，伺机运、传，从左至右、从右至左改变方向的运球。以娴熟的左、右假动作和反弹高运球突然降低至 30 ~ 50 厘米低运球来控制身体重心是决窍。

（2）胯下运球。使球穿过两腿之间来改变运球方向的运球技术。近来有更多使用胯下运球技术的倾向。其理由是两腿可以保护球，且可以安全转换方向，防守者的手难以够着。

（3）后转身运球。身体左侧对防守者，左脚在前做中枢脚，右手左右后侧运球或向后运球，同时做后转身，换左手拍球的后上方运至左侧，右脚落地贴近防守者的右侧（脚尖向前），然后运球继续前进。特点是转身时便于保护球、改变球的路线幅度大、攻击力强、灵活多变。

（五）抢篮板球

抢篮板球分为抢进攻篮板球和抢防守篮板球两种。

（1）抢进攻篮板球。当同伴或自己投篮时，处在近篮的进攻队员首先应判断球的反弹方向，然后先向相反方向的侧前方跨步，利用身体虚晃的假动作，诱开身前的防守队员，绕跨挤到对手的前面或侧前方，抢占有利位置，借助跨步或助跑起跳，跳至最高点补篮或抢篮板球。

（2）抢防守篮板球。当对方投篮出手后，首先应注意对手的动向，并根据当时与进攻队员所处的位置和距离的远近，运用上步、撤步和转身抢占有利位置，把进攻队员挡在身后，与此同时还要判断球的落点准备起跳。

（六）防守

1. 防守无球队员

防守队员应站在对手与球篮之间的内侧，保持与对手有适当的距离和角度，做到以人为主，人球兼顾，使对手和球处于自己的视野之内，随对手的动作积极跟进移动，调整防守位置，堵截其移动和接球的路线，手臂配合做出伸出、挥摆、上举等动作，干扰对手接球，争取抢、断球。

（1）防纵切。如图 6-1 所示，A 传球给 B，a 及时偏向球侧错位防守，当 A 向篮下纵切要球时，a 应抢前防守，合理地运用身体堵住对方的切入路线，

同时伸臂封锁接球，迫使对手向远离球的方向移动。

（2）防横插。如图6-2所示，A持球，C欲横插过去要球，c应上步挡住对手，并伸臂不让对手接球，用背贴着对手，随其移动到有球一侧。

（3）防溜底。如图6-3所示，A持球，C溜底的时候，c要面向球滑步移动，至纵轴线时，迅速上右脚前转身，错位防守，右臂伸出不让对方接球。

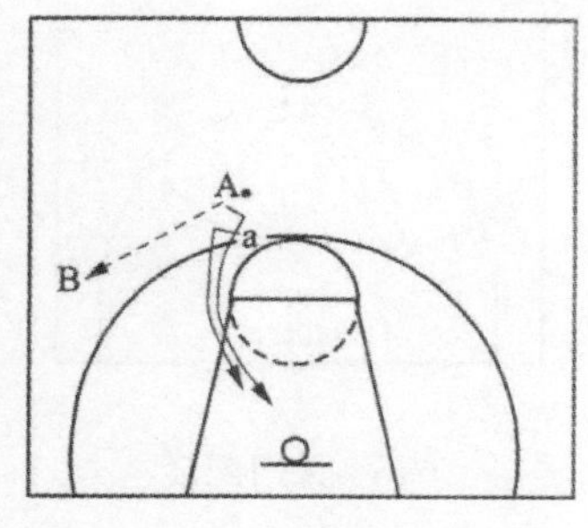

图6–1　防纵切

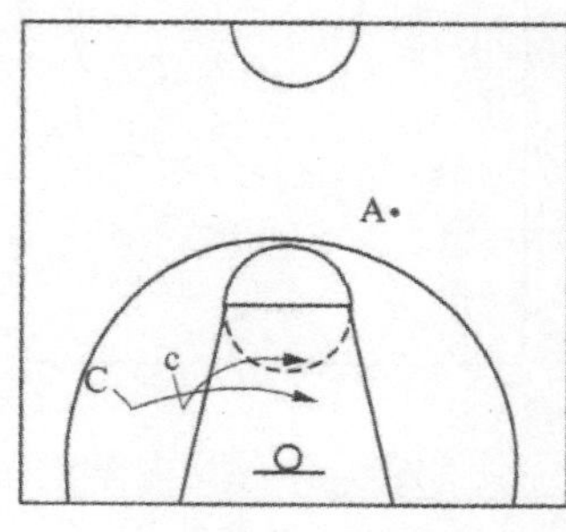

图6–2　防横插

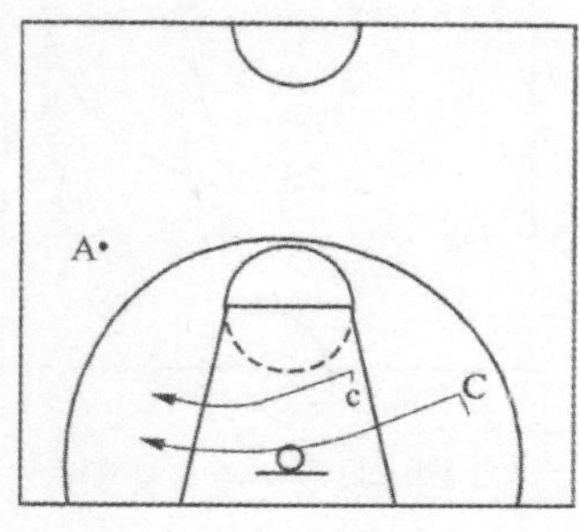

图6–3　防溜底

2. 防守持球队员

当对手接球后，迅速调整防守位置和距离，占据对手与球篮之间的有利位置，还要与对手保持适当的距离（一臂左右）。一般来说，离球板远则远，近则近，并根据对手的特点（投篮或突破）而有所调整。防守持球队员在离球篮近时采用贴近的攻击步防守，离球远时则采用平步防守，无论采用哪一种防守，都要积极移动，阻截和干扰对方传球、投篮，同时伺机抢、断球。

三、篮球基本战术

（一）基础配合

1. 进攻基础配合

进攻基础配合，是指两三名进攻队员，为了创造投篮机会，合理运用技术而组成的合作方法。

（1）传切配合。传切配合有两种，分别为一传一切配合和空切配合。

一传一切配合：如图6-4所示，A传球给D后，立刻摆脱对手a向篮下切入，接D的回传球投篮。

空切配合：如图6-5所示，A传球给D时，C突然切向篮下接D的传球投篮。

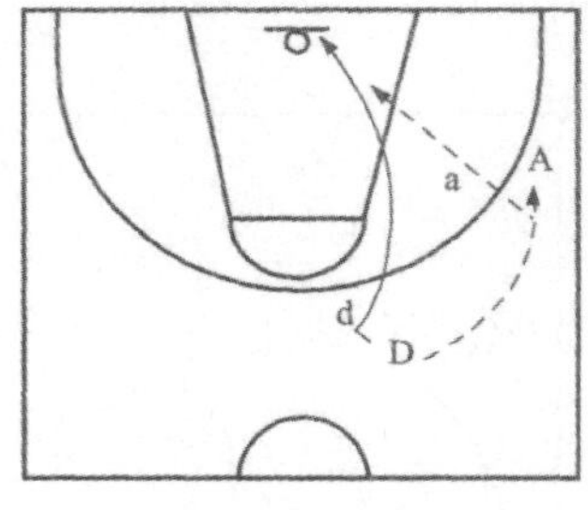

图6-4　一传一切配合

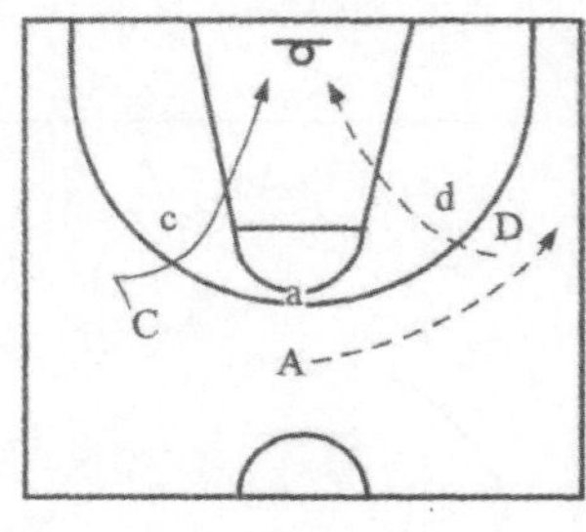

图6-5　空切配合图

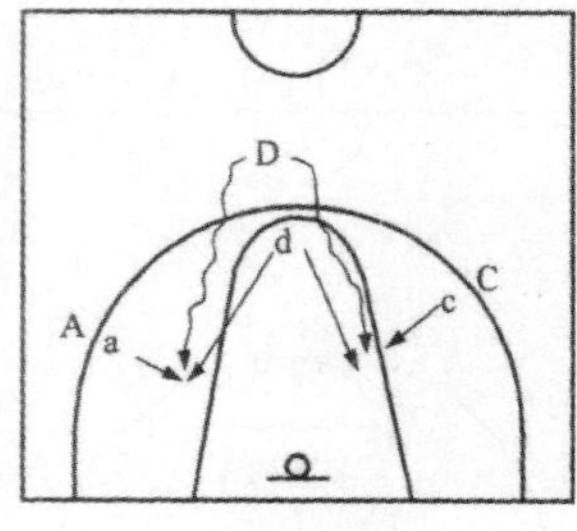

6-6　关门配合

（2）突分配合。有球队员持球突破后，主动地或应变地利用传球与同伴配合的方法。其要求是，突破动作要突然、快速，在突破过程中，要随时观察场上攻、守队员行动和位置的变化，既要做好投篮的准备，又要及时、准确地传球给同伴。其他进攻队员要掌握时机，及时跑到有利于进攻的位置上接球。

（3）掩护配合。掩护配合是掩护队员采用合理的行动，用自己的身体挡住同伴的防守者的移动路线，使同伴得以摆脱防守，或利用同伴的身体和位置使自己摆脱防守的一种配合方法。掩护配合的形式根据掩护的位置和方向不同，分为前掩护、后掩护和侧掩护三种。

2. 防守基础配合

防守基础配合，是指两三名防守队员，为破坏对方进行配合，或当同伴防守出现困难时，及时互相协作行动的方法。以下是几种常用的配合。

（1）关门配合。“关门”是两个防守队员靠拢协同防守突破的配合方法。如图6-6所示，当D从正面突破时，a、d与d、c进行“关门”配合。

关门配合的要求是，防守队员应积极堵住进攻者的突破路线；临近突破一侧的防守队员要及时向同伴靠拢进行“关门”，不给突破者留有通过的空隙。关门配合也运用于区域联防。

（2）夹击配合。指两个防守队员积极防守一个进攻队员配合的方法。如图 6-7 所示，A 从底线突破，a 封堵底线，迫使 A 停球，d 同时向底线迅速跑去与 a 协同夹击 A，封堵其传球路线，迫使其违例或失误。

夹击配合要正确地掌握夹击的时机和区域。行动要果断，出其不意。在形成夹击时要用身体和腿部限制进攻队员的活动，用手臂封堵传球或接球，但要防止不必要的犯规。

（3）补防配合。指防守队员在同伴漏防时，立即放弃自己的对手，去补防威胁最大的进攻者，而与漏人的防守队员及时换防的一种协同防守方法。如图 6-8 所示，D 传球给 A，突然摆脱 d 的防守直插篮下，此时 c 放弃 C 的防守补防 D，d 去补防 C。

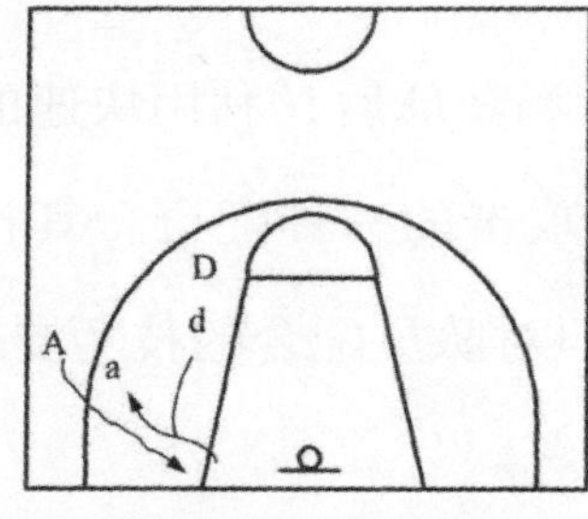

图 6-7　夹击配合

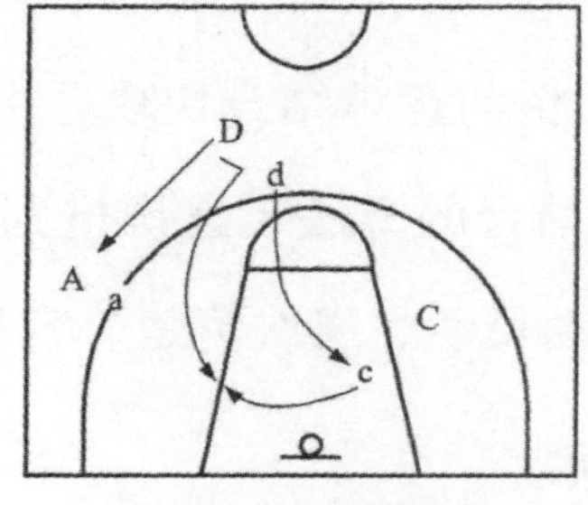

图 6-8　补防配合

（二）快攻与防守快攻

1. 快攻

快攻是由防守转入进攻时，乘对方未站稳阵脚之前，抓住战机以最快的速度、最短的时间，果断而合理地发动攻击的一种速决性战术配合。发动快攻的时机是在抢获后场篮板球、抢球、断球和跳球获球后。快攻的形式有长传快攻、短传和运球快攻相结合等。

（1）抢后场篮板球长传快攻。如图 6-9 所示，D 抢到后场篮板球后，首先观察场上的情况，寻找长传快攻的机会。B 和 C 判断 D 有可能抢到篮板球时，便立即起动快下，争取超越防守队员接 D 的长传球投篮。

（2）断球长传快攻。如图 6-10 所示，C 断球后，看到 B 已快下，可立即传球或运球后传球给 B 投篮。

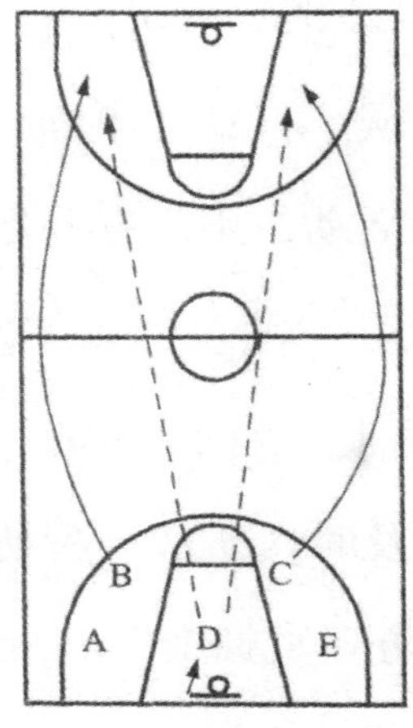

图 6–9　抢后场篮板球长传快攻

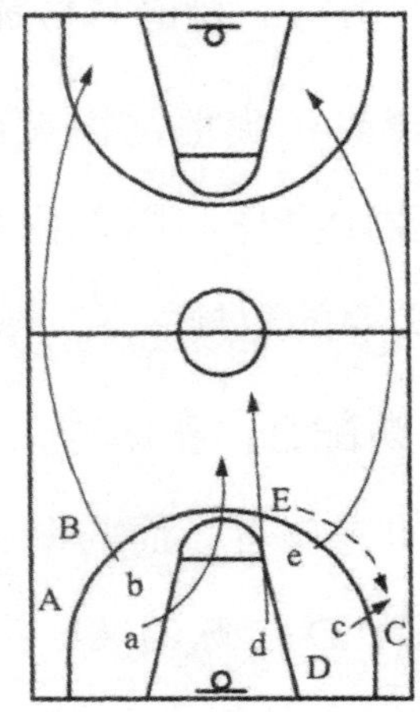

图 6–10　断球长传快攻

（3）短传与运球结合快攻。指队员在后场获球后，利用快速的短传球和运球推进相结合的方法迅速推进到前场进行攻击的一种配合。其特点是参加人数多、机动灵活、层次清楚、容易成功，但对队员配合的技巧要求较高。

2. 防守快攻

篮板球是发动快攻的主要先决条件之一，积极地与对方争抢前场篮板球是防止发动快攻的重要步骤。

（1）有组织积极地堵截对方发动快攻的第一传，是防守快攻的关键。

（2）防守快下队员。快下队员是对方长传快攻的主要成员，如果快下队员接到球，将给防守造成极大的困难。因此，当对方抢获篮板球时，外线队员要迅速退守，在退守过程中，控制好中路，堵截快下路线，紧逼沿边线快下的进攻队员，切断对方长传球的路线。

（3）提高以少防多的能力。当对方发动快攻并迅速地向前场推进时，防守队往往来不及全部退防，出现以少防多的局面。提高一防二、二防三的能力，重点防篮下，为同伴回防赢得时间，这就必须提高个人防守能力，以及同伴之间的相互补防能力。

（三）攻防半场人盯人

1. 人盯人防守战术

该战术是在由攻转守时，放弃前场的防守，全队迅速退回后场，每人盯住自己对手的配合方法。它以个人防守为基础，综合运用挤过、穿过、交换、关门、夹击等几个人之间的防守基础配合所组成的全队战术。

防守要点：人盯人防守要从由攻转守时开始。此时，每个队员都要快速退向自己的后场，立即找到对手，形成集体防守；要根据对手、球、球篮选择有利位置，做到球、人、区兼顾，与同伴协同防守。

防守原则："以球为主，人球兼顾""有球紧，无球松""近球紧，远球松"，积极移动，抢占有利位置。

运用时机：半场扩大人盯人防守主要用于对付外围远投较难、突破与篮下进攻能力和后卫。控制球能力相对较差的队，而本队需要扩大战果，争抢时间时；半场缩小人盯人防守用于对付中远距离投篮不准、突破和篮下攻击能力较强的队，本队得分已占优势，保持体力再扩大战果时。

2. 进攻人盯人防守战术

进攻人盯人防守是根据人盯人防守战术的特点，从每个队员的具体实际出发，综合运用传接球、投篮、运球、突破等个人技术动作和传切、掩护、策应等几个人之间的战术基础配合所组成的一种全队进攻战术。

进攻人盯人战术的要点为：由守转攻后，要迅速到位。

第四节　网球运动系统训练方法

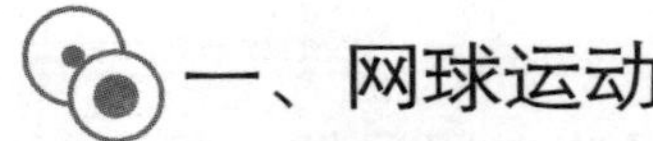

一、网球运动

网球 (Tennis) 运动历史悠久，其早在 13 世纪至 14 世纪，便盛行于法国、英国的宫廷，被称为皇家网球。1873 年，英国人温菲尔德改进了早期的网球打法，使之成为能在草坪上进行的一项运动，取名为“草地网球”，并出版了《草地网球》手册，制定了最早的网球运动规则。温菲尔德因此被人们称为近代网球运动的创始人。1877 年 7 月，在英国的温布尔登举行了第一届草地网球比赛，这标志着近代网球运动的开始。

网球比赛分男子单打、女子单打、男子双打、女子双打、混合双打、男子团体和女子团体七个项目。影响较大、较著名的网球赛事包括温布尔顿网球锦标赛、美国网球公开赛、法国网球公开赛、澳大利亚网球公开赛。凡参加“四大赛”的选手，如有一名（单打）或两名（双打）运动员能在一个年度内赢得这四个锦标赛的单打或双打冠军，便被誉为“大满贯得主”。

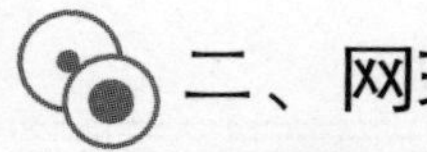

二、网球基本技术

（一）握拍

目前，网球基本的握拍法可分为三种：东方式握拍法、西方式握拍法、大陆式握拍法。

1. 东方式握拍法

东方式握拍法分为正手握拍法和反手握拍法。

（1）正手握拍法。握拍手的虎口对正拍柄右上侧棱，手掌根与拍柄右上斜面紧贴，拇指垫握住拍柄的左垂直面，食指稍离中指，食指下关节压住拍柄右垂直面，五指紧握拍柄。拍面与地面垂直，手握拍柄好像与人握手一样。亦称“握手式”握拍法。

（2）反手握拍法。正手握拍法的基础上把手向左转动 1/4（即转动 90°)或拍柄向右转动 1/4（即转动 90°），虎口对正拍柄左侧棱面。即用手掌根压住拍柄的左上斜面，拇指直贴在拍柄的左垂直面上，食指下关节压住右上斜面。

2. 西方式握拍法

握拍时，球拍面与地面平行，拇指与食指几乎成直角，拇指直伸压住拍上平面，食指下关节握住右上斜面，与拍底平面对齐，手掌从上面握住拍柄。这是底线上旋攻击型打法的首选握拍方法。这种握拍法的优点在于能击出强有力的上旋球，且稳定性强。但是其技术难度相对较大，初学者在开始学习时较难掌握。

3. 大陆式握拍法

由于其形状像握着锤子的样子，所以又称为握锤式握拍法。由拇指与食指形成的 V 字形虎口放在拍柄的上平面与左上斜面的交界线上，手掌根部贴住上平面，与拍柄底部平齐，大拇指与食指不分开，食指与其余三个手指稍分开，食指下关节紧贴在右上斜面上。这种握拍法的优点在于无论是正、反手击球时都不需要转换握拍，简单灵活。但是底线击球时不容易发力，因此是底线的攻击性打法所不适宜采用的握拍方法。

（二）基本步法

网球击球时，其脚步主要采用“开放式”和“关闭式”两种方法。

1. “关闭式”步法

左脚向来球的方向迈出一步，两脚的假想连线与来球的方向平行。这种步法在底线正反手击球和网前截击中大量运用。初学者应首先学习这种步法。

2. “开放式”步法

击球时，两脚平行站立，以前脚掌为轴，转胯转体形成击球步法。通常在有一定技术基础的前提下运用这种步法。

（三）发球

发球动作由准备姿势和站位、抛球与后摆动作、挥拍击球和随挥动作四个技术环节组成。下面介绍几种常见的发球方法。

1. 平击发球

平击发球的击球点应在身体的右前上方，击球的后上部，挥拍时“鞭击”动作发力要集中，充分向上伸展身体以获得最高的击球点来提高命中率。这

种发球几乎没有旋转，球差不多笔直地下去，力量大，往往贴着网才能进入场内，在绝大多数场地上球反弹较低，一般用于第一发球，发球成功时有时能直接得分，但平击发球失误率较高。

2. 切削发球

这种发球实用且易掌握，对初学者最适宜。它是一种以右侧旋转（稍带上旋）为主的发球法，球抛在右侧前上方，球拍击球部位在球的右侧偏上方，整个挥拍动作是从右侧上方至左下方，使球产生右侧旋转。球的飞行路线是一条从右向左的弧线，可以提高命中率并把对方拉出场外回击，尤其在右区发球。削击发球的准确率高，常用于第二发球。

3. 上旋发球

上旋发球时，抛出球的位置在头后偏左的头上方；拍面的触球点在球的中部偏下方；击球时身体成弓形，利用杠杆力量对球施加旋转，球拍快速从左向右上方挥动，并从下向上擦击球的背面，使球产生右侧上旋。球的过网点较高，落地急速，球落地后反弹很高，但这种发球难度较大。

（四）接发球

接发球在态势上是被动的，受发球方的制约，并且发球在瞬间千变万化，多数发球都指向接球方软弱的地方，因此，接发球技术是最难掌握的技术之一。接发球的站位，一般位于端线附近，力求在接发球时向前移动击球。同时，保持着两脚平行站位，比肩略宽，右手持拍者一般右脚稍前，两膝微屈，上体稍前倾，脚跟提起，将球拍置于体前。

在接发球的全过程中眼睛始终要注视来球，一直到完成还击动作。要观察对手的抛球，这样有利于判断发球的方向和旋转。对方第一次发球时多采用大力发球，站位应偏后一些；如果对方是第二次发球，站位可略向前移，这样有利于采取攻击性的还击。

接大力发球时不要做大幅度的后摆动作，主要是控制好拍面角度，并握紧球拍，以免拍面被震转动。还击来球之前要观察对方行动，对自己的回球路线和落点要有所考虑。选择好接发球落点，对控制对手发球后抢攻有重要意义。

三、网球基本战术

（一）单打战术

（1）变换发球的位置。一个聪明的队员要知道通过改变发球的位置来取得优势。以为这种战术迫使对手必须从不同角度来判断不同旋转的球，回球的难度会大很多。

（2）发球上网战术。发球上网是利用发球的力量进行主动进攻，先发制人，然后上网抢攻的一项主要战术。它是上网型选手在比赛中的主要得分手段。

（3）接发球破网战术。对付发球后直接冲到网前的对手，挑出有深度的高球是相当有效的破网方法。

（4）攻击对方反手。众所周知，绝大部分球员的反手是比较弱的，只要加大力量攻击对方反手，迫使对方逐步离开场区的位置就可掌握主动权。

（5）不上网战术。发球或接发球之后，如果自己不上网，应该把对方也控制在端线后面，使对手也难以找到得分的机会。在一次较长的端线来回球中，谁耐不住性子，谁就有可能因失误而失分。

（二）双打战术

（1）发球上网抢网战术。运用抢网战术首先是网前同伴可以在背后做手

势，告诉发球员应发什么落点，抢与不抢；采取此战术可以干扰对方接发球，为发上网前得分及抢网得分创造条件。其次要强调发球员的发球质量、成功率和落点的变化。

（2）澳大利亚网前战术。澳大利亚网前战术的特别之处是发球方的一名同伴以低姿势在网前的中央准备截击。这样能给接发方造成很大的压力，起到破坏对方接发球的作用，为发球上网截击和抢网创造有利条件。运用这一战术时，要求同伴告知发球落点和抢与不抢，另外第一发球成功率要高，这样才能有良好的战术效果。

第七章 游泳运动训练的理论与方法

第一节　游泳运动的基本理论

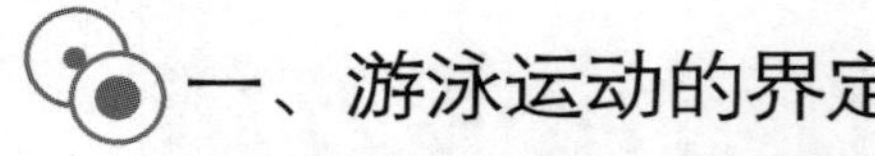

一、游泳运动的界定

游泳(swimming)在人类征服自然、改造自然的生产劳动中产生，在满足人们娱乐和竞争的需求中发展起来。它能有效地提高神经、呼吸和血液循环等系统的机能，促进新陈代谢，增大肺活量，改善体温调节能力和人体摄氧能力，促进身体匀称、协调和全面的发展。

现代游泳运动起源于17世纪60年代的英国。1896年，游泳被列为第一届现代奥运会比赛项目。1912年，第五届奥运会始设女子游泳比赛项目。迄今奥运会游泳比赛共设32个项目（男女各为16个），是仅次于田径运动的金牌大户。

（一）国际标准游泳池标准

国际标准游泳池长50米，宽至少25米，深2米以上，共设10道（2～9为比赛之用）。每条泳道中心池底有清晰的黑色直线标志，线宽为20～30厘米，线长为46米，两端各离池边2米，以便比赛时运动员沿直线游进。池底5米、25米、45米处各画一条宽25厘米的红色横线，以便运动员识别游程。出发台设在泳池两端每条泳道的中央，其前缘高出水面50～75厘米，台面为50平方厘米的正方形，覆盖防滑材料，向前倾斜不超过10°。

（二）常用的游泳装备

常用的游泳装备包括泳装、泳帽和泳镜。

（1）泳装。泳装的选择应注意两个问题：第一，氯纶丝的含量要达到国际统一标准 (18%)；第二，泳装的弹性并非越大越好，而是回弹复原要好，即多次拉伸仍能恢复原样。

（2）泳帽。泳帽可以防止头发完全浸泡在含氯的水中，避免使柔嫩的头发受到伤害。目前，以硅胶泳帽最为常用，其手感柔软，弹性较强。

（3）泳镜。要检查泳镜是否透明，有无划痕；垫圈（胶皮）是否密封；鼻梁处的宽度是否适宜；泳镜带的牢固性、弹性可好。

二、游泳卫生

游泳卫生主要包括以下几个方面。

（一）重视热身

游泳池的水温通常要比人体低很多，如果突然下水，容易导致心慌、头晕、恶心、腹痛和四肢无力等不适感觉，有时还会引起抽筋和拉伤。所以，游泳前，应进行充足的准备运动，提高神经系统的兴奋性，加强肌肉和韧带的柔韧性，增加呼吸器官和循环器官的效率，使人体器官由安静状态进入运动状态。

（二）自备泳具

自带衣物储存袋、泳衣、泳帽、泳巾、拖鞋及洗浴用品，尽量不使用共用的拖鞋、浴帽、毛巾、救生圈等物品，避免交叉感染。换衣服时，尽量不要让皮肤直接接触凳子，衣物要用干净的袋子装好，内衣最好裹在外衣里面。

（三）清水淋浴

游泳池是多人共用，且水中含有杀菌的化学药剂。游泳前后，都应用清水淋浴，不但有利于保持池水卫生，适应水中环境，而且可以冲走氯等对人体有害的物质。海水中亦含有多种细菌，游泳后应及时清洗头发和全身。

（四）注意水质

游泳池的水质应透明无色，无臭无味，清澈可见池底。在无人管理的天然水域里游泳，要特别注意卫生情况。如果水面有油垢或被污染，水域有吸血虫，海水中无拦鲨网，水底有淤泥、杂草、木桩、急流、暗礁等都不能游泳。

（五）排废入槽

游泳时，若有痰或鼻涕等，一定要尽快抬头游到池边，向水槽或痰沟内排净，否则易污染池水，传播疾病。

（六）严防疾病

游泳时，特别容易感染耳、鼻、眼疾病，所以最好佩戴专用耳塞、泳镜。患有心脏病、高血压、肺炎、严重皮肤病、中耳炎、癫痫病等以及有开放性伤口的人群不宜游泳，若勉力而为，不仅容易加重病情，甚至会发生意外危及生命。

三、熟悉水性

熟悉水性是学习各种游泳姿势的重要基础，初学者通过身体感官感知水的浮力、压力、阻力等特性，逐步适应水中环境，掌握水中行走、呼吸、漂浮、滑行等游泳的基本动作。

（一）水中行走

在齐腰或齐胸深的水中，初学者可以进行各种方向的走动和跳动练习，学习在水中保持身体协调，维持身体平衡。

水中走动时，身体稍微前倾，动作先小后大、先慢后快。熟练后，用前脚掌蹬池底，轻轻上跳，逐渐用力，做跳跃练习。

（二）水中呼吸

（1）各种姿势的游泳，都要求在水中憋气、呼气和在水上吸气。手扶固定物（池壁、水线、同伴等），用嘴深吸一口气，蹲入水中，尽量长时间憋气，然后用口、鼻均匀缓慢地呼气，直至将体内废气呼尽，再站立吸气。反复练习并形成韵律。

（2）趣味练习方法：两人对抗。两人一起蹲入水中，一人伸出几根手指，另一个人跟着学。既练习了水中憋气和呼气，又练习了水中睁眼视物。

（三）水中漂浮

漂浮技术主要是让身体漂浮起来，体会水的浮力，初步掌握在水中控制身体和维持平衡的能力。

1. 扶物漂浮

手扶固定物，吸气，把头没入水中，憋气，伸展身体，全身放松，自然地漂浮于水中。亦可扶物团身漂浮。

2. 抱膝漂浮

站立水中，深吸气后下蹲憋气，低头，含胸收腹，两手抱膝，成低头团身抱膝姿势。轻轻蹬离池底，身体放松，自然地漂浮于水中。用口、鼻慢慢呼气，然后两臂前伸，手掌向下压水，抬头，同时两腿伸直下踩。

3. 展体漂浮

抱膝浮体于水中，两臂向前、两腿向后均伸直并拢，身体俯卧漂浮于水面。尔后，迅速收腹、收腿，手掌向下压水，抬头，两腿下踩触底站立。

4. 仰卧漂浮

水中站立，深吸气，上体慢慢后仰，呈仰卧漂浮状态。随后双手从后向前用力拨水，收腹、收腿，上体前倾，两脚触底站立。

（四）水中滑行

练习水中滑行的目的在于进一步体会水的浮力，掌握在水中平浮和滑行的身体姿势，为各种游泳姿势奠基良好的基础。

滑行时，身体放松成流线型，臂和腿自然伸直，尽量延长憋气时间和滑行距离。

1. 扶伴滑行

手臂扶住同伴，身体放松伸展，自然漂浮。同伴拉住练习者的手倒退行走，使其体会滑行。在此基础上，同伴可以放开双手，在旁保护，由练习者自己漂浮滑行。

2. 蹬壁滑行

背向池壁，一手扶池壁，同侧腿屈膝蹬壁；另一臂水平前伸，同侧腿以脚尖支撑站立。深吸气，低头，收腹提臀，上收支撑腿，两脚贴池壁。用力蹬离，两臂并向前伸，双腿自然并拢，全身充分伸展、放松，呈流线型向前滑行。滑行结束时，收腿，下踩，站立。

3. 蹬底滑行

两脚前后开立，两臂前伸并拢贴近双耳，深吸气后身体前倾，两膝微屈，

头和肩浸入水中，前脚掌用力蹬池底。两腿并拢，身体俯卧向前滑行。

4. 仰卧滑行

两手拉住槽沿，两脚贴于池壁或池底。松手，两脚用力蹬离，两腿并拢伸直，使身体向后仰卧滑行。

滑行后，两脚可以自然地进行上下打水动作，使身体向前游进。

四、水上救护

游泳救护主要包括自我救护和他人救护两种救护形式，其中他人救护又分为间接救护和直接救护。

（一）自我救护

自我救护是指水中遇到意外险情时而采取的自我保护和救助措施。

1. 抽筋

当过度疲劳，精神紧张，水太凉，动作不协调，局部多次重复一种姿势，准备动作不充分时，容易出现抽筋。具体表现为疼痛难受，肌肉坚硬，且一时不易缓解。

抽筋后，要保持镇静，主要采用牵引法自我解救。即通过关节的屈伸，拉长抽筋的肌肉，使收缩的肌肉松弛并伸展，还可以配合局部按摩而促使缓解。若在深水区，自己无法解脱困境时，应及时呼救。

腓肠肌（小腿肚）或脚趾抽筋，可先吸一口气仰浮水面，用抽筋腿异侧的手握住抽筋（腿）的脚趾，用力向身体方向拉，同时用另一手掌压在抽筋腿的膝盖上，帮助小腿伸直。

大腿抽筋，深吸气，仰浮于水面，抽筋腿屈膝，双手抱住小腿用力贴在大腿上，直至抽筋现象消失。

手指抽筋，将手握拳，随后用力张开，反复几次，直到抽筋消除为止。

胃部抽筋，吸气后仰浮水中，迅速弯曲两大腿，向胸部靠近，双手抱膝，随即向前伸直，保持身体平衡，动作要自然。

2. 被缠住或遇旋涡

若被长藤植物缠住，可采取仰卧姿势进行解脱，再从原路游出。若被漩涡吸住，可平卧水面，从旋涡外沿全速游出。

3. 头晕

初学游泳者，下水后心跳加快，可能出现头晕眼花的症状。此外，耳道进水、空腹游泳等也会导致头晕。出现头晕现象后，要保持镇静并坚持锻炼，逐渐熟悉水性，克服头晕。下水前适当补充能量，也可预防头晕。

4. 耳中进水

在水中可用吸引法，将头偏向有水一侧，用手掌紧压有水的耳朵，憋气，快速提起手掌，反复几次即可。也可在岸上将头偏向有水一侧，手扯耳朵，原地单足跳跃几次。

5. 呛水

呛水是因为水从鼻腔或口腔吸入呼吸道所引起的。发生呛水时，要把头露出水面，把水从鼻和口里咳出，很快就能恢复正常呼吸。

（二）他人救护

1. 间接救护

利用救生器材（救生圈、竹竿、木板、轮胎、泡沫块、绳子等），对较

清醒的溺水者施行救助。将救生圈或其他漂浮物系上绳子，左脚踩住绳尾，右手持圈自后向前摆，由上而下的抛给溺水者。若距离较近，也可直接利用竹竿、木板等将其拖至岸边。

2. 直接救护

救护是徒手对溺水者（此时溺水者已经丧失了自我救护或接受间接救护的能力）施救的一种方法。

救护人员应观察周围环境和水的流向，选择与溺水者最近的方位下水。静水中，救护人员可以直接游向溺水者；急流的江河中，救护人员应从溺水者斜前方入水施救。救护者在找到并有效控制溺水者后，要确保双方的口、鼻露出水面，以保持正常呼吸。将人救上岸后，要针对其症状，决定急救方式。轻度溺水者，可让其吐水，保暖、休息。对昏迷、呼吸微弱或窒息者要实施心脏按摩或人工呼吸，并叫救护车。

人工呼吸前，首先，要设法张开溺水者口腔，清除其口鼻内可视的污物，取出活动假牙等。其次，进行控水。解开溺水者衣带，救护者一腿跪，另一腿屈膝，将其腹部置于屈膝的大腿上，一手扶其头部，保持向下，另一手压其背部，把水排出。

实施人工呼吸时，使溺水者仰卧，救护者一手提高其下颌保持呼吸顺畅，另一手捏紧其鼻孔，深吸气后，口对口吹气 1.5 ~ 2 秒。为防止漏气，施救者应该将嘴完全罩住并贴近溺水者的嘴。待溺水者胸部扩张后，停止吹气并松开口鼻，可用手按压溺水者胸部，以助其呼气。如此反复进行，每分钟 14 ~ 20 次，速度由慢到快。

如果溺水者失去知觉，心跳极其微弱，甚至心跳停止或心跳与呼吸均停止时，应将胸外心脏按压（即 CPR 心跳复苏术）和人工呼吸配合进行。先在 3 ~ 4 秒内进行 2 次人工呼吸，然后进行 15 次连续的心脏按摩，反复进行。

按压时，将溺水者仰卧，救护者位于其右侧，一只手的掌根置于其胸骨按压部位（胸骨从上向下的2、3根处），手指不可触及肋骨，另一只手重叠在上，两臂伸直，上体前倾，借助身体重力，平稳有力地向下垂直加压，使其胸骨下端下陷3～4厘米，压迫心脏。随后两手松压，但掌根不得离位，使胸廓扩张，心脏随之舒张。下压时动作缓慢，松压时动作迅速，有节奏地连续进行，成人每分钟60～80次，儿童每分钟80～100次。

第二节 游泳技术动作实践分析

一、蛙泳动作分析

蛙泳 (breast stroke) 与青蛙游水极其相似，身体俯卧水中，两肩与水面平行，两臂在胸前对称直臂侧下屈向后划水、两腿对称屈伸向后蹬夹水。

（一）动作要领

1. 躯干姿势

蛙泳时，身体呈水平俯卧于水中，微抬头，稍挺胸，两臂向前两腿向后均伸直并拢，掌心向下，身体纵轴与前进方向成5°～10°。游进时，头部的

动作幅度应适度，否则会导致肩部起伏过大而增加阻力，影响前进速度。

2. 腿部姿势

蛙泳的腿部动作是推进身体前进的主要动力，其分为收腿、翻脚、蹬水和滑行四个连贯的阶段。

（1）收腿。两腿稍微内旋，脚跟分开，大小腿充分折叠，膝关节随腿的下沉边收（向前）边分（向外）。两膝距离约与肩同宽，脚跟分开与臀部同宽，大腿和躯干之间的夹角呈 130° ~140° 。

（2）翻脚。为了增长蹬水的路线，收腿结束时，两脚应继续向臀部靠拢，大腿内旋使两膝内扣的同时小腿向外翻，脚尖也随之向两侧外翻，脚掌内侧正对蹬水方向。

（3）蹬水。由髋部发力，带动膝、踝关节相继伸直。大腿内旋造成膝内压，带动小腿和脚向后弧形蹬夹，形成一个有力的鞭状打水动作。蹬水效果取决于四个因素：一是速度要快；二是距离要长，即踝关节伸直，要在两腿蹬直之后，若过早就会缩短蹬水的有效距离；三是推水面要大，即小腿内侧和脚掌应大面积对准水；四是蹬水方向应尽量向后下方。

（4）滑行。可以有效地放松肌肉，并保持良好的游进节奏。身体成水平姿势，借助惯性高速向前滑行，两腿并拢向后伸直，脚跟稍稍提向水面，为收腿做好准备。

3. 臂部姿势

蛙泳的手臂划水对产生牵引力具有重要作用，两臂动作对称、速度一致，可分为滑行、抓水、划水、收手、前伸五个连续的步骤，整体路线近似心形。

（1）滑行。伸臂结束后，身体呈流线型向前滑行，手指并拢，掌心向下，两手尽量接近水面，使身体在较高的位置上保持稳定。

（2）抓水。肩保持前伸，两臂内旋对称外划，掌心转向斜外下方。当双臂间距超过肩宽时，向外、下屈腕成 150° ~160° 。此时，两臂与水平面及前进方向呈 15° ~20° 夹角，肘关节伸直。

（3）划水。掌心从外后转向内后，双臂向斜下方急促拨水。两手划至肩线时，逐渐屈臂提肘，同时加速沿弧线继续划水。整个动作过程，肩部向前伸展，肘高于手并前于肩。划水结束时，形成高肘姿势，臂与前进方向约呈 80° 角，肘关节的角度为 120° ~130° 。

（4）收手。高肘划水完成后，双手倾斜相对向内上移动，同时上臂外旋，双肘逐渐向内、下靠。

（5）前伸。收手到下颌前时，迅速推肘伸臂，两手先向前上、再向前伸，掌心转向下，肩关节和身体尽量伸展、放松，两臂伸直靠拢，恢复为滑行姿势。

4. 整体配合

蛙泳一般采用 1 ∶ 1 ∶ 1 的配合方式，即一次腿部蹬夹水，一次划臂，一次呼吸。两臂划水时，腿伸直；两臂前伸时，腿蹬水；收手的同时收腿。

蛙泳的呼吸方法有两种：早吸气和晚吸气。早吸气是在划水过程中抬头吸气，收手时低头闭气，伸臂滑行和抓水时呼气。晚吸气是划水几乎结束时才开始抬头，在身体达到最高点时吸气，收手结束时闭气低头，从两臂开始外划直至划水过程中慢慢呼气。

（二）练习方法

1. 腿部动作练习

（1）陆上练习。

①坐姿蹬水。坐在凳上或池边，上体稍后仰，两手后撑，两腿伸直并拢，做蛙泳腿的收腿、翻脚、蹬夹水和停止动作。先做分解动作，再做连贯的完整动作。

②卧姿蹬水。俯卧在凳子上做收（腿）、翻（脚）、蹬（夹）、停的腿部动作。

（2）水中练习。一手扶池槽，另一手撑住池壁，身体漂浮平卧于水中，两腿伸直并拢，做蛙泳腿部动作。也可由同伴抓其脚，牵引完成腿部练习。或自己蹬池壁滑行后，做蛙泳腿练习。

2. 臂部动作练习

（1）陆上练习。原地站立，上体前屈成水平姿势，低头，两臂前伸，掌心向下，做蛙泳划水动作。

（2）水中练习。在齐胸深的水中，两脚开立（或走动），上体前倾，两臂前伸，做抓水、划水、收手、前伸的动作。亦可由同伴托腰腹，或自己蹬池壁滑行后，进行手臂练习。

（3）整体配合练习。站于水中，在臂部动作练习的基础上配合呼吸。当两臂向左右分开时，抬头吸气，臂前伸时呼气。亦可蹬壁滑行后，进行腿、臂、呼吸的完整练习。

二、爬泳动作分析

（一）动作要领

爬泳（crawl stroke）是自由泳 freestyle) 的唯一姿势，在四种竞技游泳（自由泳、仰泳、蝶泳、蛙泳）中速度最快。其俯卧水中，两腿上下交替摆动打水，两臂轮流划水推动身体向前游进。

1. 躯干姿势

爬泳时，身体伸直成流线型，与水平面保持 3° ~5° ，颈部自然后与水平面呈 20° ~30° ，背部与臀部的肌肉适度紧张。

游进中，躯干随划水和呼吸动作形成有节奏的转动，髋部活动范围不超出身体宽度（即在肩关节延长线内），身体纵轴与水平面呈 35° ~45° 。

2. 腿部姿势

游进时，腿部做上下打水动作，其主要作用是保持身体平衡，还能产生一定的推进力并增进划臂效果。两腿并拢，脚稍内旋，脚尖自然伸直，踝关节放松，髋关节发力，大腿带动小腿，两腿快速有力地上下交替做鞭打动作。下打时用力，是产生推动力的主要阶段，上打时适当放松。

两脚尖最大距离 30 ~ 45 厘米，膝关节弯曲度 140° ~160° 。

3. 臂部姿势

爬泳的手臂动作是推进身体的主要动力。一个周期分为入水、抱水、划水、出水和空中移臂及两臂配合六个不可分割的阶段。

（1）入水。提肘略屈，手指自然伸直并拢，掌心稍向外侧，手腕放松，向斜下方切插入水。拇指和食指先触水，入水点在同侧肩关节的延长线上。动作应柔和，不宜过猛。

（2）抱水。臂入水后，手掌从向斜外下方转向斜内后方，屈腕、屈肘，并保持高抬肘（肘关节高于手的位置）姿势。上臂和前臂与水平面约呈 30° 和 60° ，手掌接近垂直对水，肘关节屈至 150° 左右，形成抱水姿势。

（3）划水。划水是发挥最大推动力的主要阶段，采用屈臂划水，臂越长，屈臂程度越大，反之屈臂程度越小。其动作过程分为拉水和推水两个部分。开始划水时，沿身体中线以约 120° 的肘关节夹角向后划水，上臂内旋，前臂移动快于上臂。臂部划至肩的垂直面后，即进入推水部分。手臂加速向后推水至腿侧，掌心转向大腿。划水过程中，手掌微凹，手的轨迹呈现“S”形。

（4）出水。划水结束后，顺应运动惯性，微屈肘，手臂在肩的带动下提出水面，肘部向外上方提拉，带动前臂和手出水面，掌心转向后上方。出水

动作应无停顿，迅速、放松。

（5）空中移臂。肘稍屈，位置高于肩和手。手离水面较低，入水前适当减速。臂部尽量放松，移臂速度较快。

（6）两臂配合。爬泳时，两臂的协调配合是匀速前进的重要因素。两臂划水时的交叉位置有三种类型：前交叉、中交叉和后交叉。前交叉指一臂入水时，另一臂处于划水的开始阶段。中交叉指一臂入水时，另一臂划至肩下与水面约呈90°。后交叉指一臂入水时，另一臂已划至腹下方，与水面约呈150°。一般而言，前交叉更易掌握呼吸技术，且保持身体平衡，能节省体力，减少疲劳，更适于初学者。而优秀运动员多采用中交叉和后交叉，其速度的均匀性较好。

4. 整体配合

爬泳一般采用1：2：6的配合方式，即1次呼吸、2次划水（两臂各划一次）、6次打腿。此外，还有1：2：4、1：2：2等多种配合方式。

手入水后，口鼻慢慢呼气，臂划水至肩下时，头部开始转向划水臂同侧并增大呼气量，划水即将结束时，快而有力地结束呼气；臂出水至空中移臂中段时，张嘴吸气。短暂闭气，头部随着手臂再次入水回到原来位置。

（二）练习方法

1. 腿部动作练习

（1）岸边打水。坐在池边，双手后撑。两腿伸直，脚内旋使脚尖相对，脚跟分开成八字形，踝关节放松。以髋关节为轴，大腿带动小腿，做上下交替打水动作。亦可将两脚放入水中做打水动作。动作练习应由慢到快。

（2）水中打水。俯卧水面，手握池槽（亦可扶浮板、救生圈或由同伴托其腹部），进行打水练习，脚不可露出水面。还可脚蹬池壁做滑行打水。

2. 臂部动作练习

（1）陆上练习。两脚开立，上体前屈，做入水、抱水、划水、出水、空中移臂动作。

（2）水中练习。立于水中（或水中行走），上体前倾，肩部浸入水中，做手臂划水练习。也可由同伴扶住双脚，俯卧水中，练习手臂动作。

3. 整体配合练习

水中站立，上体前屈至水平，头部没入水中，练习手臂划水与呼吸的配合。然后蹬离池底，两腿打水，形成完整配合。

三、仰泳动作分析

（一）动作要领

仰泳 (back stroke) 是仰卧在水面的一种游泳姿势，依靠两臂交替向后划水，两腿交替上下（向后）打水游进。

1. 躯干姿势

仰泳时，身体自然伸展，仰卧在水中，下颌微收，头和肩稍高，水面齐于耳际。游进时，头部应保持相对稳定，颈部肌肉自然放松。

2. 腿部姿势

仰泳的腿部动作及其作用与爬泳基本相同，但身体在水中的位置较低，小腿打水幅度和弯曲角度较大。仰泳的腿部动作分为下压和上踢两部分。推进力的产生主要取决于上踢动作的力量和速度。上踢时，脚尖内扣，脚背稍向内旋，以髋关节为轴，大腿带动小腿，屈膝向后上方踢动。下压主要使身

体上升并保持平衡，膝关节应充分放松。

3. 臂部姿势

仰泳的臂部动作由入水、抓水、划水、出水和空中移臂五个连贯部分组成。

（1）入水。伴随同侧身体的侧向转动，手臂自然伸直，掌心朝外下方，手稍内收，与小臂呈 150° ~160° ，小指首先入水。入水点一般在同侧肩关节延长线上。

（2）抓水。手臂入水后，伸肩外旋，屈肘勾腕，掌心对水。此时大臂与前进方向呈 40° 角，手掌离水面约为 30 厘米，肘关节呈 150° ~160° 。

（3）划水。划水是获得推进力的主要阶段。整个动作由拉水和推水两个部分组成。拉水时屈肘角度逐渐减小。当划至肩部垂直平面时，手掌离水面约 15 厘米，小臂和大臂呈 90° ~110° 。推水时，整个手臂同时用力向下方做推压动作，并借助惯性使大臂带动小臂和手加速内旋推水，随后手掌划至臀部侧下方，距离水面 45 ~ 50 厘米，以小臂带动手掌下压划水，直至划至大腿一侧手臂伸直时推水结束。整个过程，手掌轨迹呈“S”形速度由慢到快，划水后期有明显的加速动作。

（4）出水。划水结束，手臂立即外旋，掌心向大腿侧，先压水后提肩，肩部露出水面后，带动大臂、小臂和手依次出水。

（5）空中移臂。手臂出水后，自然伸直，由后向前迅速向肩前移动，肩关节充分伸展。当手臂移至肩的正上方后，手臂外旋，掌心外翻，随后重复入水动作。

仰泳时，两臂动作始终是对角交替的。当一臂完成出水时，另一臂抓水，当一臂空中移臂时，另一臂则划水。

4. 整体配合

仰泳一般采用 1 ： 2 ： 6 的配合方式，即 1 次呼吸、2 次划水（两臂各划一次）、6次打腿。一侧移臂入水时，另一臂划水结束。一臂空中移臂时吸气，然后短暂闭气，另一臂空中移臂时呼气，循环进行。

（二）练习方法

1. 腿部动作练习

（1）岸上练习。仰泳的腿部坐姿打水练习同爬泳相同。

（2）水中练习。双手反握池槽，或由同伴扶住头部（两臂置于体侧），或蹬壁滑行，仰卧水中做腿部上下交替打水练习。在此基础上，可进行单臂或双臂前伸的仰卧滑行打水练习。

2. 臂部动作练习

（1）陆上练习。仰泳的站姿练习包括单臂练习和双臂练习。单臂练习是以站立姿势，一臂在大腿旁，另一臂上举，做抓水、拉水、推水、出水、空中移臂、入水的动作。双臂练习则是进行两臂交替划水的动作。也可在平地上后退行走，同时做出双臂划水的动作。

卧姿练习是仰卧凳上，做单臂划水及双臂交替划水的动作。

（2）水中练习。水中练习可以模仿陆上练习的动作，也可利用救生衣等使身体漂浮，或自行蹬壁滑行，或由同伴扶住双腿，进行手臂动作练习。

3. 整体配合练习

可先进行局部动作的配合练习，如两臂的配合、臂与呼吸的配合等，再进行整体动作的配合练习。

参考文献

[1] 潘宏波，李广 . 大学体育教育 [M]. 北京：北京理工大学出版社，2015.

[2] 方慧 . 体育教育的价值回归——促进大学生素质教育和终身体育培养的体育教学模式研究 [M]. 北京：化学工业出版社，2015.

[3] 李祥．学校体育学 [M]．北京：高等教育出版社，2001.

[4] 冯国超．中国传统体育 [M]．北京：首都师范大学出版社，2006.

[5] 王秀玲．全民健身与城市体育 [M]．沈阳：白山出版社，2015.

[6] 胡桂英．运动心理学 [M]．杭州：浙江大学出版社，2008.

[7] 唐宏贵 . 体育健身原理与方法 [M]. 武汉：湖北人民出版社，1999.

[8] 胡耿丹．运动生物力学 [M]．上海：同济大学出版社，2013.

[9] 李启迪，邵伟德．体育教学基本理论研究 [M]. 北京：北京师范大学出版社，2014.

[10] 蔡先锋．现代体育教学与科学化管理 [M]. 北京：中国书籍出版社，2014.

[11] 张亚平．学校体育教学与管理 [M]. 北京：中国书籍出版社，2014.

[12] 刘昕 . 现代国外教学思想与我国体育教学 [M]. 北京: 教育科学出版社，2011.

[13] 史兵．体育教学论 [M]. 西安：陕西师范大学出版社，2006.

[14] 龚正伟．体育教学论 [M]. 北京：北京体育大学出版社，2004.

[15] 毛振明．体育教学论 [M]．2 版．北京：高等教育出版社，2011.

[16] 赵光学．体育教学理论与发展探究 [M]. 长春：吉林大学出版社，2013.

[17] 杨文轩，陈琦．体育原理 [M]．北京：高等教育出版社，2004.

[18] 周忍伟，陈荣杰．中国文化导论 [M]．上海：华东理工大学出版社，2005.

[19] 谭华．体育史 [M]．北京：高等教育出版社，2005.

[20] 周忍伟，陈荣杰．中国文化导论 [M]．上海：华东理工大学出版社，2005.

[21] 郝勤 . 体育史 [M]．北京：人民体育出版社，2006.

[22] 易剑东．体育文化学 [M]．北京：北京体育大学出版社，2006.

[23] 姜付高．中西方体育文化比较 [M]．北京：社会科学文献出版社，2008.

[24] 方爱莲，赵晓红．体育文化导论 [M]．北京：高等教育出版社，2009.

[25] 吴胜涛．体育教学理念创新与课程改革思考 [M]. 北京：光明日报出版社，2014.